Führungsinstrument Controlling

Planung, Kontrolle und Steuerung

von

Prof. Dr. Hilmar J. Vollmuth

6., überarbeitete und erweiterte Auflage

wrs *Verlag*

WRS VERLAG WIRTSCHAFT, RECHT UND STEUERN

Die Deutsche Bibliothek – CIP-Einheitsaufnahme

Vollmuth, Hilmar J.:
Führungsinstrument Controlling : Planung, Kontrolle und Steuerung /
Hilmar J. Vollmuth. – 6., überarb. und erw. Aufl. – Planegg : WRS,
Verl. Wirtschaft, Recht und Steuern, 2001
ISBN 3-8092-1470-1

ISBN 3-8092-1470-1   Bestell-Nr. 01004-0003

1. Auflage 1989 (ISBN 3-8092-0481-1)
2., durchgesehene Auflage 1991 (ISBN 3-8092-0760-8)
3., aktualisierte und erweiterte Auflage 1994 (ISBN 3-8092-1082-X)
4., aktualisierte und erweiterte Auflage 1997 (ISBN 3-8092-1248-2)
5., überarbeitete und erweiterte Auflage 1999 (ISBN 3-8092-1386-1)
6., überarbeitete und erweiterte Auflage 2001 (ISBN 3-8092-1470-1)

© 2001, WRS Verlag Wirtschaft, Recht und Steuern GmbH & Co., Fachverlag
Postanschrift: Postfach 13 63, 82142 Planegg
Hausanschrift: Fraunhoferstraße 5, 82152 Planegg
Telefon (0 89) 8 95 17-0, Telefax (0 89) 8 95 17-2 50

Lektorat: Dipl.-Betriebswirt Günther Lehmann, Dipl.-Kff. Kathrin Menzel-Salpietro

Satz und Druck: J. P. Himmer GmbH, Augsburg

Vorwort zur 6. Auflage

Durch eCommerce wird es umfangreiche Veränderungen in den meisten Unternehmen geben. Viele Prozesse müssen optimiert oder neu gestaltet werden, andere werden im Laufe der Zeit entfallen. Langfristig lässt sich eine engere Integration mit den Kunden und den Lieferanten realisieren. Das Potenzial für Umsatzsteigerungen und Kostensenkungen, im Ergebnis also Gewinnerhöhungen ist beträchtlich. Die Chancen sind für viele Unternehmen groß, allerdings sollten auch die – durchaus beträchtlichen – Risiken beachtet werden.

Viele Unternehmen erkennen, dass der effiziente Einsatz des eCommerce die Wettwerbsfähigkeit erhöht. Die Leistungen der Unternehmen lassen sich bei gleichzeitiger Kostensenkung erhöhen. Dazu müssen Unternehmensleitung und Führungskräfte bereit sein, von traditionellen Geschäftsprozessen Abschied zu nehmen und neue Wege zu gehen, um im Internet Erfolg zu haben.

Die Unternehmen dürfen sich dabei nicht ausschließlich auf die technischen Aspekte konzentrieren. Die betriebswirtschaftlichen Probleme müssen ebenfalls gründlich analysiert werden. Auch in kleineren und in mittleren Unternehmen kann das Internet einen wirklichen Nutzen erzeugen. Aufgrund der hohen Investitionen ist bei diesen Firmen die Wirtschaftlichkeit der eCommerce-Projekte besonders sorgfältig zu prüfen.

Beim Einstieg in den eCommerce handelt es sich um eine strategische Entscheidung des Managements. Damit die eCommerce-Projekte die Erwartungen der Unternehmen erfüllen, muss die Entscheidung gut vorbereitet und systematisch begleitet werden. Die Unternehmen sollten zuerst die Chancen und die Risiken identifizieren und konkrete Ziele festlegen.

Nach der erfolgreichen Implementierung des eCommerce kommt es besonders auf die Erfolgsmessung an. Ein wirksames Projekt-Controlling sollte bereits während der Konzeptions- und der Einführungsphase installiert werden. Die eCommerce-Aktivitäten müssen dazu systematisch geplant, konsequent kontrolliert und wirkungsvoll gesteuert werden. Um den besonderen Anforderungen des eCommerce gerecht zu werden, bietet sich der Einsatz einer Balanced Scorecard an. Nur mit einem „ausgewogenen Kennzahlensystem" mit qualitativen Kennzahlen können diese Besonderheiten berücksichtigt werden. Die Chancen und die Risiken des eCommerce und der Einsatz der Balanced Scorecard werden deshalb in dem neuen Kapitel dieser überarbeiteten und erweiterten Auflage behandelt.

Fulda, im Herbst 2000   *Hilmar J. Vollmuth*

Vorwort zur 1. Auflage

Viele kleinere und mittlere Unternehmen werden heute mit Problemen konfrontiert, die mit den herkömmlichen Mitteln der Betriebswirtschaft nur schwerlich zu lösen sind.

Stagnierende Umsätze in gesättigten Märkten, steigende Kosten, erhöhte Konzentration, unbefriedigende Wirtschaftsentwicklung, größere Komplexität und verschärfter Wettbewerb im In- und Ausland verstärken den Druck auf den Gewinn. Um diese Probleme besser in den Griff zu bekommen, sind die Unternehmer zum Umdenken gezwungen, denn die bisher praktizierten Methoden reichen nicht mehr aus, ein Unternehmen erfolgreich zu führen.

Neue Konzeptionen, Instrumente und Techniken müssen eingesetzt werden, damit die Ertrags- und Finanzkraft der Unternehmen wieder verbessert und ihre beiden wichtigsten Ziele, die Sicherung der Rentabilität und der Liquidität, erreicht werden können.

Ein wichtiges Instrument, das hilft, diese Ziele zu verwirklichen und die Existenz des Unternehmens langfristig zu sichern, ist das Controlling. D. h., es muß eine systematische Planung, eine wirksame Kontrolle und eine laufende Steuerung der einzelnen Vorgänge im Unternehmen eingeführt werden, damit von den Verantwortlichen bessere Entscheidungen getroffen und Unsicherheiten eingeengt werden können. Dazu bedarf es entscheidungsorientiert aufbereiteter, aussagefähiger Informationen auf monatlicher Basis.

In diesem Buch wird Controlling als ein bedeutendes Führungsinstrument dargestellt, das funktionsübergreifend und engpaßorientiert ist. Der Autor hat dieses Controlling-System bereits in vielen kleineren und mittleren Unternehmen aufgebaut und eingeführt.

Gerade in der Einführungsphase müssen die Aspekte der Einfachheit, Praktikabilität und Wirtschaftlichkeit im Vordergrund stehen. Das Ziel dieser Ausarbeitung ist es, ein auf die besonderen Anforderungen der kleineren und mittleren Unternehmen abgestimmtes Controlling-System zu beschreiben.

Theoretische Ausführungen sind weitgehend vermieden worden. Weitere Einzelheiten können den Büchern entnommen werden, die im Literaturverzeichnis aufgeführt sind.

Dieses praxisorientierte Buch ist für Unternehmer und Führungskräfte aller Funktionsbereiche geschrieben worden. In diesem Buch wird systematisch aufgezeigt, wie Controlling als ein wichtiges Führungsinstrument im Unternehmen eingesetzt und genutzt werden kann.

Frankfurt/Main, Frühjahr 1989 *Hilmar J. Vollmuth*

Inhaltsverzeichnis

1 Controlling als Führungsinstrument

1.1 Was verstehen wir unter Controlling?

Der Begriff Controlling wird in der Praxis häufig mit Kontrolle übersetzt. Diese Bezeichnung ist aber zu eng, denn Controlling bedeutet im wesentlichen Steuerung des Unternehmens.

Controlling ist ein *funktionsübergreifendes Führungsinstrument,* das die Unternehmensleitung und die Führungskräfte bei ihren Entscheidungen unterstützen soll. Die genaue Steuerung des Unternehmens setzt aber voraus, daß eine Planung im Unternehmen vorhanden ist, die auf Zielen aufbaut, die von der Unternehmensleitung zusammen mit den Führungskräften festgelegt werden. Bei der Kontrolle werden durch Soll-Ist-Vergleiche die Abweichungen in den einzelnen Berichten der Verantwortungsbereiche im Unternehmen ermittelt. Die Unternehmensleitung und die Führungskräfte sollten dann aufgrund der ermittelten Abweichungen Korrekturmaßnahmen einleiten, um die festgelegten Ziele doch noch zu erreichen. Es findet also ein laufender Rückkopplungsprozeß im Unternehmen statt.

Aufgabengebiete des Controlling

● **Planung**
  Festlegung der Unternehmens-Ziele

● **Kontrolle**
  Soll-Ist-Vergleiche, Abweichungsanalysen

● **Steuerung**
  Durchführung von Korrektur-Maßnahmen

Damit das Controlling im Unternehmen wirksam eingesetzt werden kann, muß ein *Informationssystem* aufgebaut werden. Durch die laufende Kontrolle der geplanten Werte (Soll-Werte) mit den effektiv angefallenen Werten (Ist-Werten) können die Schwachstellen im Unternehmen rechtzeitig erkannt werden. Die Unternehmensleitung und die Führungskräfte haben dann die Möglichkeit, relativ schnell Gegenmaßnahmen durchzuführen.

Zur besseren Steuerung des Unternehmens ist eine *aussagefähige Kosten- und Leistungsrechnung* einzuführen. Die Vollkostenrechnung sollte durch eine Deckungsbeitragsrechnung ersetzt werden. Daneben sind klar abgegrenzte Verantwortungsbereiche zu bilden. Die Leiter dieser Verantwortungsbereiche müs-

11

sen auch mit den entsprechenden Kompetenzen ausgestattet sein. Das Organigramm sollte in vielen Unternehmen überprüft und verbessert werden. Für jede Führungskraft ist eine Stellenbeschreibung auszuarbeiten. Außerdem sollten Profit-Center im Unternehmen eingerichtet werden.

MERKE

Die Betonung des Controlling liegt auf der Unternehmenssteuerung. Es ist aber klar, daß eine konsequente Steuerung des Unternehmens ohne eine vorhergehende Planung und eine laufende Kontrolle der wichtigen Vorgänge im Unternehmen nicht möglich ist.

1.2 Welchen Inhalt hat das Controlling?

Der Inhalt des Controlling-Systems umfaßt die Zielorientierung, die Zukunftsorientierung, die Engpaßorientierung, die Marktorientierung und die Kundenorientierung. Controlling ist also eine Konzeption, die sehr viele unterschiedliche Inhalte hat und entscheidungsorientiert aufgebaut werden sollte.

Inhalt des Controlling-Systems
- Zielorientierung
- Zukunftsorientierung
- Engpaßorientierung
- Marktorientierung
- Kundenorientierung

Bei der Einführung des Controlling in einem Unternehmen sind also verschiedene Gesichtspunkte zu beachten. Deshalb ist zu empfehlen, die einzelnen Inhalte schrittweise zu realisieren.

Zielorientierung
Die Unternehmen sollten sich auf die wesentlichen Ziele und nicht auf Zahlenspielereien konzentrieren. Die Unternehmensleitung und die Führungskräfte müssen in enger Zusammenarbeit zunächst die wichtigsten Ziele festlegen, die im kommenden Geschäftsjahr zu erreichen sind.

Die Mitarbeiter erkennen dann sofort, was von ihnen in Zukunft erwartet wird. Die Ziele sind eindeutig zu formulieren und zu quantifizieren. Möglichst anhand von Kennzahlen sollten die einzelnen Ziele präzisiert werden. Die Kennzahlen stellen nämlich Informationen in komprimierter Form dar.

Zukunftsorientierung

Wegen des wachsenden Wettbewerbs in allen Branchen, dem damit verbundenen Kostendruck und wegen der immer kürzer werden den Produktlebenszyklen werden an die traditionellen Kostenrechnungssysteme und an das Controlling immer neue Anforderungen gestellt. Für die Unternehmensleitung und die Führungskräfte genügt es nicht mehr, den Verlauf vergangener Monate und Jahre in der Kostenrechnung möglichst genau darzustellen. Für die Unternehmen ist es jetzt notwendig, neue Konzeptionen, Instrumente und Techniken zu entwickeln und einzusetzen, die genauere Informationen über die Entwicklung in der Zukunft liefern. Dadurch kann insbesondere die strategische Unternehmensplanung verbessert werden. Gleichzeitig sind die erforderlichen Maßnahmen zu erarbeiten, um die Existenz der Unternehmen langfristig zu sichern.

Das vergangenheitsorientierte Denken muß also mehr und mehr durch ein zukunftsorientiertes Denken ersetzt werden. Dieser Lernprozeß ist für viele Mitarbeiter in den Unternehmen nicht einfach zu bewältigen. Mit Hilfe des Controlling sollte die Zukunftsorientierung in den Unternehmen eingeführt werden.

Engpaßorientierung

Controlling ist auch eine *engpaßorientierte Konzeption*. Als Engpaß wird das schwächste Glied des Unternehmens bezeichnet. Dieser Bereich bereitet in einer konkreten Belastungssituation als erster Schwierigkeiten. Ohne Beseitigung dieses Engpasses wird das Wachstum des Unternehmens erschwert.

Der Engpaß kann beispielsweise der Markt, die Produktion oder die Liquidität sein. Wenn ein Unternehmen zusätzliche Umsätze nicht mehr finanzieren kann, dann ist die Liquidität der Engpaß.

Marktorientierung

Erfolgreich geführte Unternehmen zeichnen sich dadurch aus, daß sie eine Marktorientierung realisieren. Eine verstärkte produkt- und prozeßorientierte Sichtweise innerhalb der Unternehmen ist also erforderlich.

Die sich schnell verändernden Rahmenbedingungen müssen auch in der Kosten- und Leistungsrechnung nachvollziehbar sein. Das Controlling hat darauf zu achten, daß eine gute Betreuung einzelner Produkte von der Konstruktion und Entwicklung über die Produktion bis zum Vertrieb gewährleistet wird.

Die Unternehmen können ihre Markterfolge nur realisieren, wenn sie marktorientiert handeln. Die produktionsorientierte Denkweise der Unternehmen verursacht bei einem Käufermarkt nur größere Probleme.

Um die Marktorientierung in der Praxis umzusetzen, muß eine Verbesserung der Schnittstelle zwischen der Forschung und Entwicklung auf der einen Seite und dem Marketing und Vertrieb auf der anderen Seite vorgenommen werden. Außer-

13

dem sind verstärkt wertanalytische Instrumente bei der Konzeption von neuen Produkten einzusetzen.

Die geforderten Funktionen eines Produktes muß der Kunde auch bezahlen, damit das Unternehmen einen Gewinn erwirtschaften kann. Wenn die Kosten und der vom Kunden honorierte Nutzen einer Produktfunktion nicht mehr übereinstimmt, ist diese Funktion zu streichen. Es besteht aber auch die Möglichkeit, bereits im Entwicklungsstadium Maßnahmen zur Kostensenkung einzuleiten.

Die Unternehmen müssen auch auf die Reduzierung der Komplexität von Verfahren und Produkten achten. Die Vielzahl der Varianten sollte ebenfalls eingeschränkt werden, um Kosten zu sparen.

Durch die direkte Konfrontation mit dem Markt erhalten die Unternehmen die Möglichkeit, die Konkurrenzfähigkeit der eigenen Prozesse und Produkte im Wettbewerb mit den anderen Unternehmen laufend zu testen und zu verbessern. Wenn die Unternehmen rechtzeitig erkennen, in welche Richtung sich der Markt entwickelt, sind sie in der Lage, ihre Wettbewerbsfähigkeit ständig zu erhöhen.

Kundenorientierung
Viele Unternehmen haben ihre Wettbewerbsfähigkeit deshalb eingebüßt, weil sie die Kostenziele und finanziellen Ergebnisse zu sehr betont haben. Dabei wurden die Kunden oft vernachlässigt. Nur wenn die Wünsche der Kunden befriedigt werden, können die Unternehmen überleben und Gewinne erzielen.

In Zukunft sollten die Unternehmen das Ziel verfolgen, die optimale Kundenzufriedenheit zu erreichen. Die Denkweise der Mitarbeiter in den Unternehmen muß sich also ändern. Die Informationen über die Kunden sind vom Controller bereitzustellen, damit zukünftig auf die besonderen Bedürfnisse der Kunden besser eingegangen werden kann. Die Kundengruppenanalyse kann wichtige Informationen zur Verfügung stellen.

Die Unternehmensleitung und die Führungskräfte sollten sich eine kundenorientierte Betrachtungsweise aneignen. Eine bessere Kooperation der Mitarbeiter im Hinblick auf die Kunden muß erreicht werden. Diese veränderte Denkweise ist auf alle Mitarbeiter im Unternehmen zu übertragen.

Die Unternehmensphilosophie sollte auch die Kundenorientierung beinhalten, die dann auch eine Kundenzufriedenheit mit sich bringt. Ein stärkerer Marktbezug führt folglich auch zu einer vermehrten Beachtung des Kundennutzens. Die japanischen Unternehmen erzielen ihre Markterfolge vor allem dadurch, daß sie die Entwicklung ihrer Produkte streng am Kundennutzen orientieren.

Durch ein kundenorientiertes Denken wird auch die Qualität der Produkte positiv beeinflußt. Die Produkte und Leistungen im Unternehmen können dadurch ebenfalls verbessert und kostengünstiger hergestellt werden.

1.3 Controlling ist ein kybernetisches System

Controlling können wir als kybernetisches System darstellen. Kybernetes ist der griechische Ausdruck für Steuermann. Es ist die Aufgabe eines Steuermannes, sein Schiff unabhängig von Einflüssen durch Strömungen und Wind nach den jeweiligen Positionsmeldungen durch entsprechende Gegensteuerungsmaßnahmen auf dem vorher festgelegten Kurs zu halten.

Diese Systembeschreibung können wir auf die Unternehmen übertragen. Das kybernetische System des Unternehmens entspricht einem *geschlossenen Regelkreis,* der alle Controlling-Bestandteile beinhaltet und sie miteinander verknüpft.

Das Regelkreis-System kann folgendermaßen dargestellt werden:

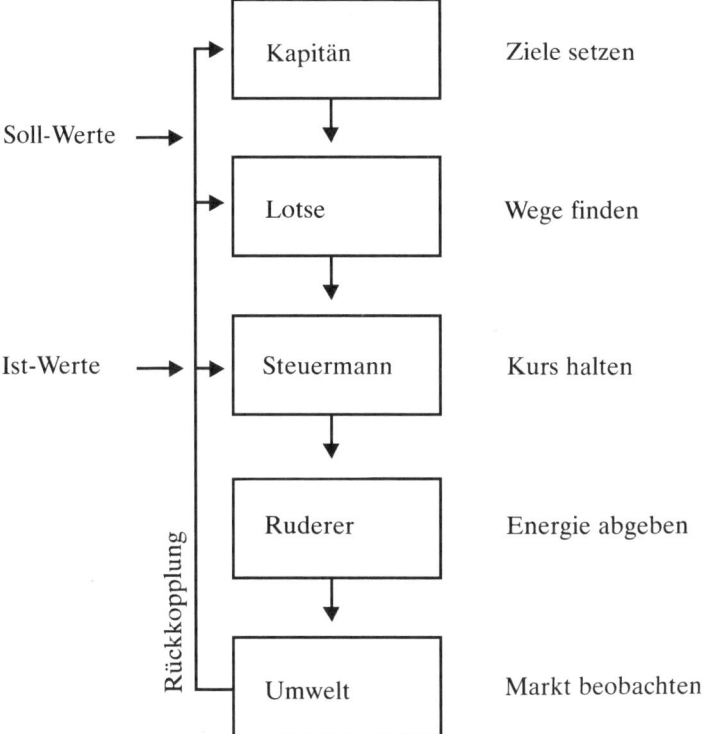

Abb.: Kybernetisches System

15

Die in dem kybernetischen System verwendeten Begriffe lassen sich auf das Unternehmen beziehen und können den verschiedenen Funktionen und Positionen im Unternehmen zugeordnet werden.

● **Kapitän**
Der Kapitän ist mit der *Unternehmensleitung* vergleichbar, die die Ziele in Form von Soll-Werten festlegt.

● **Lotse**
Der Lotse ist der *Controller,* der die Aufgabe hat, mit Hilfe von Soll-Ist-Vergleichen Wege zu finden, um die gesteckten Ziele zu erreichen. Das Finden der Wege setzt das Erarbeiten von Aktionsprogrammen voraus. Diese Programme stellen Wege zur Zielerreichung dar. Die Aufgabe des Controllers im kybernetischen System ist also die Weitergabe der durch Soll-Ist-Vergleiche ermittelten Informationen an die Entscheidungsträger im Unternehmen und deren Beratung zur Erreichung der geplanten Unternehmensziele.

● **Steuermann**
Der Lotse wird bei der Durchführung der Aktionsprogramme vom Steuermann, also von den *Führungskräften* im Unternehmen unterstützt. Die Führungskräfte müssen versuchen, den Kurs zu halten, d. h. die Ziele zu erreichen.

Wenn Abweichungen entstehen, muß der Kurs korrigiert werden. Die Abweichungen entstehen durch den Vergleich der Ist-Werte mit den Soll-Werten. Für den Controller sind die Abweichungen Alarmsignale. Beim Auftreten von Abweichungen hat der Controller dafür zu sorgen, daß unter Einsatz geeigneter Instrumente rechtzeitig Gegensteuerungsmaßnahmen eingeleitet werden, die das Erreichen der festgelegten Ziele gewährleisten.

● **Ruderer**
Die eigentlich ausführenden Kräfte im Unternehmen sind die *Sachbearbeiter,* die als Ruderer bezeichnet werden. Die Arbeitsleistung dieser Mitarbeiter wird umgewandelt an die Umwelt weitergegeben.

● **Umwelt**
Da sich die Umwelt (Markt) nicht immer analog der Planung entwickeln wird, muß eine laufende Rückkopplung durchgeführt werden, um die Unternehmen flexibel steuern zu können. Auf diese Weise werden bei auftretenden Abweichungen durch den Rückkopplungsprozeß die notwendigen Informationen an den Lotsen und Steuermann weitergegeben, damit sichergestellt werden kann, daß nach Berichtigungen im Programm die gesetzten Ziele doch noch erreicht werden.

● **Rückkopplung**
Der Schwerpunkt des kybernetischen Systems liegt bei dem laufenden Rückkopplungsprozeß (Feed-back). Durch die permanente Rückkopplung werden

die Führungskräfte gezwungen, ständig *Führungsentscheidungen* zu treffen, die eine Zielerreichung doch noch gewährleisten sollen.

Die laufende Rückkopplung hat jedoch nicht nur der Kontrolle der Zielvorgaben in der abgelaufenen Zeit zu dienen, sondern muß auch die Grundlage für die zu erwartenden Entwicklungen in der Zukunft liefern. Im einzelnen stellt dann z. B. der Monatsplan die Rückkopplung des Jahresplanes dar.

Der Regelkreis dient nicht nur der Kontrolle, sondern vielmehr auch der Vorbeugung. Abweichungen sollen also an Hand einer analytischen Ergebnis-Hochrechnung früher erkannt werden, möglichst schon, wenn sie noch nicht aufgetreten sind. Das *Feed-back-Denken* sollte demnach zum *Feed-forward-Denken* weiterentwickelt werden.

Die folgende Darstellung verdeutlicht diese Zusammenhänge:

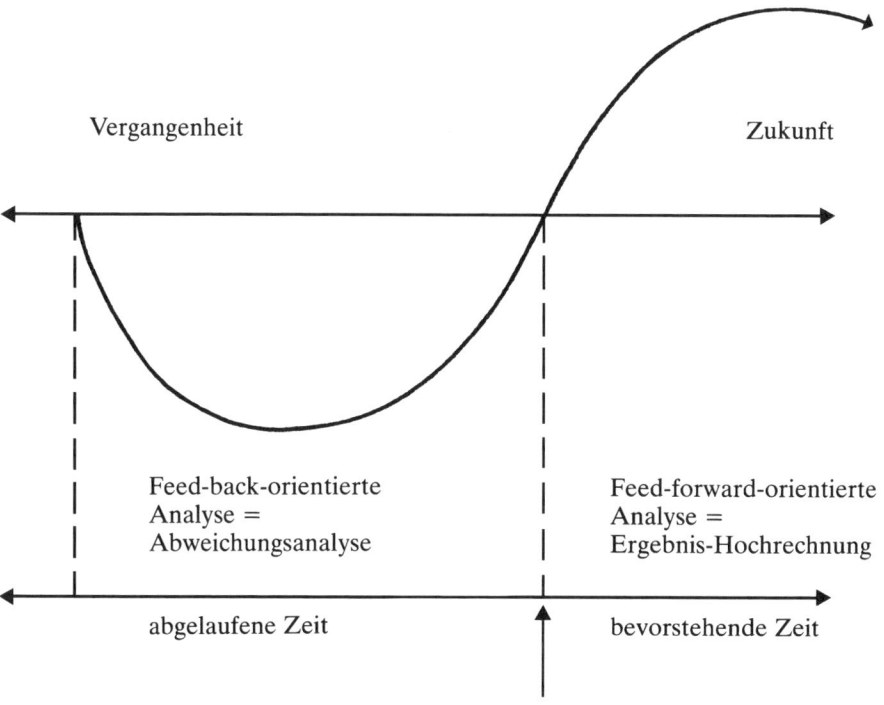

Abb.: Zusammenhang zwischen Feed-back-Denken und Feed-forward-Denken

17

Controlling ist also auf die Zukunft ausgerichtet. Die Vergangenheit ist nur so wichtig, wie sie in die Zukunft wirkt.

Das Feed-forward-Denken bedeutet, daß durch die Abweichungsanalysen bedeutende Lerneffekte erzielt werden können. Die Abweichungen sollten nämlich den Controller dazu veranlassen, Untersuchungen vorzunehmen und Gespräche zu führen, bevor Gegenmaßnahmen eingeleitet werden.

Positive Impulse für die *Zukunftsgestaltung* können durch das Feed-forward-Denken erreicht werden. Die Voraussetzung dafür ist allerdings die Tatsache, daß aus vergangenen Fehlern gelernt wird. Es geht nicht darum, Sündenböcke zu suchen, sondern die Ursachen für die Abweichungen zu ermitteln. Wenn die Ursachen analysiert sind, können sie in Zukunft eher vermieden werden.

MERKE

Das kybernetische System des Unternehmens stellt einen geschlossenen Regelkreis dar. Die Unternehmensleitung und die Führungskräfte legen die Ziele fest, die in Zukunft erreicht werden sollten. Der Controller hat die Aufgabe, in Kooperation mit den Führungskräften Wege zu finden, um die einzelnen Ziele zu verwirklichen. Deshalb müssen Aktionsprogramme erarbeitet und durchgeführt werden. Durch laufende Soll-Ist-Vergleiche stellt der Controller fest, ob die Führungskräfte den festgelegten Kurs halten oder nicht. Wenn Abweichungen in den einzelnen Perioden entstehen, heißt das, daß die Ziele teilweise nicht erreicht wurden. Für den Controller sind die Abweichungen also Alarmsignale.

In enger Zusammenarbeit mit den Führungskräften müssen die Ursachen für die einzelnen Abweichungen ermittelt werden. Erst dann sollten Gegensteuerungsmaßnahmen eingeleitet werden, um die festgelegten Ziele in Zukunft doch noch zu erreichen.

Durch laufende Rückkopplungen sind die einzelnen Vorgänge der Vergangenheit zu kontrollieren. Noch wichtiger aber werden die zukünftigen Entwicklungen im Unternehmen. Der Controller muß eine zukunftsorientierte Denkweise im Unternehmen einführen. Dieser Lernprozeß ist zeitaufwendig. Den Führungskräften sollte klargemacht werden, daß es nicht um die Bewältigung der Vergangenheit, sondern insbesondere um die Zukunftsgestaltung des Unternehmens geht.

1.4 Wie sehen die Aufgaben des Controllers aus?

Die Aufgaben des Controllers bestehen in der Beschaffung, Verarbeitung, Zusammenstellung und Präsentation externer und interner Daten zum Zwecke der Entscheidungsfindung. Der Controller hat also Informationen zusammenzutragen und auszuwerten. Deshalb muß er ein ergebnisorientiertes Planungs-, Kontroll- und Steuerungssystem im Unternehmen einführen.

Alle Führungskräfte im Unternehmen sollten sich am Planungs-, Kontroll- und Steuerungsprozeß beteiligen. Die Durchführung dieser Aufgaben darf nicht allein dem Controller überlassen werden. Der Controller sollte nur Koordinator, Berater, Navigator oder Lotse im Unternehmen sein.

Die Einführung einer Controlling-Konzeption stellt einen ständigen Lernprozeß für alle Mitarbeiter im Unternehmen dar. Der Controller hat dafür zu sorgen, daß die Durchführung der Planung, Kontrolle und Steuerung in durchschaubaren Schritten erfolgt.

Die Führungskräfte im Unternehmen müssen vom Controller insbesondere bei der Durchführung folgender Aufgaben beraten werden:

- Aufstellung der operativen und strategischen Planung
- Vornahme von ergebnisorientierten Kontrollen
- Einleitung von gezielten Steuerungsmaßnahmen

Für betriebswirtschaftliche Sonderuntersuchungen ist der Controller ebenfalls einzuschalten. Er hat also an Problemlösungsprozessen mitzuwirken.

Folgende *Sonderuntersuchungen* hat der Controller durchzuführen:

- Aufnahme neuer Produkte
- Eliminierung von Produkten
- Eigenfertigung oder Fremdbezug
- Überprüfung von anstehenden Investitionen mit Hilfe von Investitionsrechnungsverfahren
- Bilanzanalyse und Bilanzkritik
- Erstellung eines Stärken- und Schwächenprofils des Unternehmens
- Konkurrenzanalyse
- Potentialanalyse
- Portfolio-Analyse
- ABC-Analyse
- Engpaßorientierte Steuerung
- Entlohnung nach Nutzenprovision (Deckungsbeitrags – Provision)

Die Berichte müssen empfangsorientiert erstellt werden. Der Controller hat auch die Aufgabe, *komplexe Zusammenhänge* für die Mitarbeiter im Unternehmen verständlich darzustellen.

Das *Rentabilitätsdenken* muß Schritt für Schritt in alle Verantwortungsbereiche im Unternehmen hineingetragen werden. Rentabilitätsüberlegungen sollten die Kommunikation auf allen Ebenen und zwischen den einzelnen Verantwortungsbereichen erleichtern, insbesondere wenn divergierende Interessen auf einen gemeinsamen Nenner gebracht werden müssen.

MERKE

Der Controller muß ein System im Unternehmen entwickeln und einführen, das den Führungskräften ermöglicht, die Planung ihrer eigenen Bereiche selbst vorzunehmen. Aufgrund der Berichte, die monatlich zur Verfügung gestellt werden sollten, können die Führungskräfte weitgehend selbst kontrollieren, ob sie ihre Ziele erreicht haben oder nicht. Die auftretenden Abweichungen sind dann die Entscheidungsgrundlage für die Einleitung von Gegenmaßnahmen in den einzelnen Verantwortungsbereichen, für die die Führungskräfte zuständig sind. Auch die Steuerung sollte möglichst von den Führungskräften selbst vorgenommen werden. Der Controller hat also die Funktion eines Koordinators, Beraters oder Navigators wahrzunehmen, damit die geplanten Gewinne auch erwirtschaftet werden.

1.5 Welches Anforderungsprofil benötigt der Controller?

Da die Erfolge des Controlling maßgeblich durch die persönlichen Fähigkeiten des Controllers bestimmt werden, sollte dieser bestimmten Anforderungen gerecht werden. Grundsätzlich sind *persönliche und fachliche Anforderungen* zu unterscheiden, die an den Controller gestellt werden, um seine Aufgaben gut erfüllen zu können.

Persönliche Anforderungen

- Unbefangenheit
- Kontaktfähigkeit
- Überzeugungsfähigkeit
- Abstraktes Denken
- Fingerspitzengefühl
- Psychologisches Einfühlungsvermögen
- Verkäuferqualitäten
- Mitarbeiterführung
- Teamfähigkeit

Die Fähigkeit der Mitarbeiterführung setzt fundierte Kenntnisse von modernen Führungsmethoden voraus, die es dem Controller ermöglichen, die einzelnen Mitarbeiter zu motivieren und deren Initiative zu fördern. Verkäuferqualitäten beim Controller sind notwendig, um in den Teilbereichen des Unternehmens die gesteckten Ziele zu erreichen, da dies nur möglich ist, wenn sich die Mitarbeiter mit den Zielen identifizieren, d. h. die Ziele und damit auch den Controller und seine Tätigkeit akzeptieren. Unablässig für eine solche Tätigkeit sind Kommunikations-, Kontakt- und Überzeugungsfähigkeit, die den Controller als Moderator im Bereich seiner Aufgaben auszeichnen sollten.

Fachliche Anforderungen

● Kenntnisse über betriebswirtschaftliche Konzeptionen, Instrumente und Techniken
● Fähigkeiten zur systematischen und methodisch-konzeptionellen Vorgehensweise

Die Kenntnisse betriebswirtschaftlicher Konzeptionen, Instrumente und Techniken beinhalten das Rüstzeug eines jeden Controllers. Hier sind allgemeine wirtschaftliche und sozialwissenschaftliche Kenntnisse sowie fundierte Kenntnisse des Finanz- und Rechnungswesens zu nennen, wobei besondere Bedeutung der Deckungsbeitragsrechnung beizumessen ist. Ebenfalls erforderlich sind Kenntnisse auf den Gebieten der Organisation und der Unternehmensplanung sowie der Datenverarbeitung und der Management-Informations-Systeme. Der Controller sollte auch Verständnis für Marketingprobleme mitbringen.

Aufgrund der oben genannten Kenntnisse ist der Controller in der Lage, betriebswirtschaftliche Zusammenhänge zu erkennen, diese zu analysieren und bei auftretenden Problemen diese durch systematisch und methodisch-konzeptionell eingeführte Planungs-, Kontroll- und Steuerungssysteme zu lösen.

MERKE *Der Controller muß so ausgebildet werden, daß er die an ihn gestellten persönlichen und fachlichen Anforderungen erfüllen kann. Er sollte in der Lage sein, betriebswirtschaftliche Zusammenhänge im Unternehmen klar zu erkennen und sorgfältig zu analysieren. Auftretende Probleme hat der Controller in Kooperation mit der Unternehmensleitung und den Führungskräften durch systematische und methodisch-konzeptionelle Vorgehensweise zu lösen.*

1.6 Wie gliedert sich der Controller organisatorisch ein?

Hier gilt es zu ermitteln, auf welcher Ebene der *Unternehmenshierarchie* die Ansiedelung der Controllerfunktion die effektivste Aufgabenbewältigung ermöglicht. Grundsätzlich läßt sich konstatieren, daß der Controller am wirkungsvollsten agieren kann, wenn er auf einer möglichst hohen Hierarchieebene angesiedelt ist.

Die Funktion des Controllers auf der Geschäftsführerebene garantiert eine erfolgreiche Koordination und Abstimmung der verschiedenen Geschäftsbereiche, da auf dieser Ebene die Interessen des Gesamtunternehmens auf die Teilbereiche transferiert werden.

MERKE *Der Controller sollte in der Unternehmenshierachie so eingegliedert werden, daß er seine Aufgaben möglichst effektiv bewältigen kann. Grundsätzlich gilt, daß der Controller möglichst hoch im Unternehmen angesiedelt werden muß.*

In größeren Unternehmen ist der Controller oft einer der Geschäftsführer. Wenn sich kleinere oder mittlere Unternehmen keinen Controller leisten wollen oder können, sollte die Funktion des Controllers vom Geschäftsführer selbst unter Mitwirkung der anderen Funktionsbereiche wahrgenommen werden.

Im allgemeinen gibt es zwei Eingliederungsmöglichkeiten. Dem Controller kann entweder eine *Stabs- oder* eine *Linienposition* zugewiesen werden.

1.6.1 Stabsposition

Wird dem Controller eine Stabsstelle zugewiesen, so entspricht dies der allgemeinen Auffassung, das Controlling auf einer hohen Hierarchieebene anzusiedeln, da die Stabsstelle nur der Unternehmensleitung direkt unterstellt ist. Fraglich ist allerdings, ob der Controller in dieser Stellung seine Aufgaben effektiv ausführen kann. Stabsstellen zeichnen sich dadurch aus, daß sie nur Beratungs- und Entscheidungsvorbereitungsfunktionen einnehmen und keine Entscheidungs- und Anordnungskompetenzen besitzen. Diese sind aber unbedingt notwendig, um ein effektives Controlling-System einzuführen und am Leben zu erhalten.

MERKE *Nach meinen Erfahrungen sollte der Controller in kleineren und mittleren Unternehmen keine Stabsposition innehaben. Ein wirkungsvolles Controlling ist auf diese Weise nicht zu erreichen.*

Wird Controlling als Stabsposition geführt, so ist der Controller der Unternehmensleitung direkt unterstellt. Das *Organigramm* sieht dann wie folgt aus:

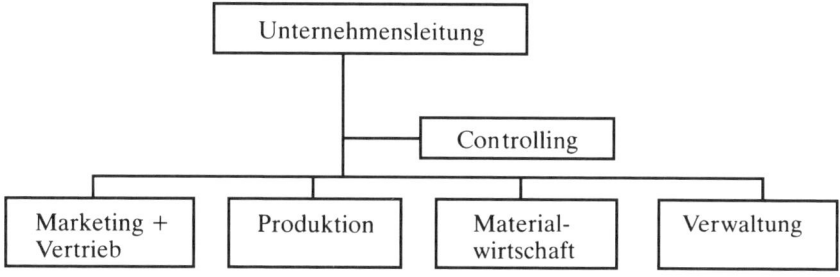

Abb.: Controlling als Stabsposition

MERKE *Wenn der Controller eine Stabsstelle innehat, ist er der Unternehmensleitung meist direkt unterstellt. Stabsstellen haben aber nur eine Beratungsfunktion. Sie können Entscheidungen vorbereiten, haben aber keine Weisungsbefugnisse. Der Stabsmann besitzt keine Entscheidungs- und Anordnungskompetenzen. Diese Kompetenzen sind aber unbedingt erforderlich, um ein gut funktionierendes Controlling-System zu entwickeln, im Unternehmen einzuführen und am Leben zu erhalten.*

23

1.6.2 Linienposition

Es hat sich in vielen Unternehmen erwiesen, daß die Realisierung des Controlling in Fragen der Schaffung und des Einsatzes des Planungs-, Kontroll- und Steuerungsapparates wesentlich effizienter durchzuführen ist, wenn der Controller über eine Linienposition verfügt und somit ein funktionales Weisungsrecht besitzt.

Der Controller sollte sich auf der gleichen Ebene wie die Leiter für Marketing und Vertrieb, Produktion sowie Materialwirtschaft bewegen. Da der Controller viele Informationen von den einzelnen Verantwortungsbereichen benötigt, muß er sich auch bei den Besprechungen mit den Abteilungsleitern durchsetzen können.

Wenn der Controller eine Linienposition im Unternehmen einnimmt, sieht das *Organigramm* folgendermaßen aus:

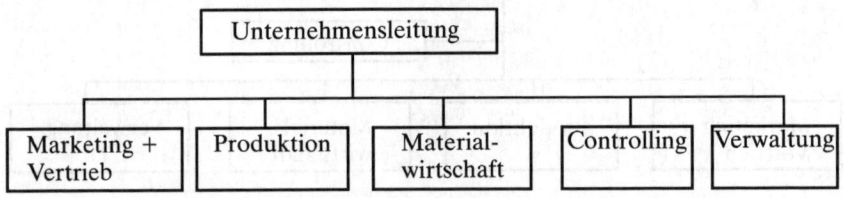

Abb.: Controlling als Linienposition

In kleineren und mittleren Unternehmen ist oft die Einführung einer eigenständigen Position des Controllers aus wirtschaftlichen Gründen nicht gerechtfertigt. Dann wird der Leiter des *Finanz- und Rechnungswesens* entsprechend weitergebildet, um die zusätzlichen Aufgaben eines Controllers zu übernehmen.

Eine weitere Möglichkeit besteht darin, das *Controlling* in Verbindung *mit der EDV* als eine Abteilung einzurichten. Diese Kombination hat sich in einigen Unternehmen gut bewährt, zumal der Controller ohnehin dafür sorgen muß, daß ein einheitliches Berichtssystem im Unternehmen aufgebaut wird.

Da sich der Unternehmer selbst intensiver mit den Planungs-, Kontroll- und Steuerungsinstrumenten auseinandersetzen muß, ist er auch gezwungen, sich mit dem Auf- und Ausbau des Informationssystems zu befassen. In den monatlich stattfindenden Sitzungen werden die Probleme, die sich aus den Berichten erkennen lassen, eingehend besprochen und Problemlösungen mit den Führungskräften erarbeitet.

MERKE *Wenn der Unternehmer keine eigene Position für einen Controller schaffen will, schlage ich öfter vor, daß der Unternehmer selbst die Aufgaben des Controllers wahrnimmt. Die benötigten Informationen läßt er dann vom Leiter des Finanz- und Rechnungswesens ausarbeiten. Die Durchführung der Controller-Arbeiten wird vom Unternehmer selbst veranlaßt. Diese Konzeption hat sich insbesondere in kleineren Unternehmen als gute Lösung herausgestellt.*

1.6.3 Externer Controller

In vielen kleineren und mittleren Unternehmen sind keine entsprechend qualifizierten Führungskräfte vorhanden, die das Controlling übernehmen können. Dann besteht die Möglichkeit, das Controlling von einem *Unternehmensberater* entwickeln und einführen zu lassen. Der externe Controller schult die Unternehmensleitung und die Führungskräfte während der Einführungsphase, bis sie in der Lage sind, die Aufgaben des Controlling selbst zu übernehmen. Diese Lösung habe ich in einigen Unternehmen vorgeschlagen und mit großem Erfolg realisiert.

Nach meinen Erfahrungen dauert die Einführung des Controlling etwa ein Jahr. In einigen Unternehmen berate ich die Unternehmensleitung auch über ein Jahr hinaus, um die eingeführten Konzeptionen, Instrumente und Techniken weiter zu verfeinern und auszubauen.

Diese Vorgehensweise ist bei den Unternehmen gut angekommen. Der externe Controller kann seine großen Erfahrungen einbringen und hat keine besonderen Konflikte mit den einzelnen Führungskräften. Er kommt i. d. R. schneller zum Erfolg als mancher interne Controller, der sich erst mühsam mit den einzelnen Führungskräften und vielleicht auch mit der Unternehmensleitung herumschlagen muß, bis das Controlling-System einigermaßen funktioniert.

MERKE *Ein externer Controller kann oft das Controlling schneller und besser im Unternehmen einführen, wenn er über gute Erfahrungen verfügt, die er sich in anderen Unternehmen erworben hat. Während der Einführungsphase ist er in der Lage, die Unternehmensleitung und die Führungskräfte zu schulen. Wenn das Controlling-System dann gut funktioniert, kann ein eigener Controller eingestellt werden.*

1.7 Wie unterscheiden sich Controlling und Rechnungswesen?

Das Rechnungswesen umfaßt die Finanzbuchhaltung, die Kosten- und Leistungsrechnung, Vergleichsrechnungen und Planungsrechnungen.

Der Controller befaßt sich weniger mit der Finanzbuchhaltung, also mit der Informationserarbeitung unter Berücksichtigung des Handels- und Steuerrechts, sondern vielmehr mit der Informationsverarbeitung, also mit der Kosten- und Leistungsrechnung, mit Vergleichsrechnungen und mit Planungsrechnungen. Auf dieser Basis könnte eine Trennung der Aufgaben des Leiters der Finanzbuchhaltung und des Controllers vorgenommen werden.

Betrachtet man die Keimzelle des Controlling, nämlich das Rechnungswesen, so zeichnete sich aus der *zunehmenden Dynamik und Komplexität der Umwelt* sowie der daraus resultierenden Unsicherheit hinsichtlich der zukünftigen Ereignisse, Ursachen und Folgen dieser Ereignisse und Möglichkeiten folgende Entwicklung ab:

Das konventionelle Rechnungswesen, das aufgrund der Instrumente der Finanzbuchhaltung durch eine *vergangenheitsorientierte Perspektive* charakterisiert ist, ist nicht in der Lage, eine Reduktion der Unsicherheit herbeizuführen. Passive Informationsbereitstellung (Warten bis zum Ende der Periode), buchhalterisches Denken, dem es an zeitlicher Aktualität fehlt, sowie der Mangel an der funktionsübergreifenden Eingliederung in die Unternehmensführung führen dazu, daß Probleme zu spät erkannt, Ursachen nicht rechtzeitig analysiert und Korrekturmaßnahmen zu spät durchgeführt werden.

Um das Unternehmen aber vor Schäden (Nichtrealisierung der Ziele) zu schützen, bedarf das Rechnungswesen zweckentsprechender Einrichtungen und Änderungen. Aus seiner traditionell passiven Stellung als Berichterstattungsinstrument muß das Rechnungswesen zu einem aktiven Element der Unternehmensführung werden, mit dem bessere und tiefere Einblicke in die zukünftigen Steuerungsprobleme der Unternehmung gewonnen werden können.

Der Leiter der Finanzbuchhaltung beschäftigt sich mit den Daten der Vergangenheit, während der Controller in erster Linie zukunftsorientiert denken und handeln muß. Das folgende Schaubild zeigt die Zusammenhänge zwischen der Finanzbuchhaltung und dem Controlling auf:

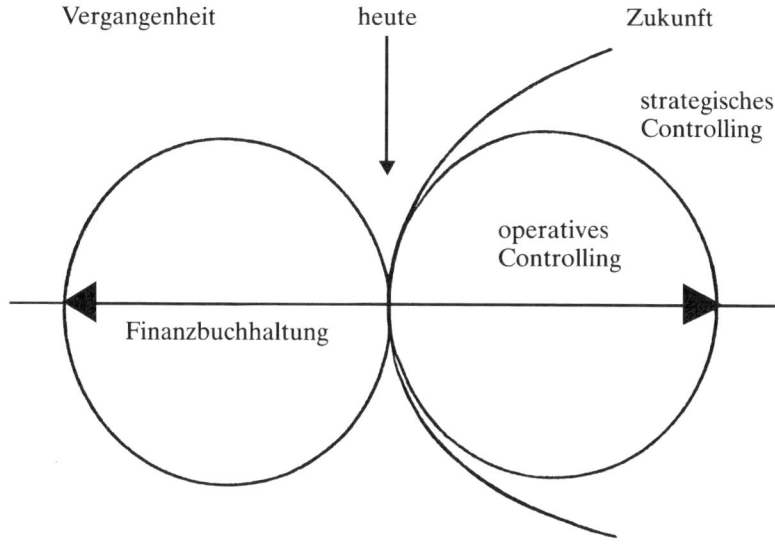

Abb.: Zusammenhang zwischen Finanzbuchhaltung und Controlling

Die Finanzbuchhaltung ist vergangenheitsorientiert. Diese Blickrichtung reicht für eine erfolgreiche Unternehmensführung nicht mehr aus. Die Unternehmensleitung ist heute gezwungen, das operative und strategische Controlling einzuführen, die eindeutig in die Zukunft gerichtet sind, um die Existenz langfristig zu sichern.

Es bestehen erhebliche Unterschiede zwischen den Tätigkeiten der Finanzbuchhaltung und dem Controlling. Die Denkweise der Mitarbeiter in der Finanzbuchhaltung ist meist völlig anders als im Controlling. Die einzelnen Vorgänge im Unternehmen dürfen in der Finanzbuchhaltung nur erfaßt werden, wenn entsprechende Belege vorhanden sind. Dagegen muß sich der Controller insbesondere bei der Planung mit zukünftigen Entwicklungen des Unternehmens befassen, die erst später realisiert und dokumentiert werden können.

In der Einführungsphase des Controlling fällt in der Praxis oft auf, daß insbesondere ältere Mitarbeiter in der Finanzbuchhaltung größere Schwierigkeiten haben, sich mit der Konzeption des Controlling vertraut zu machen. Auch Instrumente und Techniken, die im Controlling eingesetzt werden, sind vielen Mitarbeitern in der Finanzbuchhaltung nicht bekannt. Wegen der unterschiedlichen Denkweise der Mitarbeiter der Finanzbuchhaltung ist es nach meinen Erfahrungen notwendig, die beiden Aufgabengebiete zu trennen, sobald das Unternehmen groß genug ist.

Es wird auch immer wieder deutlich, daß im Controlling jüngere Mitarbeiter eingesetzt werden müssen, da sie meist wesentlich flexibler und kontaktfreudiger sind. Außerdem setzen jüngere Führungskräfte neue Instrumente und Techniken unbefangener ein, um vielschichtige Probleme zu analysieren und zu lösen. Komplexe Aufgaben werden von jüngeren Führungskräften auch eher übernommen.

Einige Unternehmer meinen, daß eine eigenständige Position als Controller im Unternehmen zu teuer sei. Dann übertragen sie die Aufgaben des Controllers auf den Leiter des Finanz- und Rechnungswesens, der ohnehin über das vorhandene Zahlenmaterial verfügt. Diese Lösung ist aber nur erfolgversprechend, wenn sich der Leiter des Finanz- und Rechnungswesens entsprechend weiterbildet und mit den Controllinginstrumenten vertraut macht.

MERKE

Die Aufgabenbereiche Finanzbuchhaltung und Controlling sollten möglichst getrennt werden, da die Denkweisen in beiden Abteilungen sehr unterschiedlich sind. Aufgrund der Ausbildung und der gesetzlichen Vorschriften ist die Finanzbuchhaltung vergangenheitsorientiert. Nur das Controlling mit seiner eindeutigen Zukunftsorientierung ermöglicht eine langfristige Existenzsicherung der Unternehmen.

1.8 Welche Unterstützung erwartet der Controller?

Die Einführung einer Controlling-Konzeption stößt in den Unternehmen oft auf Widerstand. Ausgehend von der Annahme, daß hier ein Fremdkörper in die Unternehmenshierarchie eingebaut werden soll, der die bestehenden Funktionsbereiche in ihren Kompetenzen und ihrem Entscheidungsspielraum einschränkt, ist es einleuchtend, daß schnell Aversionen in den verschiedenen Teilbereichen geweckt werden.

Solche Aversionen in den verschiedenen Teilbereichen des Unternehmens können sich in den unterschiedlichsten Formen äußern. Der Ursprung all dieser Abwehrreaktionen ist jedoch darin zu sehen, daß die meisten Führungskräfte im Unternehmen aus Unwissenheit den Controller mit dem Kontrolleur gleichsetzen, sich also bedroht fühlen und sofort auf Abwehr schalten.

Um die ihm gestellten Aufgaben erfüllen zu können, muß der Controller sehr viel Fingerspitzengefühl aufweisen. Der Anspruch, über fast alle Bereiche mitzureden, wie dies der Aufgabe des Controllers entspricht, erfordert neben Sachverstand psychologisches Einfühlungsvermögen und eine Einstellung auf die persönlichen Entscheidungsstrukturen der Gesprächspartner.

Aber nicht nur die Eignung des Controllers ist ausschlaggebend für die erfolgreiche Einführung einer Controlling-Konzeption, vielmehr muß die Konzeption unbedingt von der Unternehmensleitung verstanden, mitgetragen und unterstützt werden. Ein Controller kann auf Dauer nur Erfolg haben, wenn er die *volle Rückendeckung der Unternehmensleitung* hat. Nur die durch die Rückendeckung der Unternehmensleitung gestärkte Position des Controllers macht es ihm möglich, wirkungsvoll im Unternehmen tätig zu werden.

Da es voraussehbar ist, daß bei der Einführung einer Controlling-Konzeption Widerstände im Unternehmen aufgebaut werden, sollte eine *Einführungsstrategie* entwickelt werden, die den einzelnen Führungskräften im Unternehmen die Notwendigkeit des Systems durch eine erhöhte Transparenz der Systemauswirkungen verdeutlicht und somit eine stufenweise Einführung ermöglicht. Hier muß auf das Verständnis und die Eigeninitiative der Mitarbeiter gebaut werden, was wiederum die unabdingbare Notwendigkeit eines kooperativen Führungsstils ausdrückt.

2 Bausteine des Controlling-Systems

In kleineren und mittleren Unternehmen können wir immer wieder feststellen, daß aktuelle und aussagefähige Informationen über die wirtschaftliche Entwicklung der Unternehmen nicht vorhanden sind. Diese Schwachstelle wird dann besonders deutlich, wenn ein Unternehmen in finanzielle Schwierigkeiten gerät und in die Verlustzone abrutscht. Gerade dann wären die fehlenden Informationen für eine gewinnorientierte Unternehmensführung besonders gewichtig.

Viele Unternehmer haben bereits erkannt, daß auch für kleinere und mittlere Unternehmen ein geschlossenes Informationssystem erforderlich ist, um die Planung, Kontrolle und Steuerung des Unternehmens konsequent durchführen zu können. Dieses Controlling-System sollte allerdings der Struktur und Größe dieser Unternehmen angepaßt sein.

Jedes Unternehmen hat regional oder überregional eine bestimmte Marktposition erlangt. Der Unternehmer muß ständig prüfen, ob die Leistungen seines Betriebes auch in Zukunft den Anforderungen und Wünschen seiner Kunden gerecht werden. Außerdem hat er darauf zu achten, daß er eine gute Rentabilität und Liquidität erwirtschaftet.

Der Unternehmer muß an vielen Fronten kämpfen. Er hat sich um weitere Aufträge bei seinen Kunden zu bemühen. Gleichzeitig sollte er bei seinen Lieferanten günstige Preise aushandeln, um weiterhin konkurrenzfähig zu bleiben. Daneben hat der Unternehmer darauf zu achten, daß in der Produktion gute Leistungen erbracht werden. Mit den Banken muß verhandelt werden, um günstige Kredite zu erhalten. Auch mit dem Finanzamt hat sich der Unternehmer zu befassen, damit er nicht zu viele Steuern bezahlen muß. Die nächste Lohnerhöhung steht möglicherweise bevor. Weitere Investionen müssen getätigt werden, um neue Maschinen und Verfahren im Unternehmen einzusetzen. Die Qualität der Produkte ist zu verbessern. Auch zusätzliche Umweltschutz-Bedingungen sind zu beachten. Der Unternehmer muß also mit den gegenwärtigen und zukünftigen Schwierigkeiten fertig werden, um weiterhin konkurrenzfähig zu bleiben.

Die Unternehmensführung ist komplexer geworden. Der Unternehmer kann alle Aufgaben nicht mehr allein lösen. Neue Konzeptionen, Instrumente und Techniken müssen im Unternehmen eingeführt werden. Viele Unternehmer erkennen, daß sie sich mit den neuen betriebswirtschaftlichen Entwicklungen vertraut zu machen haben. Dies ist für manche Unternehmen nicht einfach, da sie in Zukunft vieles anders machen müssen, als sie es bisher gewohnt waren. Einige Unternehmer müssen sich geradezu zwingen, neue Vorstellungen im Unternehmen zu realisieren, um auch in Zukunft erfolgreich tätig sein zu können.

Die Unternehmer sollten einsehen, daß es sich lohnt, Routinearbeiten an andere Mitarbeiter zu delegieren. Sie müssen die richtigen Führungskräfte auswählen und ihnen bei der Bewältigung der übertragenen Aufgaben helfen. Manche Unternehmer sollten sich insbesondere abgewöhnen, sich zu lange mit Tätigkeiten zu beschäftigen, die ihnen persönlich besonderen Spaß machen. Zusammen mit den Führungskräften haben die Unternehmer Ziele zu setzen, Aufgaben zu delegieren und Pläne festzulegen. Außerdem müssen die Unternehmer ihre Mitarbeiter so motivieren, daß sie ihre Aufgaben mit Freude erledigen. Die wesentlichen Aufgaben dürfen die Unternehmer aber dabei nicht vernachlässigen. Sie sollten sich Zeit nehmen für wichtige Kunden und Lieferanten. Auch auf die organisatorische und technische Weiterentwicklung ihres Unternehmens haben sie zu achten. Diese einzelnen Punkte gehören zur Unternehmensplanung, Unternehmenskontrolle und Unternehmenssteuerung.

Viele Unternehmer beschäftigen sich bereits mit der Unternehmensplanung. Sie erarbeiten aussagefähige Kennzahlen, die die Planung erleichtern, die Kontrolle verfeinern und die Steuerung beschleunigen. Deshalb können sie es sich leisten, gelegentlich aus dem Tagesgeschäft auszusteigen, um neue Ideen und Anregungen zu entwickeln, damit sie in Zukunft noch erfolgreicher tätig sein können.

Unternehmensplanung heißt in Kurzfassung, daß Unternehmensziele festgelegt werden müssen. Außerdem beinhaltet die Unternehmensplanung, was die Unternehmer selbst tun sollten oder von anderen Mitarbeitern durchführen lassen sollten, um die gemeinsam festgelegten Unternehmensziele zu realisieren. Oft müssen die Unternehmen neue Maßstäbe setzen, nach denen die Mitarbeiter in Zukunft in den Unternehmen tätig sein sollten. Daneben haben sie bekannt zu machen, nach welchen Kriterien sie ihre Mitarbeiter, insbesondere ihre Führungskräfte, zukünftig beurteilen werden.

2.1 Unternehmensplanung

Die Unternehmensplanung hat die Aufgabe, ein geschlossenes System von Teilplänen zu erstellen, in denen die schriftliche Festlegung der erarbeiteten Ziele und der für ihre Realisierung erforderlichen Maßnahmen und Aktionen erfolgt. Sie wird durchgeführt auf der Basis gegebener Potentiale und unter Beachtung künftiger Potentialänderungen. Die Unternehmensplanung ist durch folgende *Merkmale* gekennzeichnet:

● **Zielorientiertheit**
Die gesamte Planungsaktivität orientiert sich stets an dem jeweils verbindlichen Zielsystem, denn nur so wird eine aktive Gestaltung der Führung des Unternehmens ermöglicht.

● **Gestaltungscharakter**
Hiermit ist die rationelle Vorgehensweise angesprochen, nämlich das sachlogische und zeitliche Hintereinander der Durchführung von Planungsaufgaben.

● **Zukunftsbezogenheit**
Diese Ausrichtung zeigt sich insbesondere in der Erkennung und Entscheidung notwendiger Maßnahmen zur Nutzung zukünftiger Chancen bzw. Vermeidung von Gefahrenpotentialen. Nur so kann die wirtschaftliche Entwicklung des Unternehmens positiv beeinflußt werden.

● **Prozeßbezogenheit**
Dieses Merkmal bezieht sich auf die wechselseitigen Interdependenzen der Teilpläne, die eine ständige Rückkopplung erforderlich machen.

Der Zweck der Unternehmensplanung ist darauf gerichtet, die fixierten Unternehmensziele zu erreichen. Das zwingt die Planungs- und Entscheidungsträger, sich der anzustrebenden Ziele, der einsetzbaren Instrumente und der erwarteten Bedingungen bewußt zu werden sowie diese zu formulieren und zu optimieren.

Durch die *systematische* und *antizipative Problemlösung* wird angestrebt, das Risiko von Fehlentscheidungen zu mindern und die Erfolgswahrscheinlichkeit der Zielerreichung zu erhöhen. Bei der Erstellung eines geschlossenen Systems von Teilplänen treten Interdependenzen auf, so daß eine Koordination der einzelnen Teilentscheidungen erforderlich ist.

Die Planung soll nicht zur Starrheit und Inflexibilität führen, sondern muß so ausgestaltet sein, daß für auftretende Änderungen im Ziel-, Bedingungs- und Instrumentalsystem der Unternehmung frühzeitig Alternativen aufgezeigt werden, die dann wirksam eingesetzt werden können. Die Unternehmensplanung stellt dabei durch ihre schriftlich fixierten Pläne die Ausgangslage zur präzisen Kontrolle und der daran anschließenden Steuerung des Betriebsgeschehens dar.

2.1.1 Welche Planungszeiträume unterscheiden wir?

Nachdem man erkannte, daß die Finanzbuchhaltung wegen ihrer retrospektiven Betrachtungsweise nicht zur Steuerung geeignet war, entwickelte sich das Controlling als System zur Gewinnsteuerung. Dabei erstreckte sich die Betrachtungsweise anfangs auf einen kurzfristigen Zeitraum von einem Jahr.

Dieser eng umfaßte Horizont des Controlling wurde aber aufgrund zunehmender Veränderungsgeschwindigkeiten des sozio-ökonomischen Umfeldes beeinflußt. Ausgehend von der Notwendigkeit, die sich in der ferneren Zukunft ergebenden unternehmerischen Chancen und Risiken rechtzeitig zu erkennen und zu beachten, entstand das strategische Controlling. Dies führte zu einem Umdenken in der Planungsdimension. Man mußte sich nämlich im klaren sein, was man heute tun muß, um in Zukunft den Nutzen aus diesen Erkenntnissen ziehen zu können.

2.1.1.1 Was verstehen wir unter strategischer Planung?

Die strategische Planung ist *langfristig* orientiert und umfaßt in der Regel einen Zeitraum von mindestens 4 Jahren. Es handelt sich in erster Linie um eine Grobplanung, die nach bestimmten Zeitabständen jeweils modifiziert wird. Die strategische Planung kann auch eine Roll-over-Planung sein. In den strategischen Plänen legt die Unternehmensleitung die Ziele fest, die sie auf längere Sicht erreichen will.

Nach der Erstellung und Verabschiedung der operativen Planung müssen die strategischen Pläne überprüft und gegebenenfalls modifiziert werden. Bei der Modifizierung der strategischen Pläne werden die veränderten externen und internen Gegebenheiten des Unternehmens berücksichtigt. Diese Arbeiten fördern den mit der Planungstätigkeit verbundenen Lernprozeß und erhöhen die Qualität der Pläne.

Die Aufgabe der strategischen Planung besteht darin, *Erfolgspotentiale* zu suchen, aufzubauen und zu erhalten. Dabei ist darauf zu achten, daß das Unternehmen einen adäquaten Cash-flow erwirtschaftet.

Die strategische Planung stellt also eine langfristige *Orientierungsgrundlage* für die Unternehmensleitung dar. Durch die strategische Planung können die auf das Unternehmen zukommenden Probleme und Erfolgspotentiale eher erkannt und analysiert werden. Die Unternehmensleitung ist dann in der Lage, schnellere Entscheidungen zu treffen, um den Erfolg des Unternehmens zu sichern.

Folgende *strategische Ziele* könnte sich ein Unternehmen vorgeben:

- Entwicklung neuer Produkte
- Ausbau von Marktanteilen
- Erschließung neuer Märkte
- Ausbau von Kapazitäten
- Aufbau einer kostengünstigeren Organisation
- Aufbau neuer Vertriebswege

Folgende *Instrumente* sollten bei der strategischen Planung eingesetzt werden:

- Portfolio-Analyse
- Potential-Analyse
- Lebenszykluskurve
- Erfahrungskurve
- ROI-Analyse
- Break-Even-Analyse

Um die zukünftige Entwicklung des Unternehmens zu ermitteln, müssen die Unternehmensleitung und die Führungskräfte Prognosen aufstellen. Dabei sollten insbesondere folgende Informationen über die *zukünftige Entwicklung* der Wirtschaft berücksichtigt werden:

- Informationen vom eigenen Vertrieb
- Prognosen der Wirtschafts- und Forschungsinstitute sowie der Fachverbände
- Prognosen der Großbanken und der Deutschen Bundesbank
- Angaben der statistischen Ämter

Die Unternehmensleitung und die Führungskräfte haben sich zu bemühen, die Ursachen für bestimmte Entwicklungen in den einzelnen Märkten zu ermitteln. Gerade im Hinblick auf Prognosen und die Planung zukünftiger Tätigkeiten ist das Kennen von kausalen Zusammenhängen in den Märkten von großer Bedeutung. Deshalb dürfen die Daten aus der Vergangenheit *nicht* einfach *extrapoliert* werden.

Für die Darstellung der Ergebnisse der strategischen Planung sind im Unternehmen möglichst für alle Produktgruppen, Verkaufsgebiete und Kundengruppen Tabellen und Graphiken zu erstellen. In der Praxis zeigt sich immer wieder, daß die Mitarbeiter im Unternehmen graphische Darstellungen schneller und besser verstehen als Tabellen.

2.1.1.2 Was ist eine operative Planung?

Die operative Planung erstreckt sich in der Regel auf ein Geschäftsjahr. In den einzelnen Plänen (Budgets) wird festgelegt, welche Aktivitäten von der Unternehmensleitung im kommenden Geschäftsjahr verwirklicht werden sollen. Da es sich bei der operativen Planung um eine *kurzfristige* Planung handelt, sollten möglichst alle wichtigen Daten in detaillierter Form festgelegt werden.

Aufgrund der strategischen Planung werden die kurzfristigen Ziele und Maßnahmen im Unternehmen bestimmt, um die *Rentabilität* des Unternehmens zu sichern. Dabei ist auch auf eine entsprechende Sicherung der *Liquidität* zu achten. Die Rentabilität und Liquidität sind also die bedeutendsten Steuerungsgrößen im Unternehmen.

Zur Steuerung der Rentabilität und Liquidität werden unterschiedliche Orientierungsgrundlagen benötigt. Die Rentabilität wird durch die Aufwendungen und Erträge (Kosten und Leistungen) beeinflußt. Die Liquidität dagegen ergibt sich aus der Differenz zwischen Einnahmen und Ausgaben.

Die Ergebnisse der operativen Planung sollten in den einzelnen Berichten in *detaillierter* Form festgehalten werden. Für die wichtigsten Teilbereiche des Unternehmens sind Pläne zu erstellen.

Auch bei der operativen Planung wird mit den Absatz- und Umsatzplänen begonnen. Die anderen Teilpläne sind dann auf der Basis der Absatz- und Umsatzzahlen zu erarbeiten.

Um einen besseren Einblick in die Geschäftstätigkeit des Unternehmens zu erhalten, sollten die Einzelpläne in 12 Monate unterteilt werden. Dadurch ist es möglich, die Soll- und die Ist-Werte schneller miteinander zu vergleichen. Aufgrund der ermittelten Abweichungen können dann eher Gegenmaßnahmen eingeleitet werden. Somit ist eine bessere Steuerung des Unternehmens garantiert.

MERKE

Bei der Unternehmensplanung unterscheiden wir im wesentlichen zwei unterschiedliche Planungszeiträume. Der Unternehmer sollte sich dafür interessieren, wie sich sein Unternehmen im kommenden Geschäftsjahr entwickelt. Außerdem ist es notwendig, die Veränderungen am Markt über die folgenden Geschäftsjahre zu analysieren und in einer langfristigen Unternehmensplanung zu berücksichtigen. Die kurzfristige Planung nennen wir operative Planung, während wir bei der langfristigen Planung von einer strategischen Planung sprechen.

Die Zielsetzung bei den beiden Planungszeiträumen ist allerdings unterschiedlich. Bei der operativen Planung wird besonderer Wert auf die Gewinnsteuerung gelegt. Die strategische Planung dagegen betont die Existenzsicherung des Unternehmens.

In der Praxis kommt öfters die Frage auf, welche Planung wichtiger sei. Generell können wir feststellen, daß die strategische Planung eine größere Bedeutung für das Unternehmen hat, da es um die langfristige Sicherung der Existenz des Unternehmens geht. Gleichzeitig müssen wir aber sagen, daß ohne eine bestehende operative Planung eine strategische Planung praktisch nicht erstellt werden kann. Beide Pläne sind miteinander vernetzt.

In der Einführungsphase des Controllings sollte der Schwerpunkt auf der Erstellung der operativen Planung liegen. Ohne genaue Kenntnisse der operativen Zahlen würden in der strategischen Planung zu leicht unrealistische Daten erarbeitet, die keine große Aussagefähigkeit hätten und kaum umgesetzt werden könnten.

2.1.1.3 Was bedeutet Vernetzung?

Das strategische Controlling bedeutet nicht eine isolierte Erstellung einer weiteren Konzeption. Die strategische Planung soll die operative Planung durch eine weitreichendere strategische Betrachtungsweise ergänzen. Das bedeutet, daß im Sinne der Feed-forward-Planung das Ergebnis der strategischen Planung nicht nur aufgezeigt, sondern auch in operative Maßnahmen umgesetzt werden muß.

Durch diese Vernetzung wird auf neue Strategien zur Steuerung der Aktionspläne hingewiesen. Der Controller erhält Einzelinformationen zur Überprüfung der Realisierbarkeit neuer Strategien.

Um aber sicherzustellen, daß die von der strategischen Planung vorgegebenen Ziele sowie die Wege zur Zielerreichung nicht bloß ein Wunschtraum sind, muß durch die operative Planung die Realisierbarkeit gewährleistet werden. Ist dies nicht der Fall, müssen die strategischen Pläne modifiziert werden.

Die Vernetzung der operativen Planung, die auf die Gewinnsteuerung abzielt, und der strategischen Planung, die die Existenzsicherung des Unternehmens im Auge hat, muß stets aufrechterhalten werden. Das Verhältnis zwischen Gewinnsteuerung und Existenzsicherung sollte ständig ausgewogen sein.

Abschließend sei noch einmal darauf hingewiesen, daß es unbedingt notwendig ist, das operative und das strategische Controlling in deren Verknüpfung zu sehen. Das operative Controlling umfaßt die Detailplanung, welche wiederum auf die strategische Planung ausgerichtet sein muß. Demgegenüber muß sich die strategische Planung an den operativen Zielen orientieren und gegebenenfalls korrigiert werden.

Beide Controllingdimensionen stellen sich als Regelkreise dar, wobei zwischen beiden Systemen ebenfalls ein Regelkreissystem besteht. Das gesamte Controllingsystem funktioniert also nur, wenn beide Systeme zu einem Regelkreissystem vermascht verlaufen.

Die meisten Vorgänge (Abläufe) in den Unternehmen sind komplex, dynamisch, kybernetisch und vernetzt. Es handelt sich um Kreislaufprozesse mit Rückkopplungen in Form von Folge-, Neben- und Rückwirkungen. Die Führungskräfte müssen sich mehr und mehr mit dem vernetzten Denken vertraut machen.

Vernetztes Denken ist ein erfolgreiches Mittel zur Bewältigung der immer komplexer werdenden Aufgaben der Führungskräfte in den Unternehmen. Vernetzte Probleme ergeben sich beispielsweise in der strategischen Planung und bei der Entwicklung adäquater Organisationsstrukturen.

Das Konzept des vernetzten Denkens kann eingesetzt werden, um Problemsituationen unter vielfältigen Gesichtspunkten in ihren Abhängigkeiten zu erfassen.

37

Verschiedene Einflußgrößen und ihre Funktionen werden in vernetzten Systemen ganzheitlich analysiert. Die Führungskräfte können mit dem vernetzten Denken einer ganzheitlichen Unternehmensführung näher kommen.

MERKE

Die operative und strategische Unternehmsplanung werden miteinander vernetzt. Das operative Controlling umfaßt die Detailplanung, die auf die strategische Planung ausgerichtet sein muß. Auch die strategische Planung hat sich an den operativen Zielen zu orientieren und muß gegebenenfalls korrigiert werden.

Die operative und strategische Planung stellen Regelkreise dar. Zwischen beiden Planungen besteht ebenfalls ein Regelkreissystem. Das gesamte Controlling-System funktioniert also nur, wenn auch das operative und strategische Controlling zu einem Regelkreissystem zusammengefaßt wird.

2.1.2 Wie läuft der Planungsprozeß ab?

Auch eine einfache Unternehmensplanung muß aus einem *geschlossenen System von Teilplänen* für die wichtigsten Bereiche im Unternehmen bestehen. In einem marktorientierten Unternehmen sollte folgende *Reihenfolge beim Planungsprozeß* eingehalten werden:

1. Absatz-Plan (Menge)
2. Umsatz-Plan (Menge x Preis)
3. Kosten-Plan (variable und fixe Kosten)
4. Gewinn-Plan (DB1, DB2, Betriebsergebnis)
5. Produktions-Plan
6. Investitions-Plan
7. Finanz-Plan
8. Beschaffungs-Plan
9. Personal-Plan
10. Plan-Bilanz
11. Plan-Gewinn- und Verlustrechnung

Von dominierender Bedeutung sind gegebenenfalls bestehende Engpaßbereiche wie z.B. Personalkapazität oder Finanzierungsmöglichkeit. Da sich die Unternehmen weitgehend in *gesättigten Märkten (Käufermärkten)* befinden, wird oft der wirksamste Engpaß im Absatz liegen. Dies zwingt die Unternehmen, marktorientiert vorzugehen. Darüber hinaus bestimmt der Absatz die Leistungsanforderungen an alle übrigen Bereiche und wird daher die Ausgangsbasis für die Gesamtplanung.

Die Absatz- und Umsatzpläne bilden also die Grundlage für alle anderen Teilpläne im Unternehmen. Die festgelegten Marktziele haben entsprechenden Einfluß auf die anderen wichtigen Bereiche im Unternehmen.

Bei einer marktorientierten Unternehmensleitung haben die Marktziele absolute Priorität. Aufgrund der Umsatzerlöse können dann die Kosten- und Gewinnpläne aufgestellt werden. Allerdings darf nicht übersehen werden, daß Rentabilität und Liquidität im Unternehmen Grenzen setzen.

Die Unternehmensleitung muß überprüfen, ob die geplanten Absatzmengen auch im Unternehmen produziert werden können. Reicht die bestehende Kapazität im Unternehmen nicht aus, dann muß untersucht werden, welche Investitionen durchzuführen sind, um die geplante Absatzmenge herzustellen.

Die Investitionen können nur realisiert werden, wenn sie auch zu finanzieren sind. Die Produktions-, Investitions- und Finanzpläne geben Aufschluß über diese Fragen.

Außerdem muß untersucht werden, ob für die Steigerung des Umsatzes das erforderliche Material und die nötigen Mitarbeiter beschafft werden können. Diese Informationen gehen aus den Beschaffungs- und Personalplänen hervor.

Wenn in einzelnen Teilplänen Engpässe auftauchen, müssen andere Alternativen erarbeitet werden. Hinsichtlich der Finanzierung neuer Investitionen muß überprüft werden, ob einige Maschinen nicht von einer Leasing-Gesellschaft gemietet werden sollten. Eigenfertigung oder Fremdbezug wäre eine andere Alternative, die von der Unternehmensleitung zu untersuchen ist. Auch über den Einsatz von anderem Material sowie von besseren Qualitäten sollte nachgedacht werden.

Die Konsequenzen der einzelnen Entscheidungen müssen aufgrund der vorhandenen Daten im Unternehmen überprüft werden.

Nachdem die einzelnen Teilpläne im Unternehmen für das kommende Geschäftsjahr erstellt worden sind, sollten auch noch die Plan-Bilanz sowie die Plan-Gewinn- und Verlustrechnung erarbeitet werden. Auf der Grundlage dieser Bilanz sowie Gewinn- und Verlustrechnung ist eine *Bilanzanalyse* durchzuführen. Die errechneten Kennzahlen sollten dann kritisch beurteilt werden.

Die Kennzahlen der Bilanzanalyse ermöglichen es der Unternehmensleitung, die Schwächen im Unternehmen zu erkennen, die in den folgenden Jahren beseitigt werden müssen. Wenn Vergleichszahlen aus der Branche vorliegen, dann sind die

Kennzahlen des eigenen Unternehmens noch aussagefähiger, als wenn wir nur die eigenen Kennzahlen über verschiedene Zeiträume betrachten.

2.1.2.1 Was heißt Top-down- und Bottom-up-Planung?

Die Unternehmensplanung zeigt den Weg, um die vorgegebenen Ziele zu erreichen. Im Rahmen des Planungsprozesses findet ein *permanentes Feed-back* zwischen den Zielvorstellungen der Unternehmensführung und den Möglichkeiten der einzelnen Funktionsbereiche statt. Der Planungsprozeß läßt sich anhand folgender Abbildung darstellen.

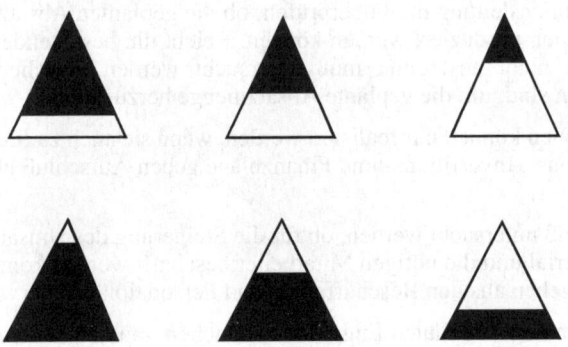

Abb.: Top-down- und Bottom-up-Planung

Der Planungsprozeß vollzieht sich in Form eines *Gegenstromverfahrens*. Die von oben kommenden Planvorgaben werden nach unten hin konkretisiert und laufen bei eventuellen Korrekturen den umgekehrten Weg von unten nach oben. Wenn diese Phase der Planung abgeschlossen ist, stellt die beschlossene Planung den Fahrplan in Richtung Zielerreichung dar. Die einzelnen Führungskräfte besitzen dann formulierte Handlungsmaßstäbe, für die sie verantwortlich sind. So ist z.B. der Vertriebsleiter für die Erwirtschaftung von Deckungsbeiträgen verantwortlich. Der Produktionsleiter hat dafür zu sorgen, daß die vorkalkulierten variablen Kosten und speziellen Fixkosten in seinem Bereich eingehalten werden.

2.1.2.2 Wann ist Planungsbeginn?

Mit der operativen Planung sollte im *Juli oder August* begonnen werden, wenn die Führungskräfte gut erholt und mit neuen Ideen aus dem Urlaub zurückgekehrt sind. Im Dezember müssen die operativen Pläne für das kommende Geschäftsjahr von der Unternehmensleitung und den Führungskräften verabschiedet werden.

Es ist zu empfehlen, einen *Terminplan* für die Planungsarbeiten mit allen betroffenen Führungskräften zu vereinbaren. Die Termine sollten noch vor der Sommerpause den einzelnen Verantwortungsbereichen zugeleitet werden.

Des weiteren sind die *Planungsprämissen* festzulegen. Hierbei können die standardisierten Planungstermine, Ergebnishochrechnungen und Planungsformulare in einem Planungshandbuch zusammengefaßt werden. Das Erstellen des Handbuches und die laufende Überarbeitung ist Aufgabe des Controllers. Jede Planungseinheit des Betriebes sollte über ein Exemplar dieser Planungsrichtlinien verfügen.

MERKE

Der Controller hat auch die Aufgabe, ein Planungshandbuch zusammenzustellen und laufend zu überarbeiten, wenn Veränderungen oder Ergänzungen notwendig sind. Das Planungshandbuch enthält die Planungstermine sowie die standardisierten Planungsformulare, die jede Führungskraft zu verwenden hat. Die Planungsrichtlinien sind jeder Führungskraft zur Verfügung zu stellen, die am Planungsprozeß beteiligt ist.

2.2 Unternehmenskontrolle

Neben der Unternehmensplanung gehört die Unternehmenskontrolle zum zweiten großen Aufgabenbereich des Controllers im Unternehmen. Im Rahmen der Kontrollfunktion sollten der Unternehmensleitung und den Führungskräften Daten und Bericht zur Verfügung gestellt werden, die auch eine Selbstkontrolle ermöglichen.

Planungs- und Informationssysteme nutzen dem Unternehmen nur dann, wenn die tatsächlich eintretenden Ereignisse an dem Maßstab der gewünschten Entwicklungen gemessen, Abweichungen davon im Hinblick auf ihre Ursachen analysiert und entsprechende Maßnahmen eingeleitet werden. Dieser Sachverhalt geht auch schon aus dem beschriebenen kybernetischen Prozeß des Controlling hervor. Der tatsächliche Kurs muß ständig rückgekoppelt und eventuell korrigiert werden.

Bausteine des Controlling-Systems

Die Festlegung von Zielen und die daraus hervorgehenden Maßnahmen stellen jedoch noch keineswegs sicher, daß die geplanten Größen auch tatsächlich realisiert werden. Zu dieser Sicherstellung soll die Kontrolle beitragen, die im Kern die Durchführung eines Vergleichs beinhaltet. Die Größen, die dabei im Rahmen der Planung festgelegt wurden, werden verglichen mit denen, die tatsächlich eingetreten sind. Planung und Kontrolle bedingen sich somit gegenseitig. Sie haben einen *ergänzenden* Charakter.

Die Kontrolldurchführung unterteilen wir in *Ergebnis- und Prozeßkontrolle*. Die Ergebniskontrolle konzentriert sich auf das Ergebnis des Planungsprozesses. Bei der Prozeßkontrolle dagegen wird die Art und Weise des Entstehens dieses Ergebnisses (Maßnahmen) oder der Ablauf des Realisationsprozesses kontrolliert.

Lassen sich aufgrund dieser Vergleiche Abweichungen erkennen, so können diese ihre Ursache im Bereich der Planung oder im Bereich der Realisation haben. Es ist z.B. möglich, daß Einschätzungen der relevanten Umweltbedingungen und ihrer Entwicklung falsch waren oder daß unrealistische Ziele vorgegeben wurden. Es ist aber auch möglich, daß vorgegebene Ziele nicht verfolgt oder vorgegebene Maßnahmen nicht ergriffen wurden.

Grundsätzlich könnten alle geplanten Größen auch kontrolliert und analysiert werden. Eine solche lückenlose Analyse verbietet sich aber meistens aus Kosten-Nutzen-Erwägungen.

Hinsichtlich der Häufigkeit von Kontrollen sollte im allgemeinen der Zeitraum eines Monats gewählt werden, da besonders für kleinere Unternehmen kürzere zu kontrollierende Zeiträume meist unwirtschaftlich sind. Längere Zeiträume engen wiederum die Reaktionsfähigkeit zu notwendigen Korrekturmaßnahmen stark ein.

MERKE

Die Kontrolle sollte die Voraussetzung bieten, Fehler in der Planung oder Fehler in der Realisation zu erkennen, damit entsprechende Maßnahmen zu ihrer Beseitigung ergriffen werden können.

Ein Planungssystem ist nur dann sinnvoll, wenn die Plan-Werte laufend mit den Ist-Werten verglichen werden. Für die sich ergebenden Abweichungen sind dann die Ursachen zu ermitteln. Anschließend sollten Maßnahmen beschlossen werden, um die Abweichungen in Zukunft zu beseitigen und zu vermeiden. Dieser Sachverhalt ergibt sich aus dem bereits beschriebenen kybernetischen Prozeß des Controlling. In den Unternehmen hat eine ständige Rückkopplung zu erfolgen.

Die geplanten Daten müssen regelmäßig mit den effektiv anfallenden Werten verglichen werden. Neben der Planung ist also die laufende Kontrolle der einzelnen Daten im Unternehmen erforderlich.

2.2.1 Welche Vergleichsrechnungen sind aufzustellen?

Im Unternehmen können unterschiedliche Vergleichsrechnungen durchgeführt werden. Welche Vergleichsrechnungen in Frage kommen, richtet sich vor allem nach den Daten, die im Unternehmen vorhanden sind und die dem Unternehmen von außen zur Verfügung gestellt werden können.

Der Kontrollbegriff basiert inhaltlich auf der Durchführung eines Vergleichs zwischen zwei oder mehreren Größen, wobei eine maßgebend als Vergleichswert vorgegeben wird. In Abhängigkeit davon, welche Größen miteinander verglichen werden, können folgende *Kontrollmethoden* angewandt werden:

● Zeitvergleich
● Branchenvergleich
● Soll-Ist-Vergleich

Um die Aussagefähigkeit der im Unternehmen vorhandenen Daten zu erhöhen, müssen die für die Steuerung des Unternehmens wichtigen Zahlen laufend miteinander verglichen werden. Nach der Bedeutung der Information ist zu entscheiden, ob die Daten täglich, wöchentlich, monatlich oder jährlich miteinander verglichen werden sollten und welche Mitarbeiter sie erhalten sollten. Je häufiger die Vergleiche vorgenommen werden, desto schneller können Abweichungen ermittelt werden. Die Abweichungen stellen dann die Grundlage zur Einleitung von Gegenmaßnahmen dar.

1. Zeitvergleich

Wenn die Daten verschiedener Perioden im Unternehmen miteinander verglichen werden, spricht man von einem Zeitvergleich. Mit Hilfe des Zeitvergleiches ist zu erkennen, in welchen Verantwortungsbereichen sich Veränderungen und Abweichungen ergeben haben.

Beim *Zeitvergleich (Ist-Ist-Vergleich),* bei dem realisierte Größen im nachhinein miteinander verglichen werden, liegt kein direkter Bezug zur Planung vor.

2. Betriebsvergleich

Werden die Daten des eigenen Unternehmens mit den Daten der anderen Unternehmen verglichen, nimmt die Aussagefähigkeit der eigenen Daten zu. Diese Vergleiche nennt man Betriebs- oder Branchenvergleiche.

In vielen Branchen werden regelmäßig Betriebsvergleiche durchgeführt. Die einzelnen Unternehmen stellen dafür ihre Daten einer zentralen Stelle zur Verfügung, wo die Daten einheitlich ausgewertet werden. Die Ergebnisse des Vergleichs erhalten dann die teilnehmenden Unternehmen für die Auswertung.

In manchen Branchen sind die einzelnen Unternehmen aber nicht bereit, ihr Zahlenmaterial zur einheitlichen Auswertung an eine zentrale Stelle zu schicken. Dann bleibt nur der Weg, die Daten aus der Bilanz sowie der Gewinn- und Verlustrechnung der Konkurrenzunternehmen zum Betriebsvergleich zu verwenden. Diese Daten werden von der Deutschen Bundesbank für alle Unternehmen und für ausgewählte Branchen zur Verfügung gestellt.

Beim *Branchenvergleich,* bei dem die Werte des eigenen Unternehmens zur Unterstützung der Aussagefähigkeit anderer gegenübergestellt werden, liegt die Problematik wiederum in den unterschiedlichen Strukturen und Verfahren der Unternehmen, die die Genauigkeit der Auskünfte einengen.

3. Soll-Ist-Vergleich

Der Soll-Ist-Vergleich im Unternehmen setzt voraus, daß eine Unternehmensplanung eingeführt ist und die Planzahlen für die verschiedenen Betriebsbereiche vorhanden sind. Dann können die geplanten Daten, also die Soll-Daten, mit dem Erreichten, also den Ist-Daten, regelmäßig verglichen werden. Die Vergleichsergebnisse sind Grundlage der Maßnahmen, die bei Abweichungen zu treffen sind.

Für die Teilfunktion Kontrolle des zielorientierten Controlling kommt hauptsächlich nur der *Soll-Ist-Vergleich* in Frage. Durch ihn werden gesetzte Größen (z.B. Soll-Umsatz, -Kosten, -Gewinn, -Rentabilität, usw.) mit den realisierten Größen (Ist-Werten) verglichen.

Der Soll-Ist-Vergleich ist eine Weiterentwicklung der Zeit- und Branchenvergleiche. Die festgelegten Ziele bilden die Sollwerte. Ob die einzelnen Ziele im Unternehmen erreicht wurden, ergibt dann der Soll-Ist-Vergleich, der ein gutes Kontrollinstrument während des Geschäftsjahres darstellt.

2.2.2 Sind Abweichungsanalysen durchzuführen?

Wenn man die Soll-Werte mit den Ist-Werten vergleicht, treten in der Regel Abweichungen auf. Die Aufgabe des Controllers besteht darin, die *Abweichungen rechtzeitig zu erkennen.* Aufgrund der Abweichungen muß dann eine Abweichungsanalyse angefertigt werden, die der Unternehmensleitung sowie den betroffenen Abteilungen zur Verfügung gestellt werden sollte. Die Unternehmensleitung und die betroffenen Abteilungen können dann Korrekturmaßnahmen beschließen und durchführen.

Für positive und negative Abweichungen müssen die Ursachen ermittelt werden. Dadurch wird erst eine genaue Beurteilung der Abweichungen möglich.

Folgende *Ursachen* können für die Abweichungen vorliegen:

- Fehlerhafte Planung
- Schlechte Organisation
- Unkorrekte Durchführung
- Unrealistische Zielvorgaben
- Unvorhersehbare externe Einflüsse
- Organisatorische Änderungen
- Durchgeführte Rationalisierung
- Einsatz neuer Maschinen
- Preiserhöhung bei Rohstoffen
- Neue Verfahrenstechniken
- Verwendung anderer Wertansätze beim Material
- Inanspruchnahme von Fremdleistungen
- Mehr- oder Minderverbrauch
- Zeitliche Verschiebung des Kostenanfalles
- Kontierungsfehler
- Erhöhung der Lohntarife
- Mangelnde Leistung des Bereichsleiters
- Fehlendes Material
- Maschinenausfälle.

Die daraus resultierenden Abweichungen lassen sich wie folgt zusammenfassen:

● Preisabweichungen
● Verbrauchsabweichungen
● Beschäftigungsabweichungen.

Die Preisabweichungen entstehen durch Veränderungen der Marktpreise für Roh-, Hilfs- und Betriebsstoffe. Die Verbrauchsabweichungen werden durch den tatsächlichen Mehr- oder Minderverbrauch sowie durch Ausschuß in der Produktion verursacht. Die Beschäftigungsabweichung dagegen entsteht dadurch, daß die Fixkosten durch eine höhere oder niedrigere Beschäftigung auf mehr oder weniger Produkte verteilt werden. Alle drei Abweichungen ergeben die Gesamtabweichung.

Bei der Abweichungsanalyse müssen zuerst die Preisabweichungen eliminiert werden. Dann können die Mengenabweichungen eindeutig festgestellt werden.

Die Abweichungsanalyse muß so aufgebaut werden, daß sie von der Unternehmensleitung und von den Führungskräften im Unternehmen ernst genommen wird. Der Soll-Ist-Vergleich im Unternehmen ist nur dann sinnvoll, wenn entsprechende *Konsequenzen* aus der Abweichungsanalyse auch gezogen werden.

Der Abweichungsanalyse obliegt somit die Aufgabe, detaillierte Entstehungsgründe für die von der Soll-Größe abweichende Ist-Größe zu ermitteln, um somit festzustellen, daß z. B. aufgrund erhöhter Wartezeiten ein Fertigungsrückstand entstanden ist. Dabei beziehen sich die Ermittlungen schwerpunktmäßig auf *signifikante* Abweichungen. Die Ursachenanalyse der Abweichungen umfaßt dabei die negativen als auch die positiven Abweichungen.

Um aber die Unternehmensleitung in die Lage zu versetzen, negative Entwicklungen zu korrigieren und positive Entwicklungen zu intensivieren, muß der Controller, da ihm die rechentechnische Verantwortung für die methodisch richtige Anwendung des Kontrollinstrumentariums auferlegt ist, Instrumente zur Durchführung von *Einzelanalysen (Break-Even-Analyse, ROI-Analyse usw.)* bereitstellen und bei deren Anwendung eine stark unterstützende Hilfestellung geben.

Die Entscheidungen über Korrekturmaßnahmen sollten in Einzel- und Gruppengesprächen getroffen werden. Die Gespräche müssen möglichst bald nach erfolgter Abweichungsanalyse stattfinden. Die Besprechungen über Abweichungen haben *monatlich* zu erfolgen. An diesen Sitzungen sollten die Führungskräfte des Unternehmens gemeinsam teilnehmen.

2.3 Unternehmenssteuerung

Damit das Controlling als wichtiges Führungsinstrument eingesetzt werden kann, bedarf es nicht nur der Planung und Kontrolle, sondern auch der Steuerung. Denn ausgehend von der Planung und der sich anschließenden Kontrolle ist eine Zielerreichung noch nicht gewährleistet. Vielmehr ist eine *effiziente Steuerung* erforderlich, die es ermöglicht, frühzeitig Maßnahmen zu ergreifen, um dadurch die entstandenen Abweichungen zu kompensieren und die festgelegten Ziele doch noch zu erreichen.

Die Steuerung hat die Aufgabe sicherzustellen, daß alle Ausführungsabläufe in der Weise durchgeführt werden, daß am Ende weitgehend das herauskommt, was man am Anfang geplant hat. Sie ist somit die Voraussetzung für die Erreichung der gesetzten Ziele.

Charakteristisch ist, daß die Steuerung, die die Kurseinhaltung des Unternehmens zu gewährleisten hat, immer *ziel- und zukunftsorientiert* sein soll, denn die Ziele werden erst im Laufe des kommenden Geschäftsjahres realisiert.

Die Unternehmenssteuerung ist also der dritte große Aufgabenbereich des Controllers. Er hat für eine möglichst präzise Ansteuerung der Ziele im Unternehmen zu sorgen. Die Führungskräfte müssen aber im Laufe des Geschäftsjahres die Steuerung ihrer Verantwortungsbereiche weitgehend *selbständig* durchführen. Erst wenn größere Abweichungen auftreten, sollten der Controller und die Unternehmensleitung in Aktion treten.

2.3.1 Wo liegt der Schwerpunkt des Controlling?

Die Steuerung ist der Schwerpunkt des Controlling. Aufgrund der Ergebnisse der Abweichungsanalysen müssen Ansatzpunkte für *Gegensteuerungsmaßnahmen* gesucht werden, um die gemeinsam beschlossenen Ziele zu erreichen. Durch das Berichtswesen soll der Controller die einzelnen Verantwortungsbereiche permanent über die Erreichung der festgelegten Ziele informieren sowie bei eintretenden Abweichungen auch die Ursachen aufzeigen.

Controlling wäre jedoch unvollständig, wenn nur diese Informationsversorgung stattfinden würde. Damit ist gemeint, daß der Soll-Ist-Vergleich, durch den Vergleich des Realisierten mit dem Gewollten einschließlich der Ursachenanalyse der Abweichung nur ein Feed-back (Rückkopplung) darstellt, d.h., einen Tatbestand signalisiert, der schon geschehen ist. Weil aber die Erkenntnis, wie man vorher hätte entscheiden und handeln müssen, normalerweise nicht mehr zur Behebung der Abweichungen nützt, sondern lediglich ein Signal für notwendige Änderungen darstellt, darf der Controller nicht bei der Feed-back orientierten Analyse verharren.

Die nachstehende Darstellung soll diese Zusammenhänge verdeutlichen.

Da der Controller in einem Unternehmen aber nicht Registrator, sondern hauptsächlich Innovator sein soll, ist die Feed-back orientierte Analyse lediglich als Einstieg für die auf die Zukunft ausgerichteten Gegensteuerungsmaßnahmen anzusehen. Die *Feed-forward* orientierte Betrachtungsweise sollte Vorrang haben.

Im Bereich der Steuerung, dem Aufgabenschwerpunkt des Controllers, soll er sicherstellen, daß trotz des Auftretens von Abweichungen die Unternehmenssteuerung so erfolgt, daß die Zielgrößen, bei denen der *Gewinn* meistens der dominierende Faktor ist, erreicht werden. Dies bedeutet, daß jede Maßnahme daraufhin zu überprüfen ist, ob sie sich auch positiv auf die festgelegten Ziele auswirkt.

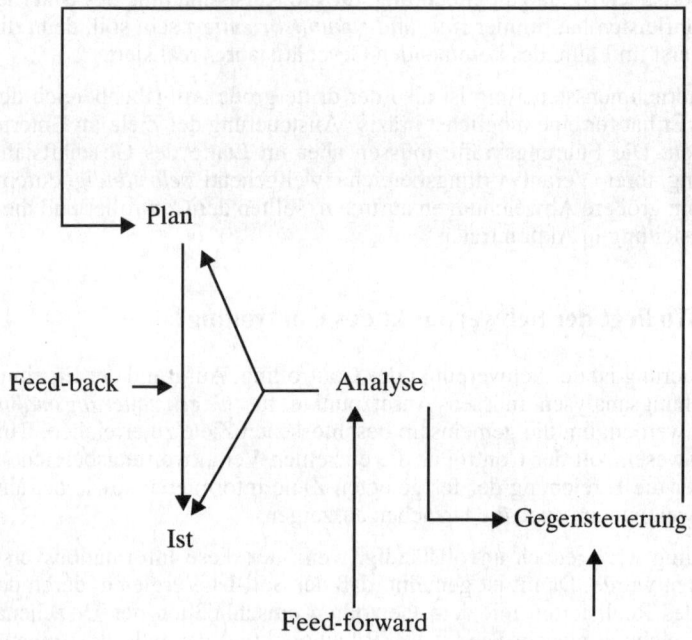

Abb.: Feed-back und Feed-forward orientierte Betrachtungsweise

2.3.2 Abweichungen sind als Entscheidungsgrundlage anzusehen

Die festgestellten Abweichungen bilden die Entscheidungsgrundlage für die Steuerung des gesamten Unternehmens sowie einzelner Verantwortungsbereiche. Die Steuerung ist also die *Reaktion* auf festgestellte Planabweichungen mit dem Bestreben, die festgesetzten Ziele doch noch planmäßig zu erreichen.

Das Reagieren auf Abweichungen ist nur möglich, wenn vorher eine Kontrolle in Form eines Soll-Ist-Vergleiches stattgefunden hat. Es wird deutlich, daß zwischen der Planung, Kontrolle und Steuerung ein *Regelkreis* vorhanden ist. Die kybernetische Funktionsweise des Controlling-Systems wird sichtbar.

MERKE

Der Controller hat aufgrund der ermittelten Abweichungen aktiv zu werden. Er muß also mit den Führungskräften Kontakt aufnehmen, die für die Abweichungen verantwortlich sind, um nach Möglichkeiten für eine Kurskorrektur zu suchen. Der Controller sollte die Führungkräfte im Unternehmen beraten, denn die Verantwortung für neue Entscheidungen zur Kurskorrektur muß nach wie vor bei den Führungskräften liegen.

2.3.3 Engpaßorientierung ist nötig

Der Controller muß bewußt das Tätigwerden in der Breite, das die Gefahr der Verzettelung beinhaltet, vermeiden und sich statt dessen am Engpaß orientieren, um mit konzentrierten Kräften auf die brennendsten Probleme im Unternehmen einzuwirken und um Lösungen zu finden. Die wichtigen Probleme müssen *zügig* in Angriff genommen werden.

Auch wenn bei der Erstellung der Controllerberichte bestimmte routinemäßige Funktionen in Erscheinung treten, ist der Aufgabenschwerpunkt stets in der *konzentrierten* Information über die betriebswirtschaftlichen Engpässe zu sehen. Diese gezielte Informationsbereitstellung soll es ermöglichen, eine schnelle Reaktion bei dem jeweiligen Entscheidungsträger hervorzurufen.

Da in aller Regel aber nicht ein, sondern mehrere Engpässe in den verschiedenen Bereichen der Unternehmung auftreten werden (z.B. Engpässe im Zwischenlager, in der Kapazität, bei den Mitarbeitern), muß der Controller das Problem zu lösen versuchen, das die Unternehmung im Moment am meisten belastet und daran hindert, die vorgegebenen Ziele zu erreichen. Das bedeutet, daß der Controller die einzelnen Wachstumsbarrieren der Unternehmensentwicklung nach *Prioritäten* zu ordnen, aufzugreifen und durch die Konzentration der Kräfte zu bewältigen hat.

MERKE

Da Controlling auch eine engpaßorientierte Konzeption darstellt, hat der Controller ebenfalls die Aufgabe, die im Unternehmen vorhandenen Engpässe aufzuzeigen und Problemlösungen zu erarbeiten. Ohne die Beseitigung der Engpässe wird das Wachstum der Unternehmen erschwert. In vielen Unternehmen gibt es gleich mehrere Engpässe, die nicht alle sofort eliminiert werden können, da beispielsweise die notwendigen Investitionen wegen einer angespannten Finanzlage momentan nicht durchgeführt werden können.

Engpässe treten in allen Bereichen des Unternehmens auf. Der Engpaß kann beispielsweise der Absatzmarkt, der Beschaffungsmarkt, die Produktion oder die mangelnde Liquidität sein. Der Controller sollte eine Prioritätenskala aufstellen, aus der hervorgeht, welche Engpässe als erste beseitigt werden müssen, um die Expansion des Unternehmens nicht zu behindern.

In Kooperation mit den Führungskräften der einzelnen Verantwortungsbereiche, in denen Engpässe aufgetreten sind, sollte der Controller auch alternative Lösungen ausarbeiten, um die Engpässe zu eliminieren. Wenn beispielsweise ein Engpaß bei der Materialbeschaffung auftritt, kann versucht werden, den Auftrag an einen Subunternehmer zu vergeben, der das benötigte Material noch auf Lager hat.

2.3.4 Steuerungsinstrumente müssen eingesetzt werden

Da eine erst im Notfall anfangende Suche nach Korrekturmöglichkeiten meistens zu spät wirksam wird, muß der Controller Steuerungsinstrumente entwickeln, die den einzelnen Verantwortungsträgern zur Verfügung gestellt werden können, damit diese ihre eigenen Ziele stabilisieren. Der Controller soll dabei über die Auswahl der *geeignetsten* Steuerungsverfahren entscheiden und sie mit den Betroffenen gemeinsam einsetzen.

Die den einzelnen Entscheidungsträgern zur Verfügung zu stellenden Steuerungsinstrumente müssen in der Lage sein, sowohl die Kosten- als auch die Leistungsseite der Unternehmung wirksam zu beeinflussen.

Die Steuerung der Leistung kann dabei beispielsweise durch preis- oder produkt-politische Maßnahmen, selektive Absatzpolitik und durch Anreizsysteme gestaltet werden. Bei der Steuerung der Kostenseite hingegen geht es um eine Verbesserung des Verhältnisses der Kosten zu einer bestimmten Leistung. Der Controller hat dabei stets auf die Auswirkungen des Einsatzes der vorgeschlagenen Instrumente zu achten.

Vom Controller sollten also geeignete Steuerungsinstrumente im Unternehmen entwickelt werden, um möglichst schnell erkennen zu können, wo im Unternehmen Probleme entstehen oder bereits vorhanden sind. Diese Steuerungsinstrumente müssen der Unternehmensleitung sowie den Führungskräften zur Verfügung gestellt werden, damit sie selbst in der Lage sind, ihren Zielerreichungsprozeß möglichst *selbständig* zu steuern. Ob die einzelnen Steuerungsinstrumente auch regelmäßig in den einzelnen Verantwortungsbereichen eingesetzt werden, sollte vom Controller laufend überprüft werden.

Steuerungsinstrumente
- ROI-Analyse
- Break-Even-Analyse
- ABC-Analyse
- Wertanalyse
- Arbeitszeit-Analyse
- Kurzfristige Erfolgsrechnung
- Deckungsbeitragsrechnung
- Innerbetriebliches Vorschlagswesen
- Kennzahlensystem

Um Abweichungen rechtzeitig erkennen und um die Gegensteuerung möglichst *schnell* einleiten zu können, benötigt jedes Unternehmen geeignete Steuerungsinstrumente. Der Steuerungsprozeß im Unternehmen muß sich innerhalb eines geschlossenen Regelkreises abspielen. Auf diese Weise kann die Entwicklung des Unternehmens wirksam beeinflußt werden.

Die kurzfristige Erfolgsrechnung ermöglicht beispielsweise permanente Soll-Ist-Vergleiche auf Monatsbasis. Die an den Kostenstellen ermittelten Abweichungen sind ebenfalls Grundlagen für Steuerungsmaßnahmen.

Die Unternehmenssteuerung kann nur dann erfolgreich durchgeführt werden, wenn im Unternehmen wichtige Steuerungsinstrumente zur Verfügung stehen. Eine Hauptaufgabe des Controllers besteht darin, die vorhandenen Steuerungsinstrumente laufend zu verbessern und weiterzuentwickeln. Der Controller hat also auch wichtige Innovationsaufgaben zu erfüllen.

3 Voraussetzungen für ein funktionierendes Controlling

Damit das Controlling im Unternehmen richtig funktioniert, müssen verschiedene Voraussetzungen geschaffen werden. In der Anfangsphase gilt es, auftretende *Reibungsverluste* möglichst zu *reduzieren*.

Neben der Festlegung des *Führungsstils* sollten *Führungsgrundsätze* erarbeitet werden. Grundlage für eine erfolgreiche Einführung einer Controlling-Konzeption bilden auch organisatorische Vorarbeiten im Unternehmen. Die Aufbauorganisation muß i. d. R. umgestaltet und die Ablauforganisation geändert werden. Profit-Center sind einzuführen.

Ein aussagefähiges Berichtssystem ist aufzubauen. Der Controller hat auch die *Deckungsbeitragsrechnung* einzuführen, da sich dieses Kostenrechnungssystem besonders für das Controlling eignet.

Der Controller muß in dieser Aufbauphase die Ausprägung und die Zielsetzung des Controlling der Unternehmensleitung darlegen, um sich für die notwendigen Änderungen im Unternehmen die nötige *Rückendeckung durch die Unternehmensleitung* zu sichern. Nur unter dieser Voraussetzung ist eine erfolgreiche Einführung einer Controllingkonzeption möglich.

3.1 Festlegung des Führungsstils

Vordergründige Anliegen des Controlling als ein funktionsübergreifendes Instrument zur Unternehmensführung sind eine zielorientierte Arbeitsweise und die Zielerreichung selbst. Eine Zielerreichung bei dem heute vorherrschenden Käufermarkt ist aber nur möglich auf der Basis von marktorientierten Daten. Hieraus resultiert die Notwendigkeit, für die Unternehmensführung einen marktorientierten Führungsstil zu praktizieren.

Der bei einem bestehenden Verkäufermarkt verwendete autoritäre Führungsstil eignet sich nicht für die Belange einer marktorientierten Unternehmensführung. Er muß durch den *kooperativen Führungsstil* ersetzt werden.

Zur Einführung eines kooperativen Führungsstils im Unternehmen sind jedoch eine Reihe von Voraussetzungen zu erfüllen. So muß i. d. R. das Organigramm des Unternehmens umstrukturiert werden. Es sind klar abgegrenzte Verantwortungsbereiche zu bilden. Den Mitarbeitern muß wegen des weitmaschiger werdenden Kontrollnetzes größeres Vertrauen entgegengebracht werden. Schließlich sind die Anforderungen an die führenden Mitarbeiter in detaillierten Stellenbeschreibungen zu dokumentieren.

Dieser Führungsstil beschränkt sich nicht auf die Vergabe von Aufgaben und deren Ausführungskontrolle, sondern bewirkt eine effektive Zusammenarbeit aller Mitarbeiter im Unternehmen. Durch die Delegation von Aufgaben wird die Unternehmensleitung entlastet und ist somit in der Lage, sich mit brennenden Problemen des Unternehmens zu beschäftigen. Ein weiterer Vorteil des kooperativen Führungsstils besteht in der verstärkten Motivation der Mitarbeiter und deren Identifikation mit den Unternehmenszielen.

MERKE

Der heute vorherrschende Käufermarkt erfordert auch einen kooperativen Führungsstil in den Unternehmen. Die Unternehmer sind nicht mehr in der Lage, alle marktorientierten Daten allein zusammenzutragen und auszuwerten. Deshalb ist die Einschaltung aller Führungskräfte in den Entscheidungsprozeß erforderlich. Eine marktorientierte Unternehmensführung bedingt also auch einen kooperativen Führungsstil.

An die Führungskräfte sind auch höhere Anforderungen zu stellen. Deshalb muß auch die Qualifikation der Führungskräfte verbessert werden. Stellenbeschreibungen sind für die Führungskräfte anzufertigen, in denen insbesondere Ziele und Aufgaben der Stellen klar beschrieben werden.

Der kooperative Führungsstil bedeutet eine effektive Zusammenarbeit aller Mitarbeiter im Unternehmen. Durch die Delegation von Aufgaben wird die Unternehmensleitung entlastet und in die Lage versetzt, sich intensiver mit den brennenden Problemen des Unternehmens zu beschäftigen. Ein weiterer Vorteil des kooperativen Führungsstils beruht darin, die Motivation der Mitarbeiter zu verstärken. Sie werden sich dann eher mit den gemeinsam erarbeiteten Unternehmenszielen identifizieren.

3.2 Einsatz von Führungskonzeptionen

Erfolgreiches Controlling erfordert somit die aktive Praktizierung des kooperativen Führungsstils unter Einbeziehung der verschiedenen Führungskonzeptionen. Im folgenden sollen die wesentlichsten dieser Führungskonzeptionen, von denen alle gleichzeitig realisiert werden sollten, kurz skizziert werden:

● **Management by Objektives**
Von der Unternehmensleitung und den Führungskräften werden Ziele erarbeitet, die von den Mitarbeitern im Unternehmen zu realisieren sind.

● **Management by Delegation**
Die Planziele werden aufgesplittet und den einzelnen Mitarbeitern mit den dazugehörigen Kompetenzen und der nötigen Verantwortung übertragen.

● **Management by Exception**
Der Vergleich der gesetzten und erreichten Werte und die daraus resultierenden Abweichungsanalysen sind Grundlage der problemorientierten Unternehmenssteuerung.

● **Management by Results**
Die Kontrolle beschränkt sich nur auf das Ergebnis, nicht auf den Weg dorthin, was den Mitarbeitern größeren Freiraum gestattet. Dadurch wird die Unternehmensführung entlastet, was einer optimalen Unternehmensführung von Nutzen ist.

● **Management by Motivation**
Die Mitarbeiter sollen dahingehend positiv beeinflußt werden, daß sie sich mit ihren Aufgaben und den Unternehmenszielen identifizieren.

MERKE *Durch die Integration dieser Führungskonzeptionen soll ein auf eine gute Mitarbeiterführung ausgerichtetes Führungsverhalten innerhalb des Unternehmens erreicht werden. Abschließend läßt sich konstatieren, daß eine flexible, engpaß- und problemorientierte Unternehmensführung nur zu realisieren ist, indem ein marktorientierter und kooperativer Führungsstil, unterstützt durch die entsprechenden Führungskonzeptionen, im Unternehmen praktiziert wird.*

3.3 Erarbeitung von Führungsgrundsätzen

Auch in kleineren und mittleren Unternehmen sollten Führungsgrundsätze erarbeitet werden. Das gemeinsame Ziel der Unternehmensleitung und der Führungskräfte ist eine *vertrauensvolle Zusammenarbeit* aller Mitarbeiter im Unternehmen.

Durch die Erarbeitung von Führungsgrundsätzen werden personenbezogene Verhaltensanforderungen zwischen Vorgesetzten und Mitarbeitern sowie zwischen Gleichgestellten festgelegt. Mit Hilfe dieser Leitsätze der Zusammenarbeit soll eine vertrauensvolle Beziehung hergestellt werden, welche die Realisierung der unternehmerischen Zielsetzungen erleichtern. Die Führungsgrundsätze sollen aber auch dazu dienen, einen Prozeß des Umdenkens und Umlenkens im Unternehmen einzuleiten und die Implementierung einer geänderten Form der Zusammenarbeit zu bewirken.

Der Grund für die Aufstellung von Führungsgrundsätzen ist darin zu sehen, daß die Mitarbeiter als mündige und selbstverantwortliche Menschen angesehen werden, deren Interessen verstärkt respektiert werden müssen. Die Unternehmensleitung muß einsehen, daß die Mitarbeiter nicht mehr ausschließlich durch Befehl, sondern durch *Überzeugung* zu führen sind.

Um eine Identifikationsbildung zu erreichen, sind die zu erstellenden Führungsgrundsätze möglichst in einer Firmenbroschüre an alle Mitarbeiter im Unternehmen zu verteilen.

In folgendem Beispiel, es handelt sich um ein mittleres Unternehmen, wurden in Zusammenarbeit von Unternehmensleitung und Führungskräften folgende Führungsgrundsätze aufgestellt:

Führungsgrundsätze

Damit sich unser Unternehmen gegen den starken Konkurrenzdruck und die steigende Dynamik in- und ausländischer Wettbewerber behaupten kann, ist eine schriftliche Fixierung neuer Führungsgrundsätze erforderlich.

Das Finanz- und Rechnungswesen wird dabei zu einem aussagefähigen Informationssystem erweitert, das den leitenden Mitarbeitern im Unternehmen eine genauere Durchführung ihrer Planungs-, Kontroll- und Steuerungsaktivitäten ermöglichen soll. Um unser Unternehmen erfolgreich führen zu können, wird an jeden einzelnen Mitarbeiter appelliert, durch sein ständiges Mitdenken und verantwortliches Handeln eine schnelle und sachgerechte Durchführung der Aufgabenabwicklung zu ermöglichen, um dadurch zu einer Verbesserung der Arbeitsabläufe beizutragen.

Den leitenden Mitarbeitern wird dabei ein durch die Stellenbeschreibung abgegrenzter Handlungsspielraum zur Erreichung der ihnen aufgetragenen Aufgaben eingeräumt.

Die erarbeiteten Grundsätze, die verbindlichen Charakter haben, sollen die sinnvolle Gestaltung, d. h. die bessere Zusammenarbeit zwischen den Mitarbeitern untereinander und gegenüber den Vorgesetzten fördern.

1. **Zielsetzung und Aufgaben**
    Die in Zusammenarbeit mit den leitenden Mitarbeitern und der Unternehmensleitung festgelegten Ziele und die daraus resultierenden Aufgaben werden für jeden Verantwortungsbereich klar abgegrenzt, wodurch eine verantwortungsbewußte Führung erreicht werden soll. Die dabei notwendige Abstimmung mit den anderen Bereichen soll dazu führen, daß auch in Zukunft ein gutes Betriebsergebnis erzielt wird.

2. **Delegation**
    Die Unternehmensleitung überträgt den leitenden Mitarbeitern ausreichende Kompetenzen und Verantwortung. Dadurch werden sie in die Lage versetzt, im Rahmen eines Handlungsspielraumes selbständig zu handeln und Entscheidungen zu treffen. Gleichzeitig sind sie aber auch für die Bewältigung der Aufgaben verantwortlich und können entsprechend zur Verantwortung gezogen werden.

3. **Informationsaustausch**
    Die leitenden Mitarbeiter müssen innerhalb ihrer Verantwortungsbereiche Einweisungen für die Aufgaben der einzelnen Mitarbeiter durchführen. Diese Mitarbeiter sind rechtzeitig und ausreichend zu informieren, um eine sach- und termingerechte Aufgabenerfüllung zu ermöglichen. Übersteigen die notwendigen Entscheidungen den Kompetenzbereich der leitenden Mitarbeiter, so muß die Unternehmensleitung sofort informiert und situationsentsprechend beraten werden.

4. **Beratung**
    Den leitenden Mitarbeitern obliegt die Pflicht neben der Unternehmensleitung, soweit es eine sachgerechte Aufgabenerfüllung erforderlich macht, auch die anderen leitenden Mitarbeiter hinsichtlich der anstehenden Entscheidungen detailliert zu beraten.

5. **Kreativität**
    Jeder Mitarbeiter sollte sich aktiv an der Mitgestaltung seines Arbeitsplatzes beteiligen, indem er realistische Vorschläge hinsichtlich der Verbesserung seines Aufgabenfeldes dem jeweiligen Leiter des Verantwortungsbereiches vorträgt.

6. **Kontrolle**
    Die Unternehmensleitung überzeugt sich in regelmäßigen Abständen von der Realisierung der Zielerreichung in den einzelnen Verantwortungsbereichen. Diese Erfolgskontrolle ist aber auch von den leitenden Mitarbeitern in ihren Verantwortungsbereichen selbst durchzuführen.

7. *Fortbildung*

Alle leitenden Mitarbeiter haben darauf zu achten, daß ihr Fähigkeitspotential zur Erfüllung ihrer Aufgaben stets ausreicht. Sie müssen deshalb, soweit es für die Durchführung der ihnen übertragenen Funktionen notwendig ist, sich selbst weiterbilden oder durch Seminare weiterbilden lassen.

Jeder Mitarbeiter verfügt somit über Rechte und Pflichten, nach denen er sein Verhalten ausrichten soll.

Diese Führungsgrundsätze treten am 1. Januar 1999 in Kraft.

Ort, Datum   *Unternehmensleitung*

3.4 Anfertigung von Stellenbeschreibungen

Für die einzelnen Führungskräfte im Unternehmen sollten Stellenbeschreibungen angefertigt werden. Die Stellenbeschreibungen bezwecken, daß die *Aufgaben,* die *Verantwortung* und die *Kompetenz* der einzelnen Führungskräfte klar abgegrenzt werden. Die Flexibilität der Führungskräfte darf aber durch die Stellenbeschreibungen nicht eingeschränkt werden.

Zur regelmäßigen und systematischen Beurteilung der fachlichen Leistungen und der Führungsqualitäten der Führungskräfte sind die Stellenbeschreibungen heranzuziehen. Wenn sich bestimmte Schwächen bei einzelnen Mitarbeitern zeigen, sollten diese Mitarbeiter zu Weiterbildungs-Seminaren geschickt werden. Es kann sich allerdings auch herausstellen, daß eine Weiterbildung für alle Führungskräfte in einem innerbetrieblichen Seminar sinnvoll sein kann.

Die Stellenbeschreibung für den Controller kann folgendermaßen aussehen:

Stellenbeschreibung

1. *Name*

2. *Bezeichnung der Stelle*
Controller

3. *Mit der Stelle verbundene Zeichnungsvollmacht*

4. *Der Stelleninhaber ist unterstellt*
dem Geschäftsführer

5. *Der Stelleninhaber ist überstellt*

6. Der Stelleninhaber wird vertreten
durch den Leiter des Finanz- und Rechnungswesens

7. Der Stelleninhaber vertritt

8. Ziel
Das Ziel der Stelle liegt in der Entwicklung und im Aufbau eines Controlling-Systems. Dieses System muß die Planung, Kontrolle und Steuerung des Unternehmens umfassen. Der Controller hat ein aussagefähiges Management-Informations-System einzuführen, damit in Zukunft bessere und schnellere Entscheidungen getroffen werden können. Controlling muß zu einem funktionsübergreifenden Führungsinstrument ausgebaut werden. Der Controller hat darauf zu achten, daß im Unternehmen die Rentabilität verbessert und die Liquidität gesichert wird.

9. Aufgaben
– Entwicklung und Einführung eines ergebnisorientierten Planungs-, Kontroll- und Steuerungs-Systems
– Aufbau und Koordination der operativen und strategischen Planung
– Festlegung der Unternehmensziele in Zusammenarbeit mit der Unternehmensleitung und den Führungskräften
– Durchführung von Kontrollen mit den Führungskräften
– Erstellung von Soll-Ist-Vergleichen in den einzelnen Verantwortungsbereichen
– Erstellung von Abweichungsanalysen zur Ermittlung der Ursachen für die Abweichungen
– Durchführung der Steuerung im Unternehmen mit den Führungskräften
– Einleitung von Korrektur-Maßnahmen
– Beseitigung von erkannten Schwachstellen im Unternehmen mit den Führungskräften
– Einführung der Planung, Kontrolle und Steuerung in überschaubaren Schritten
– Beschaffung, Verarbeitung, Zusammenstellung und Präsentation externer und interner Daten zum Zwecke der besseren Entscheidungsfindung
– Einführung einer aussagefähigen Kosten- und Leistungsrechnung
– Einsatz der Deckungsbeitragsrechnung
– Aufbau eines empfängerorientierten Berichtssystems
– Abgrenzung der Verantwortungsbereiche
– Überprüfung der Übereinstimmung von Aufgaben, Verantwortung und Kompetenzen bei den einzelnen Führungskräften
– Überprüfung und Verbesserung des Organigramms und der Ablauforganisation
– Einführung einer Profit-Center-Organisation

- *Praktizierung des kooperativen Führungsstils*
- *Installation eines Regelkreis-Systems*
- *Einführung von Steuerungsinstrumenten*
- *Ingangsetzung und Aufrechterhaltung eines ständigen Lernprozesses im Unternehmen*
- *Einführung des Rentabilitätsdenkens in alle Verantwortungsbereiche*
- *Durchführung von Sonderuntersuchungen*

10. **Der Stelleninhaber informiert**
die Unternehmensleitung sowie die Leiter der einzelnen Verantwortungsbereiche über die von ihm getroffenen Entscheidungen und deren Auswirkungen.

Der Stelleninhaber informiert insbesondere über
- *die Art und den Umfang der erstellten Berichte*
- *die Ergebnisse seiner Analysen*
- *die Konsequenzen von bestimmten Entwicklungen*
- *die wichtigen Abweichungen in den einzelnen Verantwortungsbereichen*
- *die Ansatzpunkte für Gegensteuerungsmaßnahmen*

11. **Der Stelleninhaber wird informiert**
von der Unternehmensleitung sowie von den Leitern der einzelnen Verantwortungsbereiche über die Entscheidungen, die seinen Verantwortungsbereich betreffen.

Der Stelleninhaber wird insbesondere informiert über

- *alle Vorgänge, die für die Wahrnehmung seiner Aufgaben erforderlich sind.*

12. **Der Stelleninhaber berät**
die Unternehmensleitung sowie die Leiter der einzelnen Verantwortungsbereiche bei den von ihnen zu treffenden Entscheidungen.

Der Stelleninhaber berät insbesondere
- *die Unternehmensleitung und die Führungskräfte bei der möglichst selbständigen Durchführung folgender Aufgaben:*
  1. Aufstellung der operativen und strategischen Planung
  2. Vornahme von ergebnisorientierten Kontrollen
  3. Einleitung von gezielten Steuerungsmaßnahmen

- *beim Aufbau und bei der Ausgestaltung des Finanz- und Rechnungswesens*
- *bei der Verwendung der EDV*
- *bei der Festlegung der Verantwortungsbereiche und Kostenstellen*
- *beim Einsatz von Steuerungsinstrumenten*

13. *Der Stelleninhaber wird beraten*
von der Unternehmensleitung sowie von den Leitern der einzelnen Verant-
wortungsbereiche bei den von ihm zu treffenden Entscheidungen.
Der Stelleninhaber wird insbesondere beraten bei der Koordination der
Planung, Kontrolle und Steuerung.

Frankfurt/Main
30. 6. 1998

Unternehmensleitung

Stelleninhaber

3.5 Überarbeitung der Organisation

Bevor Controlling in einem Unternehmen eingeführt wird, ist die Organisation des Unternehmens zu überprüfen. Dabei zeigen sich oft Schwächen, die beseitigt werden müssen. Nach meinen Erfahrungen sind insbesondere in kleineren und mittleren Unternehmen die Verantwortungsbereiche nicht klar abgegrenzt, so daß laufend Überschneidungen und Reibereien zwischen einzelnen Führungskräften entstehen, die die Arbeitsabläufe negativ beeinflussen.

Um diese Probleme im Unternehmen zu beseitigen, ist eine Überarbeitung der Organisation erforderlich. Die Führungskräfte akzeptieren relativ schnell die neue Organisation, wenn neben der Unternehmensleitung auch die Führungskräfte selbst ihre Vorschläge zur Änderung der Organisation einbringen können.

Eine Unternehmensleitung kann nur erfolgreich tätig sein, wenn im Unternehmen eine gut funktionierende Organisation vorhanden ist. Für Daueraufgaben müssen *generelle Regelungen* getroffen werden, nach denen sich die Vorgänge mit Wiederholungscharakter in Zukunft vollziehen sollen. Wegen der zunehmenden Arbeitsteilung sind allgemein gültige Regelungen der Zusammenarbeit im Unternehmen festzulegen, nach denen sich jeder Mitarbeiter zu richten hat.

Die Unternehmensleitung hat die schwierige Aufgabe zu erfüllen, weder eine Unter- noch eine Überorganisation aufkommen zu lassen. Jedes Unternehmen muß die erforderliche Stabilität besitzen. Gleichzeitig sollte aber gewährleistet sein, daß das Unternehmen die Fähigkeit behält, auf die veränderten Rahmenbedingungen elastisch zu reagieren.

Wir unterscheiden zwischen der *Aufbau- und Ablauforganisation*. Beide Organisationen sind eng miteinander verbunden. Änderungen in der Aufbauorganisation beeinflussen in der Regel auch die Ablauforganisation und umgekehrt. Die Organisationen müssen so gestaltet werden, daß die festgelegten Unternehmensziele einfach und unkompliziert erreicht werden können.

3.5.1 Umgestaltung der Aufbauorganisation

Bei der Aufbauorganisation geht es um die Festlegung der einzelnen Verantwortungsbereiche im Unternehmen. Zur Erfüllung ihrer Aufgaben muß die Unternehmensleitung den Führungskräften die entsprechende Verantwortung und Kompetenz übertragen. Das Organigramm sollte Aufschluß über diese Zusammenhänge geben.

Durch die zunehmende Arbeitsteilung werden immer mehr Teilaufgaben von verschiedenen Abteilungen wahrgenommen. Die Arbeitsteilung macht eine *Koordination der einzelnen Aktivitäten* im Hinblick auf das Gesamtziel einer höheren Rentabilität erforderlich. Durch ein Planungssystem soll diese Koordination erleichtert werden.

Die Organisationsstruktur muß auch formalisiert werden. Die organisatorischen Regeln sind möglichst schriftlich festzulegen. Alle Mitarbeiter im Unternehmen sollten die Möglichkeit haben, die vereinbarten Richtlinien in einem *Handbuch* nachzulesen.

Die gesamte Organisation eines Unternehmens muß in einem *Organigramm* festgehalten werden. Jeder Mitarbeiter kann dann die einzelnen Funktionen und Weisungsbefugnisse der Führungskräfte erkennen.

In kleineren und vielen mittleren Unternehmen ist es wirtschaftlich nicht sinnvoll, eine eigene Position für einen Controller zu schaffen. Deshalb wird der Controller oft in die Abteilung Verwaltung integriert.

In einem mittleren Unternehmen wird nach Überprüfung der bestehenden Aufbauorganisation Controlling mit der Abteilung für Kosten- und Leistungsrechnung zusammengefaßt. Der Leiter dieser Abteilung bildete sich systematisch weiter, um neben den Aufgaben der Kosten- und Leistungsrechnung in Zukunft auch noch die Aufgaben des Controlling zu übernehmen. In der Übergangsphase allerdings kümmerte sich der Unternehmer selbst ebenfalls intensiv um das Controlling.

Das auf der folgenden Seite abgebildete Organigramm zeigt die Aufteilung des Unternehmens in die Verantwortungsbereiche Marketing und Vertrieb, Produktion, Materialwirtschaft und Verwaltung. Controlling ist mit der Abteilung Kosten- und Leistungsrechnung verbunden.

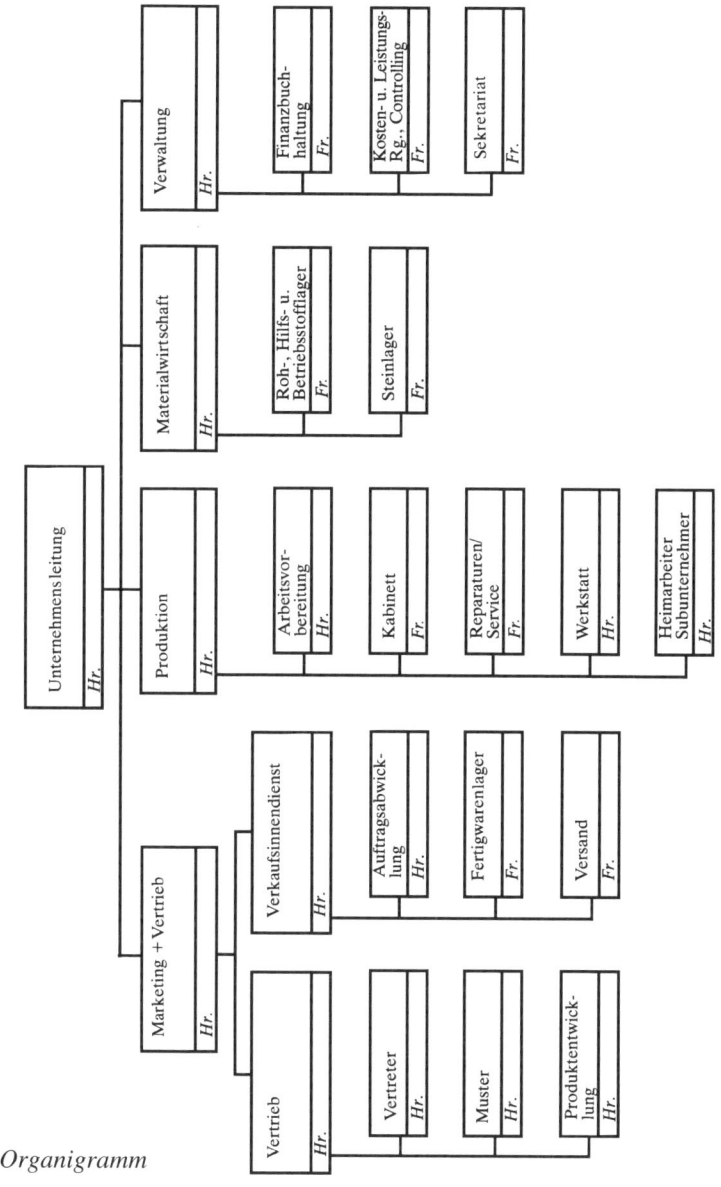

Abb. Organigramm

3.5.2 Änderung der Ablauforganisation

Die Umgestaltung der Aufbauorganisation bedingt in den meisten Fällen auch eine Änderung der Ablauforganisation, um in einem Unternehmen erfolgreich arbeiten zu können. Die Aufbau- und Ablauforganisation sind also genau *aufeinander abzustimmen*.

Die Ablauforganisation soll die räumlichen und zeitlichen Bedingungen der Aufgabenerfüllung regeln. Die Betriebsabläufe in den einzelnen Verantwortungsbereichen müssen sorgfältig organisiert werden, um Reibungsverluste zu vermeiden. Die *Reihenfolge* in der Bearbeitung einzelner Vorgänge ist deshalb festzulegen.

Für wichtige Vorgänge sollte ein *Ablaufdiagramm* im Unternehmen erstellt werden. In der Praxis zeigt sich immer wieder, daß die Mitarbeiter eine graphische Darstellung der einzelnen Vorgänge viel schneller und besser verstehen als abstrakte Auflistungen. Ablaufdiagramme sind besonders im EDV-Bereich weit verbreitet.

3.5.3 Einführung der Profit-Center-Organisation

Die Einführung der Profit-Center-Organisation hat sich auch in kleineren und mittleren Unternehmen als gute Idee herausgestellt. Allerdings müssen erst einige wichtige *Voraussetzungen* erfüllt werden, bevor mit dieser Organisation erfolgreich gearbeitet werden kann.

Das Unternehmen sollte bereits ein aussagefähiges Berichtssystem besitzen. Eine *kurzfristige Erfolgsrechnung*, zumindest nach Produktgruppen aufgeteilt, ermöglicht eine relativ genaue Berechnung der Umsatzerlöse und der variablen sowie der fixen Kosten.

Profit-Center können nach folgenden Kriterien gebildet werden

1. Produktgruppen
2. Verkaufsgebiete
3. Kundengruppen
4. Vertriebswege

Für jedes Profit-Center müssen Umsatzerlöse und Kosten ermittelt werden können. Jedes Profit-Center ist als ein *Verantwortungsbereich* zu betrachten. Als Erfolgsmaßstab für den Leiter eines Profit-Center gelten die erwirtschafteten Deckungsbeiträge.

Der Leiter eines Profit-Centers kann die Umsatzerlöse sowie die Kosten seines Profit-Centers durch eigene Entscheidungen unmittelbar beeinflussen. Deshalb sollte er auch am Ende des Geschäftsjahres eine *Prämie* erhalten, wenn er seine Ziele erreicht oder überschritten hat.

Eine wesentliche Bedingung für den Erfolg der Profit-Center-Konzeption ist die Bereitschaft der Unternehmensleitung, die entsprechenden Aufgaben zu delegieren und dem Leiter eines Profit-Centers nicht nur die Verantwortung, sondern auch die benötigten Kompetenzen zu übertragen.

Die Profit-Center-Konzeption stellt allerdings auch höhere Anforderungen an die Führungskräfte im Unternehmen. Die *Anforderungskriterien* lassen sich wie folgt umreißen:

- Zielstrebigkeit
- Initiative
- Flexibilität
- Kreativität
- Risikobereitschaft
- Betriebswirtschaftliche Kenntnisse
- Führungsqualitäten
- Teamfähigkeit

Eine Profit-Center-Organisation bringt folgende *Vorteile*:

- Besseres Informationssystem
- Verstärktes Gewinnstreben
- Übergang vom Umsatz- zum Gewinndenken
- Höheres Kostenbewußtsein
- Schnelleres Reagieren auf ermittelte Schwachstellen im Unternehmen
- Bessere Motivation durch persönliche Erfolgserlebnisse
- Genauere Steuerung durch bessere Information
- Schnellerer Entscheidungsprozeß
- Exakterer Erfolgsnachweis
- Leistungsbezogenes Entlohnungssystem
- Bessere Ausbildung von Führungskräften

3.6 Aufbau eines Berichtssystems

Um unternehmerische Fehlentscheidungen zu vermeiden, müssen ständig und unmittelbar *Rückmeldungen* von Informationen der analysierten Tatbestände erfolgen. Dieser Forderung wird man gerecht, indem man ein Berichtssystem im Unternehmen aufbaut und aufrechterhält. Dies ist eine wesentliche Aufgabe des Controllers.

Die aufzustellenden Berichte, auch Controller-Berichte genannt, sollen aufzeigen, in welchem Umfang die angestrebten Ziele in den einzelnen Ressorts der Unternehmen erreicht werden. Sie beinhalten deshalb hauptsächlich *Soll-Ist-Vergleiche* und die sich daran anschließenden *Ursachenanalysen* der Abweichungen, die insbesondere bei der Beurteilung der Zielerreichung und dem Einleiten von Gegensteuerungsmaßnahmen zur Zielrealisation eine große Hilfe darstellen.

Bei der Erstellung der Ergebnisanalysen sollte die Durchführung nicht nur beim Controller liegen, sondern sie sollte in Zusammenarbeit mit den einzelnen Verantwortungsbereichen durchgeführt werden. Die dabei aufzustellenden Berichte sind möglichst *monatlich* zu erstellen und haben dazu beizutragen, daß Reaktionen wie z. B. die kritische Diskussion der erzielten Ergebnisse mit den Berichtsempfängern veranlaßt werden. Dies soll ermöglichen, daß auch die Berichtsempfänger aufgrund der Controller-Berichte Anregungen für durchzusetzende Maßnahmen geben, um die Zielerreichung zu gewährleisten. Obgleich die Berichtsanalyse in Zusammenarbeit mit der Fachabteilung durchgeführt werden sollte, obliegt die Berichtserstellung allein dem Controller.

Um die *Aussagefähigkeit,* auf die es in diesem Berichtssystem besonders ankommt, zu gewährleisten, müssen folgende *Anforderungen* berücksichtigt werden:

- **Empfängerorientierung**
  Berichte müssen empfängerorientiert sein. Sie sollten dem jeweiligen Berichtsempfänger das bieten, was er benötigt. Es sind keine überflüssigen Informationen zu erarbeiten. Andererseits dürfen keine wesentlichen Informationen fehlen.

- **Wirtschaftlichkeit**
  Dadurch wird dem Prinzip der Wirtschaftlichkeit gefolgt, bei dem so wenig wie möglich und so viel wie nötig dargestellt werden soll. Man will damit bezwecken, daß Zahlenfriedhöfe vermieden werden.

- **Zeitnähe**
  Die erarbeiteten Informationen müssen zeitnah und konkret dargestellt werden. Der Zeitfaktor ist wichtiger als die große Genauigkeit.

- **Verständlichkeit**
  Die Berichte müssen eine leichte Verständlichkeit der Erläuterung gewährleisten. Man sollte deshalb, um Interpretationsschwierigkeiten zu vermeiden, auf betriebswirtschaftliche Begriffe zugunsten der in der Praxis verwendeten Begriffe verzichten. Außerdem sollten die verbalen Ausführungen durch grafische Darstellungen ergänzt werden.

● *Einheitlichkeit*
Berichtswesen und Berichtsstil sollten dabei nicht fortwährend geändert werden, denn die Empfänger haben sich an eine bestimmte Vorgehensweise zu gewöhnen.

● *Keine Manipulation*
Es muß eine Informationsmanipulation ausgeschlossen werden. Die Informationen sollten also objektiv sein.

● *Gleiche Informationsquelle*
Das Berichtssystem muß auf einer gemeinsamen Informationsquelle aufgebaut sein. Diese Quelle sollte das Finanz- und Rechnungswesen sein.

Bei den vom Controller zu erstellenden Berichten unterscheidet man hinsichtlich der Zielsetzung einerseits *Leistungs- und Informationsberichte* und andererseits hinsichtlich des zeitlichen Anfalles *regelmäßige* und *ad hoc* erscheinende Controller-Berichte.

Während der Leistungsbericht dem Empfänger mitteilt, was in seinem Verantwortungsbereich effektiv realisiert wurde, und ihn dadurch zu aktiven Maßnahmen der Leistungsverbesserung und Zielerreichung anspornt, vermittelt der Informationsbericht nicht in unmittelbarem Zusammenhang mit dem Verantwortungsbereich stehende Informationen.

Die zeitliche Unterscheidung der Berichte ist dabei besonders notwendig, weil regelmäßige Controller-Berichte, die zu institutionalisieren sind, dem ständigen Informationsbedürfnis der Verantwortungsbereiche dienen und i.d.R. Steuerungen hinsichtlich Kurskorrekturen erfordern. Die inhaltliche Ausgestaltung dieser Berichte sollte dabei im wesentlichen die Bestandteile umfassen, die auch die Grundlage der Jahresplanung darstellen. Die ad hoc erscheinenden Berichte entstehen dagegen fallweise oder auf Wunsch einzelner Verantwortungsbereiche. Die Entscheidung über Eigenfertigung oder Fremdbezug könnte beispielsweise in der Produktion anstehen.

Aufgrund der Anforderungen an die empfängerorientierte Gestaltung der Berichte bedeutet dies für den Inhalt der einzelnen Controller-Berichte, daß mit zunehmendem Anstieg in den einzelnen Führungsebenen im Unternehmen (Betriebshierarchie) auch der *Verdichtungsgrad der Informationen* zunehmen muß.

Folgende Darstellung der Berichtshierarchie gibt Aufschluß über die Zusammenhänge zwischen der Führungs- und Berichtsebene:

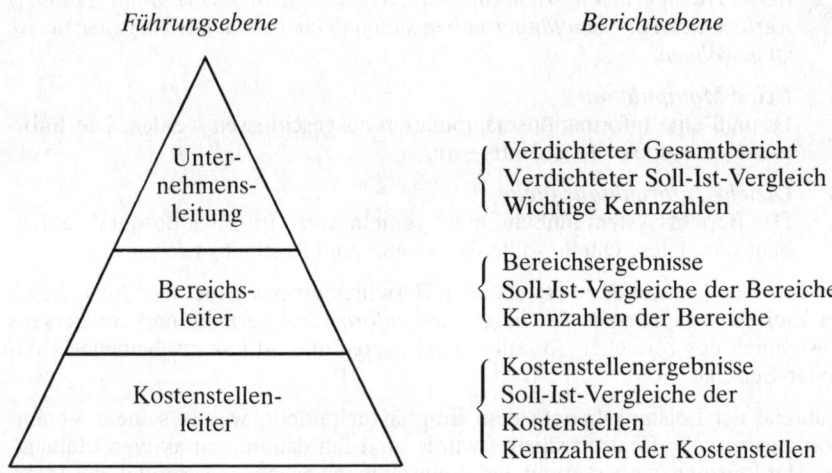

Abb.: Berichtshierarchie

Das herkömmliche Berichtswesen hält den neu entstandenen Anforderungen nicht mehr stand, da sich das Zahlenwerk meist nur auf die Vergangenheit bezieht. Wegen der sich ständig ändernden Rahmenbedingungen, wegen des verstärkten Kostendrucks und wegen der immer kürzer werdenden Lebenszyklen der Produkte benötigen die Unternehmen mehr und mehr Zahlen über die zukünftige Entwicklung der Unternehmen. Diese Daten sind für das strategische Controlling erforderlich. Der Controller hat dafür zu sorgen, daß eine marktorientierte Denkweise in den Unternehmen realisiert wird. Eine produkt- und prozeßorientierte Betrachtungsweise sollte deshalb in den Unternehmen eingeführt werden.

Das Controlling hat die Dynamik der veränderten Rahmenbedingungen besser zu erfassen. Deshalb sollte eine durchgängige Betreuung der Produkte von der Konstruktion über die Produktion bis zum Vertrieb erreicht werden.

In der Praxis hat sich gezeigt, daß die Führungskräfte und Mitarbeiter in den Unternehmen teilweise ganz andere Daten benötigen, als ihnen bisher zur Verfügung gestellt wurden. Neben den Kostendaten sind vor allem die Mengenangaben von besonderer Bedeutung zur Steuerung der Produktion. Deshalb ist teilweise eine strukturelle Veränderung des Berichtswesens erforderlich. Monetäre Größen sollten in der Produktion durch vereinfachte Kontrollgrößen für den Produktionsprozeß ersetzt werden.

In der Produktion beispielsweise können die Meister wesentlich mehr mit den Stunden- und Mengenangaben anfangen als mit den Kostenberichten. In Zukunft sollte die Entwicklung des Berichtssystems weg von der Betrachtungsweise auf Kostenbasis hin zu vereinfachten Kennzahlen auf Mengenbasis erfolgen, um den Produktionsprozeß besser in den Griff zu bekommen.

Der Produktionsleiter braucht also für eine wirtschaftliche Produktion nicht die Ist-Verrechnungssätze zur Produktionskontrolle, sondern vielmehr die anfallenden Prozeßdaten, um eine Aussage über die Wirtschaftlichkeit des Produktionsprozesses machen zu können. Mit Hilfe der BDE-Systeme können die Prozesse auf Basis der angefallenen Prozeßdaten soweit nachvollzogen werden, daß eine klare Aussage über die Qualität der Produktion gemacht werden kann. Qualitätsprüfungen an den Produkten sind dann nicht mehr erforderlich. Wenn der Prozeß stimmt, dann weist auch das Produkt i. d. R. die erwünschte Qualität auf. Die Ist-Kosten entsprechen dann auch den Plan-Kosten.

Einfache Bezugsgrößen sind für die Mitarbeiter wesentlich besser zu verstehen als komplizierte Kostengrößen. Stückzahlen, Ausschußquoten, Stillstandzeiten der Maschinen und Stückzeiten sind einfach zu verstehende Handlungsgrößen für die Mitarbeiter in der Produktion als undurchschaubare Kostengrößen. Viele Kostenberichte sind den Mitarbeitern in den Unternehmen nicht verständlich. Dazu kommt, daß auch einige Kosten nicht verursachungsgerecht ermittelt werden.

Der Controller sollte erkennen, daß in Zukunft verstärkt nichtmonetäre Größen zur Planung, Kontrolle und Steuerung der Produktionsprozesse eingesetzt werden müssen. Rationalisierungsmaßnahmen können dann in vielen Fällen leichter und transparenter durchgeführt werden.

Die Selbststeuerung der Mitarbeiter in den Unternehmen ist wesentlich besser als die Fremdsteuerung durch Kostenvorgaben in den einzelnen Plänen. In japanischen Unternehmen wird deutlich, daß jeder einzelne Mitarbeiter stets bestrebt ist, seine Arbeit noch besser zu machen. Es hat sich gezeigt, daß im Produktionsbereich weniger Kosten-Daten erforderlich sind. Wesentlich wichtiger sind Angaben über Produktionsmengen, Stillstandzeiten der Maschinen und Fehlerquoten. Die erkannten Schwächen werden von den Mitarbeitern vor Ort selbständig behoben. Dabei gehen die japanischen Mitarbeiter ganz pragmatisch vor. Deshalb können detaillierte Kosten-Kontrollen im Produktionsbereich weitgehend entfallen.

Die Japaner haben den deutschen Unternehmen gegenüber insofern einen großen Vorsprung. Die japanischen Mitarbeiter sind ständig darauf bedacht, die eigenen Ergebnisse laufend zu verbessern. Deshalb ist eine Kontrolle von oben nach unten in Japan nicht erforderlich. Es findet mehr eine Selbststeuerung und nicht eine Fremdsteuerung statt. Im Bereich der Kostenstellenrechnung sind daher weniger Daten und Kontrollen nötig.

Die optische Darstellung der Leistungen der einzelnen Mitarbeiter fördert die Motivation zur ständigen Verbesserung. Die Stillstandszeiten und Fehlerquoten der einzelnen Mitarbeiter beispielsweise werden pro Monat bekanntgegeben.

Die japanischen Unternehmen legen besonderen Wert auf den reibungslosen Ablauf der Produktionsprozesse. Auch in deutschen Unternehmen wird jetzt mehr auf die Prozesse in der Produktion geachtet. Die Liege- und Transportzeiten an den Durchlaufzeiten deutscher Produkte waren in der Vergangenheit viel zu hoch. Dadurch wurden enorme Raumkapazitäten für die Zwischenlagerung gebunden. Die Folge war auch eine unnötig hohe Belastung der Liquidität und eine hohe Kapitalbindung in den Vorräten an unfertigen und fertigen Erzeugnissen.

Erhebliche Kostensenkungen können über die Optimierung der Prozesse erreicht werden. In den deutschen Unternehmen gibt es noch erhebliche Rationalisierungsreserven, die noch ausgeschöpft werden können. Die Liegezeiten machen in einigen Unternehmen noch bis zu 90% der Durchlaufzeiten aus. Diese Zeiten verursachen hohe Kosten, da in den Vorräten viel Kapital gebunden wird. Außerdem wird durch die Liegezeiten zuviel Raum benötigt, der hohe Raumkosten verursacht.

Mit der Reduzierung der Fehlerquoten wird eine erhöhte Kundenzufriedenheit erreicht. Gleichzeitig können die Kosten für die Qualitätssicherung und die Garantieleistungen verringert werden.

In deutschen Unternehmen ist erst eine mentale Veränderung der Mitarbeiter erforderlich, um einen kontinuierlichen Verbesserungsprozeß zu realisieren. Die Mitarbeiter erhalten dann eine größere Freiheit. Gleichzeitig müssen die Führungskräfte und Mitarbeiter aber eine größere Verantwortung übernehmen.

3.7 Entscheidung über das Kostenrechnungssystem

Bevor ein funktionsfähiges und wirkungsvolles Controlling-System in einem Unternehmen eingeführt wird, sollte geklärt werden, welches Kostenrechnungssystem sich besonders für das Controlling eignet. Es besteht die Möglichkeit, mit der Vollkostenrechnung oder mit der Teilkostenrechnung (Deckungsbeitragsrechnung) zu arbeiten.

Sicher ist, daß eine *aussagefähige* Kosten- und Leistungsrechnung verwendet werden muß, um entscheidungsorientierte Informationen für ein Planungs-, Kontroll- und Steuerungssystem zu erhalten. Dem Controller obliegt die Aufgabe, die Entscheidung über die Verwendung eines geeigneten Kostenrechnungssystems vorzubereiten und in Zusammenarbeit mit der Unternehmensleitung zu treffen.

3.7.1 Vollkostenrechnung

Als Vollkostenrechnung wird ein Kostenrechnungssystem bezeichnet, bei dem sämtliche im Betrieb angefallenen Kosten auf die Kostenträger verrechnet werden. Bei dieser Art der Verrechnung werden alle Kostenarten, soweit sie Einzelkosten sind, direkt und, falls sie Gemeinkosten darstellen, indirekt mit Hilfe von Umlage- und Zurechnungsschlüsseln, über die Kostenstellenrechnung auf die Produkte überwälzt.

Die Zuschlagskalkulation wird i.d.R. bei Einzel- und Serienfertigung verwendet. Die Zusammensetzung der *Zuschlagskalkulation* sieht wie folgt aus:

	DM
1. Fertigungsmaterial	300
2. Materialgemeinkosten (15%)	45
3. Materialkosten (1 + 2)	345
4. Fertigungslöhne	400
5. Fertigungsgemeinkosten (150%)	600
6. Sondereinzelkosten der Produktion	250
7. Fertigungskosten (4 + 5 + 6)	1.250
8. Herstellkosten (3 + 7)	1.595
9. Verwaltungsgemeinkosten (5%)	80
10. Vertriebsgemeinkosten (10%)	160
11. Sondereinzelkosten des Vertriebs	55
12. Selbstkosten (8 + 9 + 10 + 11)	1.890
13. Gewinnzuschlag (20%)	378
14. Barverkaufspreis (12 + 13)	2.268
15. Skonto (3%)	70
16. Zielverkaufspreis (14 + 15)	2.338
17. Rabatt (30%)	1.002
18. Angebotspreis (16 + 17)	3.340

Bei der Berechnung des Skontos beträgt der Barverkaufspreis 97%. Auch bei der Ermittlung des Rabattes ist zu beachten, daß der Zielverkaufspreis 70% ausmacht.

Die Durchführung der Vollkostenrechnung kann auf der Basis von *Ist-, Normal- und Plankosten* erfolgen. Dieser unterschiedliche Zeitbezug gilt ebenfalls für die im Anschluß an dieses Kostenrechnungssystem zu behandelnde Teilkostenrechnung.

Bei der Ist-Kostenrechnung wird nur mit effektiv angefallenen Kosten gerechnet. Aufgrund der sich daraus ergebenden Schwierigkeiten für eine Kalkulation dient sie i. d. R. der Nachkalkulation, um evtl. aufgetretene Abweichungen festzustellen. Die Normalkostenrechnung ermittelt Durchschnittswerte der Vergangenheit, wodurch eine Vereinfachung der laufenden Kostenrechnung und Kostenplanungen ermöglicht werden soll. Dabei besteht die Gefahr des „normalisierten Schlendrians" der Vergangenheit. Die Plankostenrechnung dagegen versucht dies zu umgehen, indem sie analytische Kostenwerte für die Zukunft ermittelt.

Insgesamt gesehen, weist die Vollkostenrechnung folgende schwerwiegende *Mängel* auf:

1. **Proportionalisierung der Fixkosten**
   Die unterlassene Aufteilung in fixe und variable Kosten führt zu einer Proportionalisierung der Fixkosten, die keine Ermittlung der Gewinnschwelle zuläßt. Das bedeutet, daß der errechnete Gewinn bis zum Erreichen der Gewinnschwelle aufgrund der notwendigen Deckung der Fixkosten nicht existiert. Übersteigt der Umsatz jedoch diese Schwelle (Break-Even-Punkt), so ist der effektive Gewinn höher als der mittels der Vollkostenrechnung kalkulierte Gewinn.

2. **Schlüsselung der Gemeinkosten**
   Bei der Vollkostenrechnung besteht der fundamentale und systemimmanente Fehler darin, daß eine Schlüsselung der Gemeinkosten vorgenommen wird. Die Ermittlung der vollen Kosten mittels der Gemeinkostenschlüsselung führt aber nur zu einer scheinbaren Lösung, die in der Wirklichkeit oft nicht gegeben ist, da die Auswahl und Verwendung dieser Schlüssel willkürlich erfolgt.

3. **Beschäftigungsgrad**
   Die errechneten Zuschlagssätze sind nur dann richtig, wenn im folgenden Geschäftsjahr der Beschäftigungsgrad gleich ist wie im Vorjahr.

4. **Produktmix**
   Die ermittelten Zuschlagssätze setzen auch voraus, daß im kommenden Geschäftsjahr das gleiche Produktmix hergestellt wird wie im Vorjahr. Ergeben sich Veränderungen im Produktmix, fallen i. d. R. auch unterschiedliche Einzelkosten an. Aufgrund der Gemeinkosten-Proportionalisierung führen Veränderungen der Einzelkosten zu ungerechtfertigten Veränderungen der Gemeinkosten. Verstärkt wird dieser bei der Ermittlung der Herstellkosten gemachte Fehler durch die Zuschläge der Verwaltungs- und Vertriebsgemeinkosten.

5. **Kostenüber- oder -unterdeckung**
   Die bei der Nichterreichung des geplanten Beschäftigungsgrades entstehenden Kostenüber- oder -unterdeckungen führen dazu, daß die Angebotspreise zu hoch oder zu niedrig festgelegt werden.

6. **Keine Preisuntergrenze**
   Ferner ist zu bemängeln, daß die Vollkostenrechnung aufgrund der fehlenden Aufteilung in fixe und variable Kosten keine brauchbaren Informationen hinsichtlich der Ermittlung der kurzfristigen Preisuntergrenze liefert.

Bei der Verwendung der Vollkostenrechnung werden notwendigerweise viele *Fehlentscheidungen* getroffen, da die Informationen nicht richtig erarbeitet werden. Mit den Daten der Vollkostenrechnung können insbesondere folgende Entscheidungen nicht exakt gefällt werden:

1. Welche Produkte sollen gefördert werden?
2. Welche Produkte bringen Verluste und müssen eliminiert werden?
3. Welche Produkte sollen neu eingeführt werden?

 *Die Vollkostenrechnung erfüllt aufgrund der dargestellten Mängel nicht die Anforderungen an eine informative Unterstützung der Unternehmensleitung im Rahmen eines Planungs-, Kontroll- und Steuerungssystems. Deshalb ist für das Controlling nur das aussagefähigere System der Deckungsbeitragsrechnung verwendbar.*

3.7.2 Deckungsbeitragsrechnung

Bei der Deckungsbeitragsrechnung müssen die Kosten im Unternehmen in ihre *variablen und fixen Kostenanteile* aufgeteilt werden. Den Produkten werden nicht mehr alle Kosten, sondern nur noch die variablen Kosten zugerechnet. Die fixen Kosten des Unternehmens müssen mit der verbleibenden Spanne zwischen Umsatzerlösen und variablen Kosten aller Produkte, den sogenannten Deckungsbeiträgen abgedeckt werden.

Da nur die variablen Kosten den Produkten direkt zugeordnet werden, bezeichnet man die Deckungsbeitragsrechnung auch als Teilkostenrechnung. Die Deckungsbeitragsrechnung wurde entwickelt, um die Probleme und Mängel der Vollkostenrechnung zu beseitigen. Die besonderen Probleme der Vollkostenrechnung liegen in der Behandlung der fixen Kosten. Die Schlüsselung der Gemeinkosten sowie die Proportionalisierung der fixen Kosten führen bei der Beurteilung der Produkte zu Fehlentscheidungen.

Bei der Deckungsbeitragsrechnung werden die Umsatzerlöse besonders betont. Dieser Gesichtspunkt ist für eine marktorientierte Unternehmensleitung sehr wichtig, denn die Deckungsbeiträge der verschiedenen Produkte dienen zur *Steuerung* des Produktionsprogrammes und des gesamten Unternehmens.

Die *Beurteilung* der Produkte erfolgt also aufgrund ihres Deckungsbeitrages. Die Frage ist stets, welche Deckungsbeiträge bei bestimmten Umsatzerlösen erzielt werden. Solange das Produkt einen positiven Deckungsbeitrag erzielt, trägt es zur Deckung der Fixkosten bei. Damit wird auch der Gewinn oder das Betriebsergebnis verbessert.

Im Vergleich zur Vollkostenrechnung bietet die Deckungsbeitragsrechnung insbesondere folgende *Vorteile,* die die Steuerung des Unternehmens wesentlich erleichtern:

1. **Verbesserung der Erfolgsanalyse**
   Erfassung der Ertragskraft der Produktgruppen, Verkaufsgebiete und Kundengruppen

2. **Erleichterung der Kostenkontrolle**
   Aufteilung der Kosten in variable und fixe Kosten

3. **Vereinfachung der Gewinnplanung**
   Ermittlung der Deckungsbeiträge 1 und 2 und des Betriebsergebnisses auf monatlicher Basis und kumuliert.

3.7.2.1 Einfache Deckungsbeitragsrechnung

Bei diesem Verfahren werden die fixen Kosten als *Fixkostenblock* von der Summe der Deckungsbeiträge aller Produkte abgezogen, um den Gewinn oder das Betriebsergebnis zu erhalten. Dabei geht man wie folgt vor:

Umsatzerlöse/Periode		. . . DM
Variable Kosten/Periode		./. . . . DM
Fertigungsmaterial	. . . DM	
Fertigungslöhne	. . . DM	
Variable Gemeinkosten	. . . DM	./. . . . DM
Deckungsbeitrag		. . . DM
Fixe Kosten/Periode		./. . . . DM
Gewinn/Periode		. . . DM

Ein *Beispiel* für eine einfache Deckungsbeitragsrechnung in Form einer kurzfristigen Erfolgsrechnung und nach Produktgruppen gegliedert zeigt folgende Abbildung:

Produktgruppen	A		B		C		Summe	
	TDM	%	TDM	%	TDM	%	TDM	%
Umsatzerlöse	300	100,0	100	100,0	50	100,0	450	100,0
Variable Kosten	200	66,6	60	60,0	40	80,0	300	66,6
Deckungsbeitrag	100	33,4	40	40,0	10	20,0	150	33,4
Fixe Kosten	–	–	–				120	26,7
Gewinn	–	–	–				30	6,7
Rangfolge	2		1		3			

Die *Ertragskraft* der einzelnen Produktgruppen zeigt der Prozentsatz der Deckungsbeiträge im Vergleich zu den Umsatzerlösen. Im Unternehmen müssen stets die Produktgruppen forciert werden, die den prozentual höheren Deckungsbeitrag erzielen. Dadurch kann der Gewinn oder das Betriebsergebnis bei gleicher Kapazität schneller verbessert werden.

Wenn die Fixkosten in Höhe von 120 TDM oder 26,7% auf die einzelnen Produktgruppen verteilt würden, ergäbe sich für die Produktgruppe C ein negatives Betriebsergebnis in Höhe von 6,7%. Bei Anwendung der Vollkostenrechnung würde die Produktgruppe C also nur Verluste bringen und müßte aus dem Produktionsprogramm ausgeschieden werden, um den Gesamtgewinn des Unternehmens zu erhöhen. Wenn die Eliminierung der Produktgruppe C aber durchgeführt ist, ergibt sich kein besseres, sondern ein schlechteres Betriebsergebnis. Der Gewinn sinkt nämlich von 30 TDM auf 20 TDM.

	Deckungsbeitrag Produktgruppe A	100 TDM
	Deckungsbeitrag Produktgruppe B	40 TDM
=	Summe der Deckungsbeiträge	140 TDM
–	Fixkosten	120 TDM
=	Gewinn	20 TDM

Für die Entscheidung über die *Forcierung oder Eliminierung* von Produktgruppen oder Produkten darf nicht der Stückgewinn oder der Stückverlust herangezogen werden. Diese Basis führt zu Fehlentscheidungen. Es muß der Deckungsbeitrag in Prozent zum Umsatzerlös verwendet werden. Solange die Deckungsbeiträge der Produkte positiv sind, tragen sie noch zur teilweisen Deckung der Fixkosten bei. Erst wenn die für die Produktgruppe C vorhandene Kapazität für die Produkte der Produktgruppen A und B oder für neue Produkte eingesetzt werden kann, darf die Produktgruppe C aus dem Produktionsprogramm herausgenommen werden. Bis zu diesem Zeitpunkt ist die Produktgruppe C immer noch positiv zu beurteilen, denn sie erwirtschaftet einen Deckungsbeitrag in Höhe von 10 TDM. Dieser Betrag kann für die Reduzierung der Fixkosten in Höhe von 120 TDM verwendet werden.

Die Kenntnis der Deckungsbeiträge ist demnach eine wichtige Steuerungsgröße für Marketing und Vertrieb. Nach der Höhe des Deckungsbeitrages kann eine *Rangfolge* der einzelnen Produktgruppen in der kurzfristigen Erfolgsrechnung aufgestellt werden. Um den Gewinn im Unternehmen zu verbessern, sind die Produktgruppen zu fördern, die in der Rangfolge an den *oberen Stellen* stehen. Dann steigt die Summe aller Deckungsbeiträge schneller, als wenn Produktgruppen mit niedrigeren Deckungsbeiträgen verkauft werden. Von der Summe aller Deckungsbeiträge hängt es ab, wie frühzeitig im Jahr die Fixkosten im Unternehmen gedeckt werden können.

3.7.2.2 Zweistufige Deckungsbeitragsrechnung

Das Controlling benötigt für seine effiziente Durchführung ein System der Deckungsbeitragsrechnung, das hinsichtlich der Steuerung des Erfolgs aussagefähige Informationen über die Höhe und Zusammensetzung des Gewinnes liefert. Da aber das eben dargestellte Grundprinzip der einfachen Deckungsbeitragsrechnung nicht zu einer ausreichenden Erkenntnis im Sinne der zielorientierten Unternehmenssteuerung führt, ist nach meiner Meinung eine zweistufige Deckungsbeitragsrechnung erforderlich.

Bei der zweistufigen Deckungsbeitragsrechnung wird der Fixkostenblock, der nicht so homogen ist, wie vielfach angenommen wurde, in *spezielle und allgemeine Fixkosten* aufgeteilt. Die speziellen Fixkosten können von den einzelnen Führungskräften im Unternehmen während des Geschäftsjahres durch gute und schlechte Entscheidungen positiv oder negativ beeinflußt werden. Die allgemeinen Fixkosten dagegen werden nur von der Unternehmensleitung selbst gesteuert.

Der Grundgedanke des Prinzips der zweistufigen Deckungsbeitragsrechnung ist eine Steuerung nicht nur auf der Basis der Umsatzerlöse und der variablen Kosten, sondern auch unter Berücksichtigung eines Teiles der Fixkosten, die in den Verantwortungsbereichen der einzelnen Führungskräfte anfallen. Durch die Aufteilung des Fixkostenblocks in spezielle und allgemeine Kosten erhalten wir einen besseren Einblick in die Kostenstruktur der Unternehmen.

Die *zweistufige Deckungsbeitragsrechnung* in Form einer kurzfristigen Erfolgs-rechnung sieht wie folgt aus:

1.	Umsatzerlöse
2.	Variable Kosten
3.	Deckungsbeitrag 1 (1 - 2)
4.	Spezielle Fixkosten
5.	Deckungsbeitrag 2 (3 - 4)
6.	Allgemeine Fixkosten
7.	Betriebsergebnis (5 - 6)

Folgende *Rechnungen* lassen sich mit der zweistufigen Deckungsbeitragsrech-nung einfach durchführen:

● **Entscheidungsrechnung (Decision Accounting)**
Als Entscheidungsrechnung soll sie darüber Auskunft geben, was zu tun ist, um den Gewinn zu verbessern. Für Probleme im Sinne des Decision Ac-counting liefert der Deckungsbeitrag (DB) 1, als Überschuß der Nettoerlöse über die variablen Kosten, die notwendigen Informationen. Er dient dabei zur Beurteilung der Priorität im Sortiment, d. h. er soll darüber Auskunft ge-ben, durch welches Produkt die Unternehmung den maximalen Zuwachs an Deckungsbeiträgen erhält. Dies führt dazu, daß eine Produktrangfolge fest-gelegt wird.

● **Verantwortungsrechnung (Responsibility Accounting)**
Bei der Verantwortungsrechnung geht es darum festzustellen, wer (welches Produkt oder welche Produktgruppe) wieviel zum Gewinn der Unterneh-mung beigetragen hat. Die Grundlage ist der DB 2, der als DB 1 abzüglich der direkt zu beeinflussenden fixen Kosten ermittelt wird. Der DB 2 dient zur Strategiebeurteilung, wie z. B. der Beurteilung einer Werbemaßnahme eines Produktes. Dieser DB 2 kann dazu führen, daß sich die anhand des DB 1 aufgestellte Produktrangfolge ändert.

Der Fixkostenblock kann in zwei bis fünf Stufen aufgeteilt werden. Bei der Festle-gung der Anzahl der Stufen zur Abdeckung der Fixkosten sind jedoch Genauig-keitsaspekte und Wirtschaftlichkeitsgesichtspunkte gegeneinander abzuwägen. Da der größere Arbeitsaufwand bei der Einteilung des Fixkostenblocks in fünf Stufen gegenüber den zusätzlichen Erkenntnissen der zweistufigen Deckungsbei-tragsrechnung nicht gerechtfertigt erscheint, wird nach meinen Erfahrungen in der Praxis eine zweistufige Aufgliederung der Fixkosten als ausreichend angesehen.

MERKE

Für kleinere und mittlere Unternehmen genügt nach meinen Beobachtungen eine zweistufige Deckungsbeitragsrechnung, um die fixen Kosten besser in den Griff zu bekommen. Diese Version ist auch nicht so arbeitsintensiv und kann nach wirtschaftlichen Gesichtspunkten pro Monat und kumuliert ohne großen Zeitaufwand erstellt werden.

Die zweistufige Deckungsbeitragsrechnung hat sich im Zusammenhang mit der kurzfristigen Erfolgsrechnung in der Praxis bewährt. Nach meinen Erfahrungen können die Mitarbeiter im Unternehmen nach einer kurzen Einarbeitungszeit mit diesem Instrument gut umgehen.

3.7.3 Prozeßkostenrechnung

3.7.3.1 Welche Schwachpunkte weisen die traditionellen Kostenrechnungssysteme auf?

Die traditionellen Kostenrechnungssysteme können die seit vielen Jahren laufend steigenden Gemeinkosten nicht verursachungsgemäß auf die Produkte oder Dienstleistungen verrechnen. Eine konsequente Planung, Kontrolle und Steuerung der Gemeinkosten war mit diesen Systemen bisher nur schwer möglich.

Mit Hilfe der Prozeßkostenrechnung können die Unternehmen die Gemeinkosten besser in den Griff bekommen. Die Prozeßkostenrechnung sollte dann zu einem Prozeßkostenmanagement weiterentwickelt werden.

Die Prozeßkostenrechnung wurde also vor allem wegen der Schwachpunkte der traditionellen Kosten- und Leistungsrechnung entwickelt. Die Planung der Kosten für die indirekten Leistungsbereiche bot keine Basis für eine effiziente Kontrolle und Steuerung der Gemeinkosten, da die Planungsansätze sich weitgehend an den Daten der Vergangenheit orientierten, ohne daß eine Überprüfung der Wirtschaftlichkeit vorgenommen wurde.

Da diese Kosten den Produkten oder Dienstleistungen nicht verursachungsgerecht zugeordnet werden können, werden die Kosten der indirekten Leistungsbereiche in der Zuschlagskalkulation mit Hilfe von Zuschlagssätzen auf das Fertigungsmaterial, auf die Fertigungslöhne und auf die Herstellkosten den Produkten oder Dienstleistungen zugerechnet. Wegen dieser problematischen Behandlung der Gemeinkosten in der Vollkostenrechnung kommt es öfter zu Fehlentscheidungen durch das Management.

MERKE

Die traditionellen Kostenrechnungssysteme verrechnen die ständig steigenden Gemeinkosten nicht verursachungsgemäß auf die Produkte und die Dienstleistungen. Deshalb ist eine konsequente Planung, Kontrolle und Steuerung der Gemeinkosten mit diesen Systemen nicht möglich.

Die Kosten der indirekten Leistungsbereiche werden in der Zuschlagskalkulation mit Hilfe von Zuschlagssätzen auf das Fertigungsmaterial, auf die Fertigungslöhne und auf die Herstellkosten den Produkten und den Dienstleistungen zugerechnet. Dadurch kommt es öfter zu Fehlentscheidungen durch das Management.

3.7.3.2 Wie sieht die Zielsetzung aus ?

Die Prozeßkostenrechnung wurde deshalb in der Praxis geschaffen, um in Zukunft das Problem der Gemeinkosten besser in den Griff zu bekommen. Die Besonderheit der Prozeßkostenrechnung besteht darin, daß auch für die Gemeinkostenbereiche Bezugsgrößen ermittelt werden, die sich zu den Kosten weitgehend proportional verhalten. Mit Hilfe dieser Bezugsgrößen lassen sich dann die Gemeinkosten verursachungsgerechter auf die Produkte oder Dienstleistungen zurechnen.

Die Prozeßkostenrechnung ermöglicht den Unternehmen, die Kosten der indirekten Bereiche des Unternehmens besser zu planen, genauer zu kontrollieren und effizienter zu steuern. Auch die verursachungsgerechtere Zurechnung der Kosten der Gemeinkostenbereiche in der Kalkulation ist dann eher möglich.

Für die Produktionsprozesse gibt es ein Mengengerüst durch Stücklisten und Arbeitspläne. In den Gemeinkostenbereichen wurde bisher ein Mengengerüst in den traditionellen Kostenrechnungssystemen nicht erstellt. Deshalb war es auch nicht möglich, die Kosteneinflußfaktoren für die Gemeinkosten eindeutig zu ermitteln.

Die Kosten- und Leistungsrechnung muß der Unternehmensleitung und den Führungskräften ein Informationssystem zur Verfügung stellen, das dem Management entscheidungsunterstützende Daten liefert. Heute interessieren das Management weniger die direkten Produktionskosten als vielmehr die indirekten Kosten, denn die Kostenstruktur in den Unternehmen hat sich wesentlich verändert. In vielen Unternehmen machen die Gemeinkosten heute mehr als 50 % der Gesamtkosten aus.

Die internationale Konkurrenz hat sich deutlich verschärft. Deshalb muß sich das Management intensiver damit befassen, insbesondere die Gemeinkosten zu senken, um die Wettbewerbsfähigkeit wieder zu erhöhen. Es müssen auch Ansatzpunkte gefunden werden, um die zunehmende Komplexität in den Unternehmen zu verringern. Auch die Kosten einzelner Prozesse in den Unternehmen sind zu ermitteln. Außerdem werden Lösungen gesucht, um die geänderte Kostenstruktur in den Unternehmen besser darzustellen und anders zu gestalten.

Folgende Fragen interessieren heute das Management von vielen Unternehmen:

Management-Fragen

1. Wie viele Kundenaufträge werden in der Kostenstelle „Vertrieb/Innendienst" pro Monat bearbeitet?
2. Welche Kosten werden durch die Bearbeitung eines Kundenauftrags verursacht?
3. Wieviel Kosten lassen sich einsparen, wenn die Bearbeitungsvorgänge rationeller gestaltet werden?
4. Wie hoch sind die gesamten Kosten für die Abwicklung eines Kundenauftrags?
5. Wieviel Bearbeitungsvorgänge für Kaufteile werden im Einkauf pro Monat durchgeführt?
6. Was kostet ein Bestellvorgang?
7. Werden die vorhandenen Ressourcen in den Gemeinkostenbereichen effizient genutzt?

Die traditionellen Kostenrechnungssysteme geben auf diese Fragen keine Antworten. Unter Einsatz der Prozeßkostenrechnung können aber diese relevanten Fragen beantwortet werden.

Die Prozeßkostenrechnung stellt also einen neuen Ansatz des Managements dar, um die weiter wachsenden Gemeinkostenbereiche in den Unternehmen besser zu beherrschen. Es geht insbesondere um eine neue Strukturierung der Gemeinkostenbereiche in sachlich zusammenhängende und kostenstellenübergreifende Prozeßketten. Diese einzelnen Geschäftsprozesse stellen dann die Bezugsgröße in der Kostenrechnung dar.

Bei der Prozeßkostenrechnung ermitteln wir für die Prozesse (Aktivitäten) die kostentreibenden Einflußfaktoren auf die Entstehung und die Höhe der Gemeinkosten. Die gesamten betrieblichen Tätigkeiten werden als Abfolge von Vorgängen erfaßt, die die Produktion und den Vertrieb der Produkte und der Dienstleistungen fördern. Durch die Prozeßkostenrechnung soll vor allem eine Optimierung der Prozesse und eine Erhöhung der Transparenz in den indirekten Leistungsbereichen erzielt werden.

MERKE

Die Zielsetzung der Prozeßkostenrechnung ist vielgestaltig. In der Praxis wurde die Prozeßkostenrechnung entwickelt, um das Problem der rasant steigenden Gemeinkosten besser in den Griff zu bekommen. Die Prozeßkostenrechnung erlaubt den Unternehmen, die Kosten der indirekten Bereiche besser zu planen, genauer zu kontrollieren und effizienter zu steuern.

Für die Geschäftsprozesse ist ein Mengengerüst, ähnlich den Stücklisten und Arbeitsplänen aufzubauen. Dann können die Einflußfaktoren für die Gemeinkosten eindeutig ermittelt werden.

Die Kosten- und Leistungsrechnung muß der Unternehmensleitung und den Führungskräften ein aussagefähiges Informationssystem zur Verfügung stellen, um in Zukunft bessere Entscheidungen treffen zu können. Besonderer Wert liegt auf den Gemeinkosten, die immer stärker anwachsen.

Die Prozeßkostenrechnung bietet einen neuen Ansatz, um die weiter wachsenden Gemeinkostenbereiche besser zu beherrschen. Es erfolgt eine neue Strukturierung der Gemeinkostenbereiche in sachlich zusammenhängende und kostenstellenübergreifende Prozeßketten.

3.7.3.3 Welche Aufgaben sollten erfüllt werden?

Dank des Einsatzes der Prozeßkostenrechnung können Aufgaben erfüllt werden, die von den traditionellen Kostenrechnungssystemen bisher nicht zufriedenstellend erledigt werden konnten. Zu diesen Aufgaben gehören die Erhöhung der Transparenz, die Optimierung der Prozesse, die Prozeßorientierung der Kalkulation und die Verbesserung des Gemeinkostenmanagements.

81

Aufgaben der Prozeßkostenrechnung

1. Erhöhung der Transparenz
2. Optimierung der Prozesse
3. Prozeßorientierung der Kalkulation
4. Verbesserung des Gemeinkostenmanagements

MERKE

Durch den Einsatz der Prozeßkostenrechnung können Aufgaben in den Unternehmen gelöst werden, die mit Hilfe der traditionellen Kostenrechnungssysteme bisher nicht zufriedenstellend erledigt wurden. Neben der Erhöhung der Transparenz geht es um die Optimierung der Prozesse. Durch die Prozeßorientierung der Kalkulation wird eine verursachungsgerechtere Zurechnung der Gemeinkosten möglich. Außerdem kann das Gemeinkostenmanagement verbessert werden.

Bei der Optimierung der Geschäftsprozesse ist neben den Kosten auch auf die Zeit, auf die Effizienz und auf die Qualität zu achten. Durch die Berücksichtigung dieser zusätzlichen Prozeßmerkmale ist eine bessere Steuerung der Gemeinkostenbereiche möglich.

Die prozeßorientierte Kalkulation läßt besser erkennen, mit welchen Produkten oder mit welchen Dienstleistungen Gewinne erwirtschaftet oder Verluste erzielt werden. Diese Erkenntnisse erleichtern Entscheidungen über eine Sortimentsbereinigung.

Die Potentiale zur Kostensenkung können aufgrund der Erkenntnisse der Prozeßkostenrechnung besser genutzt werden. Auch der Einsatz der Ressourcen läßt sich gezielter bestimmen, wenn detaillierte Informationen über die Gemeinkostenbereiche vorliegen.

3.7.3.4 Was ist bei der Einführung zu beachten?

Vor der Einführung einer Prozeßkostenrechnung sollte geprüft werden, ob im Unternehmen die Voraussetzungen gegeben sind, um diese Konzeption systematisch und schrittweise zu verwirklichen. Der Bedarf an Mann-Tagen und die erwarteten Kosten für die Einführung und die permanente Anwendung einer Prozeßkostenrechnung müssen geschätzt werden.

Zuerst sollten die Kostenstellen als Untersuchungsbereiche ausgesucht werden, an denen hohe Gemeinkosten anfallen und an denen häufig wiederkehrende und gleichartige Tätigkeiten durchgeführt werden.

Außerdem ist festzustellen, ob entsprechend qualifizierte Spezialisten für ein interdisziplinäres Projektteam vorhanden sind. Sollte dies nicht der Fall sein, sind externe Unternehmensberater einzusetzen.

Bevor die Einführung realisiert wird, ist es auch wichtig, daß die Unternehmensleitung die betreffenden Führungskräfte und Mitarbeiter sowie den Betriebsrat umfassend über das neue Projekt informiert. Dann ergeben sich meist keine größeren Schwierigkeiten in den Unternehmen.

Bei der Einführung der Prozeßkostenrechnung sollten folgende Verfahrensschritte berücksichtigt werden, um die Prozeßkostenrechnung systematisch zu realisieren.

Verfahrensschritte

1. Information der Mitarbeiter
2. Analyse der Prozesse
3. Bestimmung der Kostentreiber
4. Ermittlung der Prozeßkostensätze
5. Kalkulation mit Prozeßkosten

1. Information der Mitarbeiter

Vor jeder Analyse müssen unbedingt zunächst die Führungskräfte und Mitarbeiter der betroffenen Bereiche oder Kostenstellen umfassend über die Vorgehensweise und die Zielsetzung der Prozeßkostenrechnung informiert werden. Da in Gemeinkostenbereichen regelmäßig die Personalkosten den größten Kostenblock bilden, sind Einsparungen am einfachsten durch Personalabbau, sprich Entlassungen, zu realisieren.

Dieser Zusammenhang ist jedem Mitarbeiter sofort klar, auch ohne große Erklärung. Deswegen müssen Zielsetzung und Vorgehensweise offen erläutert werden. Außerdem sollten den Mitarbeitern die Vorteile wie sichere Arbeitsplätze durch eine höhere Kundenzufriedenheit oder eine interessantere Aufgabenstellung dargestellt werden. Weiterhin sind Alternativen zu Entlassungen wie z. B. Umsetzungen, Übernahme anderer Tätigkeiten, Teilzeitarbeit, Beschränkung auf die Fluktuation etc. in Aussicht zu stellen.

2. Analyse der Prozesse

Bevor die Prozeßkostenrechnung eingeführt werden kann, muß eine Analyse der Prozesse (Tätigkeiten) durchgeführt werden, die die Gemeinkosten verursachen. Außerdem sollte untersucht werden, welche Aktivitäten erforderlich sind, um den gewünschten Kundennutzen zu stiften. Es ist sinnvoll, eine Funktionsanalyse zu erstellen.

Die Kostenstellen, in denen die Prozeßkostenrechnung eingeführt wird, müssen sorgfältig ausgewählt werden. Es bieten sich insbesondere folgende Kostenstellen im Unternehmen an: Finanzbuchhaltung, Personalwesen, Telefonzentrale, Materialwirtschaft/Lager, Einkauf sowie Verkauf/Innendienst.

Bei der Analyse werden zunächst die sich wiederholenden, gleichartigen Tätigkeiten je Kostenstelle untersucht und als Teilprozesse klassifiziert. Diese Teilprozesse stellen die Kostentreiber der Kostenstelle dar. Außerdem werden die sonstigen Tätigkeiten wie Abteilungsbesprechungen, interne Verwaltung etc. ermittelt.

Die Tätigkeiten lassen sich mit Hilfe von Schätzungen, Selbstaufzeichnungen und Zeitaufnahmen der betreffenden Mitarbeiter bestimmen. Die Prozesse können auch durch strukturierte Interviews mit den Verantwortlichen der Kostenstellen ermittelt werden. Wegen der entstehenden Kosten muß ein Kompromiß zwischen der Genauigkeit und der Wirtschaftlichkeit des eingesetzten Verfahrens getroffen werden.

Erfassung der Tätigkeiten und Zeiten

1. Schätzungen
2. Selbstaufzeichnungen
3. Zeitaufnahmen
4. Interviews

An den Kostenstellen muß auch ermittelt werden, wie hoch der für die einzelnen Tätigkeiten benötigte Zeitaufwand ist. Dieser Zeitbedarf ist in Prozent der gesamten Kapazität jeder Kostenstelle zu errechnen.

Durch die kostenstellenübergreifende Zusammenfassung von mehreren sachlich zusammenhängenden Teilprozessen entstehen Hauptprozesse, die die Grundlage der prozeßorientierten Kalkulation darstellen.

Weiterhin ist zu klären, welche Prozesse zur Erreichung der Unternehmensziele unbedingt notwendig sind. Welche bisher verrichteten Tätigkeiten nicht erforderlich sind, ist ebenfalls zu ermitteln. Es sollte auch analysiert werden, welche Aktivitäten in einer anderen Form wirtschaftlicher ausgeführt werden können.

Aufgrund dieser Untersuchungen kann dann bereits eine Rationalisierung und Optimierung der Abläufe und der Strukturen in den indirekten Leistungsbereichen vorgenommen werden.

Beispiel: Beschaffung

Nehmen wir als Beispiel die Kostenstelle „Beschaffung". Der Hauptprozeß umfaßt die Beschaffung von Rohstoffen. Die Teilprozesse von diesem Hauptprozeß bestehen aus Angebote bearbeiten, Material disponieren, Bestellungen durchführen und Termine verfolgen.

Teilprozesse

1. Angebote bearbeiten
2. Material disponieren
3. Bestellungen durchführen
4. Termine verfolgen

Aufgrund der Tätigkeitsanalyse konnten neben dem Hauptprozeß diese Teilprozesse ermittelt werden.

Tätigkeitsübersicht

Kostenstelle:	Beschaffung
Hauptprozeß:	Beschaffung von Rohstoffen
Teilprozesse:	Bemerkungen:
Angebote bearbeiten	1. Angebote bei Lieferanten einholen 2. Angebotsvergleiche durchführen 3. Lieferantenauswahl treffen
Material disponieren	1. Bestellzeitpunkt durch EDV errechnen 2. Dispositionen vorbereiten
Bestellungen durchführen	1. Dispositionsvorschläge überprüfen 2. Bestellmengen auslösen
Termine verfolgen	1. Terminüberschreitungen durch EDV feststellen 2. Mahnungen vornehmen

Im Zusammenhang mit der Tätigkeitsanalyse werden auch die Kostentreiber (Bezugsgrößen für die Kostenverursachung) ermittelt. In der Prozeßkostenrechnung sind also für die leistungsmengenabhängigen Prozesse der indirekten Leistungsbereiche direkte oder volumenabhängige Bezugsgrößen zu suchen, die dann auch für die Kostenplanung und für die Verrechnung der Gemeinkosten eingesetzt werden können.

3. Bestimmung der Kostentreiber

Im Zusammenhang mit der Tätigkeitsanalyse werden auch die Kostentreiber (Bezugsgrößen für die Kostenverursachung) ermittelt. In der Prozeßkostenrechnung sind also für die leistungsmengenabhängigen Prozesse der indirekten Leistungsbereiche direkte oder volumenabhängige Bezugsgrößen zu suchen, die dann auch für die Kostenplanung und für die Verrechnung der Gemeinkosten eingesetzt werden können.

Für die Kostenplanung wird unterstellt, daß zwischen den direkten Bezugsgrößen und den entsprechenden Gemeinkosten der Prozesse zumindest langfristig eine proportionale Beziehung besteht. Bei repetitiven Tätigkeiten ist meist eine Proportionalität zwischen den Prozessen und den Kostentreibern in der Praxis gegeben.

Kostentreiber in der Kostenstelle „Beschaffung"

1. Anzahl der Angebotspositionen
2. Anzahl der Teile
3. Anzahl der Schriftstücke
4. Anzahl der Belege
5. Anzahl der Bestellungen

Bei der ersten Analyse der Tätigkeiten müssen viele Mengengrößen geschätzt werden. Diese geschätzten Zahlen sollten aber im folgenden Geschäftsjahr durch genaue Aufzeichnungen ersetzt werden.

In Einzelgesprächen sind zunächst Informationen zu erfragen, die in der folgenden Tabelle aufgezählt sind.

Fragen für Einzelgespräche (Beispiele)

1. Welche Tätigkeiten werden durchgeführt?
2. Von welchen Kostentreibern sind die Tätigkeiten abhängig?
3. Wie groß ist die Anzahl der Kostentreiber?
4. Wie hoch ist der prozentuale Anteil der in Anspruch genommenen Zeit je Kostentreiber im Vergleich zur gesamten Kapazität?
5. Sind alle Teilprozesse erforderlich, um die funktionalen Abläufe an der Kostenstelle sicherzustellen?
6. Welche Teilprozesse können abgebaut werden?

Das Ziel besteht darin, einen effizienten Einsatz der Ressourcen zu erreichen. Die vorhandenen Kapazitäten sollten möglichst mit notwendigen Teilprozessen ausgelastet werden. Eine genaue Analyse der Haupt- und Teilprozesse und der Kostentreiber kann schnell zu Maßnahmen führen, die beträchtliche Kosteneinsparungen ermöglichen.

Kostentreiber stellen die Bezugsgrößen für die Verrechnung der angefallenen Gemeinkosten dar. Die Höhe der Materialgemeinkosten beispielsweise ist nicht, wie in der Zuschlagskalkulation unterstellt, vom Wert der beschafften Materialien abhängig. Die Materialgemeinkosten werden vielmehr durch die Anzahl der getätigten Bestellungen, der Dispositionsvorgänge und der Lagerbewegungen verursacht.

Die Kostentreiber sollten folgende Anforderungen erfüllen, die aus der Tabelle hervorgehen.

Anforderungen an Kostentreiber

1.	Maßstab für die Leistung der Kostenstelle
2.	Parallelität der Kostenstellenkosten und der Prozeßgrößen
3.	Erfaßbarkeit durch die EDV
4.	Direkte und indirekte Beziehung zum Produkt bzw. zum Kunden

4. Ermittlung der Prozeßkostensätze

Während der Analyse der Tätigkeiten sind den Teilprozessen die entsprechenden Kosten zuzuordnen. Dafür müssen detaillierte Zeitmessungen durchgeführt werden.

Teilprozesse, Kostentreiber, Prozeßmenge, Prozeßkosten und Prozeßkostensätze für den Hauptprozeß „Beschaffung von Rohstoffen"

Kostenstelle:	Beschaffung
Hauptprozeß:	„Beschaffung von Rohstoffen"

Teilprozesse	Kostentreiber	Prozeßmenge pro Monat	Prozeßkosten pro Monat	Prozeßkosten-satz (DM/ME)
Angebote bearbeiten	Anzahl der An-gebotspositionen	650	25.025	38,50
Material disponieren	Anzahl der Teile	1.420	73.130	51,50
Bestellungen durchführen	Anzahl der Teile	1.500	30.750	20,50
Termine verfolgen	Anzahl der Bestellungen	1.250	15.625	12,50

Da in den indirekten Leistungsbereichen meist eine hohe Personalintensität gegeben ist, genügt zuerst, eine genaue Kostenanalyse der Personalkosten durchzuführen. Die Sachkosten sind in der Regel nicht so bedeutend. Deshalb können die Sachkosten anhand der Personalkosten als Schlüsselgröße verteilt werden.

Der Prozeßkostensatz wird ermittelt, indem wir die Prozeßkosten durch die Prozeßmenge teilen.

$$\text{Prozeßkostensatz} = \frac{\text{Prozeßkosten}}{\text{Prozeßmenge}}$$

5. Kalkulation mit Prozeßkosten

Wenn die traditionelle Zuschlagskalkulation verwendet wird, ergibt sich meist eine kostenmäßige Begünstigung der Kleinaufträge gegenüber den Großaufträgen. Auch die Unterschiede in den Kosten bei größeren Produktvarianten im Gegensatz zu standardisierten Produkten können anhand der Prozeßkostenrechnung besser beurteilt werden. Einfache Produkte und Produkte mit hoher Komplexität lassen sich mit der Prozeßkostenrechnung exakter kalkulieren. Die Kosten für zusätzliche Leistungen für bestimmte Produkte können ebenfalls klarer ermittelt werden. Unter Einsatz der Prozeßkostenrechnung lassen sich strategische Entscheidungen hinsichtlich der Produkte und der Preise in Zukunft fundierter treffen.

Die Kosten für die Materialdisposition beispielsweise sind nicht vom Wert des Materials abhängig. Auch die Kosten der Qualitätssicherung hängen nicht von der Höhe der Fertigungslöhne ab. Diese Problematik wird noch verschärft durch den wegen zunehmender Automatisierung abnehmenden Anteil der Fertigungslöhne.

Durch diese Verteilung der Gemeinkosten auf die Produkte ohne Rücksicht auf die tatsächlich in Anspruch genommenen Leistungen ergeben sich in der Praxis folgende Probleme:

Probleme der traditionellen Vollkostenrechnung

1. Die Serienprodukte werden zu teuer und die Standardprodukte mit hoher Komplexität zu billig kalkuliert.
2. Die Sonderprodukte werden von den Kunden stärker nachgefragt, weil diese Produkte zu niedrig kalkuliert sind.
3. Die Variantenvielfalt nimmt zu. Dadurch sind zusätzliche Aktivitäten erforderlich, die weitere Gemeinkosten verursachen.
4. Die Komplexität erhöht sich.

Unter Berücksichtigung der Prozeßkosten ändern sich die Verkaufspreise für Klein- und Großaufträge. Die Kleinaufträge liegen im Verkaufspreis höher, während die Großaufträge einen niedrigeren Verkaufspreis ergeben.

Die Ergebnisse der Kalkulation können durch die Verwendung der Prozeßkostenrechnung wegen der verursachungsgerechteren Zurechnung der Prozeßkosten auf die Produkte wesentlich verbessert werden. Die kostenintensiveren Prozesse sollten dann genauer analysiert werden. Mit Hilfe von direkten Bezugsgrößen lassen sich diese Kosten dann exakter auf die Produkte verrechnen. Zu den kostenintensiveren Prozessen gehören beispielsweise die Kosten der Beschaffung und die Kosten der Auftragsabwicklung in den Unternehmen.

Die Prozeßkostenrechnung ist eine Vollkostenrechnung. Bei der Vollkostenrechnung können wir die Proportionalisierung der Fixkosten nicht vermeiden. Da die Prozeßkosten aber genauer ermittelt werden können, bleibt nur noch ein geringerer Teil an Fixkosten übrig. Deshalb spielt in der Praxis die Proportionalisierung des restlichen Teils der Fixkosten keine so große Rolle mehr.

Ein Beispiel der Zuschlagskalkulation zeigt auf, welche Unterschiede im Ergebnis bestehen können, wenn einmal die traditionelle Zuschlagskalkulation verwendet und wenn zum anderen auch mit Prozeßkosten gearbeitet wird. Wir vergleichen die Zuschlagskalkulation für folgende Klein- und Großaufträge:

Zuschlagskalkulation für Klein- und Großaufträge

Bezeichnung	Kleinauftrag	Großauftrag
Fertigungsmaterial	280	35.890
+ Materialgemeinkostenzuschlag 10 %	28	3.589
= Materialkosten	308	39.749
Fertigungslöhne	1.120	11.280
+ Fertigungsgemeinkostenzuschlag 150 %	1.680	16.290
= Fertigungskosten	2.800	28.200
= Herstellkosten	3.108	67.679
+ Verwaltungsgemeinkostenzuschlag 10 %	311	6.768
+ Vertriebsgemeinkostenzuschlag 15 %	466	10.152
= Selbstkosten	3.885	84.599
+ Gewinnzuschlag 10 %	389	8.460
= Verkaufspreis	4.274	93.059

Bei der traditionellen Zuschlagskalkulation betragen die Verkaufspreise für Kleinaufträge 4.274 DM und für die Großaufträge 93.059 DM.

Zuschlagskalkulation für Klein- und Großaufträge unter Berücksichtigung der Prozeßkosten

Bezeichnung	Kleinauftrag	Großauftrag
Fertigungsmaterial	280	35.890
+ Prozeßkosten	50	50
+ Restgemeinkosten	30	50
= Materialkosten	360	36.420
+ Fertigungslöhne	1.120	11.280
+ Prozeßkosten	1.350	1.350
+ Restgemeinkosten	980	9.260
= Fertigungskosten	3.450	21.890

Bezeichnung	Kleinauftrag	Großauftrag
= Herstellkosten	3.810	58.310
+ Prozeßkosten Vertrieb	480	480
+ Restgemeinkosten	210	2.350
= Selbstkosten	4.500	61.140
+ Gewinnzuschlag 10 %	450	6.114
= Verkaufspreis	4.950	67.254

Unter Berücksichtigung der Prozeßkosten ändern sich die Verkaufspreise für Klein- und Großaufträge. Die Kleinaufträge liegen im Verkaufspreis höher, während die Großaufträge einen niedrigeren Verkaufspreis ergeben.

MERKE

Vor der Einführung der Prozeßkostenrechnung ist zu prüfen, ob in den Unternehmen die Voraussetzungen vorhanden sind, um diese neue Konzeption systematisch und schrittweise einzuführen. Auch die Kosten müssen geschätzt werden, die bei der Einführung entstehen.

Die Verfahrensschritte sollten die Information der Mitarbeiter, die Analyse der Prozesse, die Bestimmung der Kostentreiber, die Ermittlung der Prozeßkostensätze und die Kalkulation mit Prozeßkosten umfassen. Die Implementierung der Prozeßkostenrechnung ist nicht einfach und erfordert, daß sich die Mitarbeiter gründlich mit der neuen Konzeption vertraut machen.

3.7.3.5. Welche strategischen Vorteile gibt es?

Die Prozeßkostenrechnung stellt der Unternehmensleitung und den Führungskräften im Vergleich zu den traditionellen Kostenrechnungssystemen zusätzliche Informationen zur Verfügung. Mit diesen Daten können insbesondere strategische Entscheidungen besser getroffen werden. Es geht vor allem um die strategische Gestaltung des Produktions- und Verkaufsprogramms und um die gezielte Beeinflussung der Gemeinkosten. Wir können drei Effekte besonders hervorheben, die die Allokation, die Variantenvielfalt und Komplexität sowie die Degression umfassen.

91

Strategische Vorteile der Prozeßkostenrechnung

1. Allokation
2. Variantenvielfalt und Komplexität
3. Degression

MERKE

Die Prozeßkostenrechnung bietet strategische Vorteile, da sie der Unternehmensleitung und den Führungskräften im Vergleich zu den traditionellen Kostenrechnungssystemen zusätzliche Informationen zur Verfügung stellt. Strategische Entscheidungen können dann besser getroffen werden, die sich insbesondere auf die Gestaltung des Produktions- und Verkaufsprogramms sowie auf die Beeinflussung der Gemeinkosten beziehen.

Eine genauere Zuordnung (Allokation) der Gemeinkosten auf die Produkte ist aufgrund der mengenmäßigen Bezugsgrößen und unabhängig von der Höhe der traditionell wertorientierten Zuschlagsbasen möglich. Die Gemeinkosten werden also nach der Inanspruchnahme der betrieblichen Ressourcen auf die einzelnen Produkte verteilt.

Die Variantenvielfalt und die Komplexität der Produkte werden als kostenbestimmende Faktoren in der Kalkulation beachtet. Die Standardprodukte mit niedrigerer Komplexität und geringerer Wertschöpfung verursachen weniger Gemeinkosten. Bei Produkten mit großer Komplexität und hoher Wertschöpfung fallen mehr Gemeinkosten an, da bei diesen Produkten auch die betrieblichen Ressourcen stärker in Anspruch genommen werden.

Bei der traditionellen Zuschlagskalkulation wird jeweils ein konstanter Gemeinkostensatz pro Stück verrechnet, weil eine Proportionalisierung der Gemeinkosten vorgenommen wird. Die proportionale Zurechnung der Gemeinkosten auf die Produkte ist aber nicht realistisch.

Die Produkte, die in geringen Stückzahlen hergestellt werden, verursachen höhere Kosten und müssen deshalb zu einem höheren Preis verkauft werden. Für die Produkte dagegen, die in großen Mengen hergestellt werden, fallen niedrigere Kosten wegen der Fixkostendegression und wegen der Erfahrungskurve an.

3.8 Einführung einer Kosten- und Leistungsrechnung (KLR)

Eine wesentliche Aufgabe des Controllers besteht darin, ein aussagefähiges Berichtssystem im Unternehmen aufzubauen. Für dieses Informationssystem benötigt der Controller Daten, die für eine zielorientierte Unternehmensführung erforderlich sind.

Es gibt allerdings keine gesetzlichen Vorschriften, die den Unternehmer dazu zwingen, eine Kosten- und Leistungsrechnung im Unternehmen einzuführen. Insbesondere in schwierigen Zeiten zeigt sich in der Praxis immer wieder, wie wichtig eine aussagefähige Kosten- und Leistungsrechnung für die Sicherung der Existenz vieler Unternehmer ist. Die nach außen gerichtete Bilanz sowie die Gewinn- und Verlustrechnung reichen nicht aus, um ein Unternehmen erfolgreich zu führen. Die Zahlen des Jahresabschlusses berücksichtigen zu wenig, daß die Unternehmer daran interessiert sein müssen, die Substanz ihrer Unternehmen zu erhalten. Außerdem liegen die aktuellen Zahlen aus der Finanzbuchhaltung meist erst dann vor, wenn wichtige Entscheidungen bereits getroffen wurden.

Eine erfolgreiche Steuerung der Unternehmen kann nur durch eine moderne Kosten- und Leistungsrechnung erfolgen. Deshalb muß der Controller ein internes Informationssystem als Führungsinstrument aufbauen. Die Vollkostenrechnung genügt den Ansprüchen an ein aussagefähiges Berichtssystem nicht mehr. Die zunehmende Vielgestaltigkeit in der Aufgabenstellung und die Verlagerung der Aufgabenschwerpunkte erfordern, daß neue Konzeptionen entwickelt werden, um die Leistungsfähigkeit der Kosten- und Leistungsabrechnung zu verbessern. Neue Verfahren und Methoden müssen gefunden werden, um den erweiterten Anforderungen der Unternehmensleitung und der Führungskräfte im Unternehmen gerecht zu werden.

Die Deckungsbeitragsrechnung ist ein Ergebnis dieser Bemühungen, für die Praxis bessere und genauere Unterlagen für anstehende Entscheidungen zu erstellen. Eine konsequente Steuerung der Unternehmen ist in Zukunft nur noch möglich unter dem Einsatz der Deckungsbeitragsrechnung.

Für die Einführung der zweistufigen Deckungsbeitragsrechnung in Kombination mit einer kurzfristigen Erfolgsrechnung wird mindestens ein Jahr benötigt. Der Controller hat dann die Aufgabe, das einmal eingeführte System laufend zu verbessern und zu verfeinern.

Um die Unternehmenszukunft mit Hilfe des Controlling bewußt zu gestalten, müssen Informationen vorliegen, die es ermöglichen, sachlich fundierte Entscheidungen zu treffen und ihre Auswirkungen zu kontrollieren. Nur wenn die maßgeblichen Fakten und Daten bekannt sind, können Ziele bestimmt und zielgerichtete Maßnahmen veranlaßt werden. Für diese Entscheidungen werden neben qualitativen insbesondere quantitative Daten benötigt, um Erfolge und Mißerfolge auch im einzelnen beurteilen zu können.

Das Informationssystem der Finanzbuchhaltung ist vergangenheitsbezogen und stark den gesetzlichen Bestimmungen unterworfen. Außerdem dient die Finanzbuchhaltung externen Personengruppen (Finanzbehörden, Banken) als Dokumentations- und Informationsunterlage. Da die Finanzbuchhaltung als Informationssystem kein unverfälschtes und den betriebswirtschaftlichen Anforderungen entsprechendes Bild des Unternehmens wiedergibt, muß der Controller erst ein aussagefähiges Informationssystem in Form der KLR schaffen.

Die KLR ermöglicht es aufgrund ihrer *Gestaltungsfreiheit,* ein Informationssystem aufzubauen, das den Bedürfnissen der Entscheidungsträger im Unternehmen angepaßt wird. Da die Unternehmung Orientierungshilfen für ihre Entscheidungen benötigt, muß dementsprechend die KLR als Entscheidungshilfe gestaltet werden, um als Instrument zur erfolgsorientierten Steuerung zu dienen.

Die KLR umfaßt drei wesentliche Rechnungen, die aufeinander abgestimmt sein müssen.

Kosten- und Leistungsrechnung

● **Kostenartenrechnung**
Welche Kosten fallen an?

– **Vollkostenrechnung**
1. Einzelkosten
2. Gemeinkosten
3. Sondereinzelkosten
   3.1 Produktion
   3.2 Vertrieb

– **Deckungsbeitragsrechnung**
1. Variable Kosten
2. Fixe Kosten
3. Semivariable Kosten

● **Kostenstellenrechnung**
Wo fallen die Kosten an?

● **Kostenträgerrechnung**
1. **Kostenträgerstückrechnung oder Kalkulation**
   Wofür fallen die Kosten an?

2. **Kostenträgerzeitrechnung oder kurzfristige Erfolgsrechnung**
   Wann fallen die Kosten an?

MERKE

Wie bereits erläutert, wird für das Controlling ein aussagefähiges Informationssystem benötigt, das die notwendigen Informationen für eine zielorientierte Unternehmensführung kurzfristig und entscheidungsorientiert zur Verfügung stellt. Als ein diesen Anforderungen gerecht werdendes Instrument gilt die zweistufige Deckungsbeitragsrechnung.

Dabei muß allerdings darauf hingewiesen werden, daß in der Einführungsphase des Controlling nur der Grundstein eines solchen Systems gelegt werden kann. Ist dieser Grundstein nach Ablauf von etwa einem Jahr einmal vorhanden, resultiert daraus die Aufgabe für den Controller, das bereits eingeführte System zu pflegen, ständig zu verbessern und laufend zu verfeinern.

3.9 Neu entwickelte Konzeptionen, Instrumente und Techniken

Den deutschen Unternehmen bläst der Wind heute voll ins Gesicht. Preiserhöhungen können aus Wettbewerbsgründen nur begrenzt oder überhaupt nicht mehr durchgesetzt werden. Für viele Unternehmen schrumpfen auch noch die Märkte. Außerdem steigen die Kosten kontinuierlich an. Die Wirtschaftsflaute hat auch viele Unternehmen erfaßt.

In vielen Unternehmen verlaufen die Prozesse zu langsam und zu fehlerhaft. Einige Prozesse sind auch unklar oder berühren zu viele Stellen. Zu hohe Kosten entstehen auch durch Schnittstellenprobleme. Die Notwendigkeit und der Umfang vieler Prozesse wurden bisher nicht kritisch analysiert.

Die Komplexität ist in manchen Unternehmen zu hoch. Die Zahl der Produkte, Varianten und Kunden stieg in den letzten Jahren stark an. Auch die Anzahl der Teile und Lieferanten erhöhte sich in einigen Unternehmen sprunghaft. Die Entfernung vom Kerngeschäft nahm ebenfalls zu.

Die Organisation ist in einigen Unternehmen zu starr. Viele Aufgaben und Prozesse werden durch Zentralabteilungen gesteuert. Dadurch ergeben sich oft Kompetenzstreitigkeiten. Zu viele Hierarchieebenen verlängern die Realisationszeiten.

Die deutschen Unternehmen haben oft zu hohe Kosten. Deshalb können viele Konkurrenten kostengünstiger produzieren. In einigen Unternehmen sind in den letzten Jahren die Kosten schneller als der Umsatz gestiegen. Dazu kommt, daß durch die konjunkturbedingten Umsatzrückgänge die Fixkosten (Gemeinkosten) übermäßig angehoben wurden.

95

Japan und die USA sind heute die Hauptkonkurrenten für viele deutsche Unternehmen. Wenn die deutschen Unternehmen die Mitbewerber nicht mehr mit der eigenen Taktik schlagen können, dann sollten sie neue Erfolgsrezepte anwenden, die denen der Konkurrenten möglichst gleich kommen. Die deutschen Unternehmen können sich an den Erfolgsrezepten der großen japanischen und amerikanischen Unternehmen orientieren und sich durch die neuen und erfolgreichen Konzeptionen, Instrumente und Techniken anregen lassen. Zu den neuen Konzeptionen, Instrumenten und Techniken gehören:

1. Zielkosten-Management (Target Costing)
2. Qualitäts-Management (Total-Quality-Management)
3. Zeitmanagement (Time-Management)
4. Kontinuierliche Verbesserung (Kaizen)
5. Reengineering
6. Kosten-Management
7. Lean-Production
8. Prozeßkostenrechnung
9. Benchmarking
10. Lean-Administration
11. Lebenszyklus-Kostenrechnung (Life-Cycle-Costing)
12. Komplexitäts-Management
13. Simultaneous Engineering
14. Lean-Management
15. Outsourcing
16. Reverse-Engineering
17. Change Management
18. Kernkompetenzen
19. Projektmanagement
20. Lean-Controlling
21. Shareholder Value
22. Internes Vorschlagswesen
23. Lernende Organisation
24. Facility Management

Die neuen Konzeptionen, Instrumente und Techniken bieten viele Vorteile. Allerdings ergeben sich auch einige Umstellungsprobleme in der deutschen Wirtschaft. Der zeitliche Vorsprung der japanischen und amerikanischen Unternehmen ist in einigen Branchen relativ groß. Aber auch in Deutschland zeigen sich bereits erste Erfolge mit dem Einsatz der neuen Konzeptionen, Instrumente und Techniken. Die Wettbewerbsfähigkeit der deutschen Unternehmen kann mit Hilfe dieser Methoden wieder gesteigert werden.

MERKE

Die deutschen Unternehmen müssen sich verändern. Sie straffen ihre Organisationen, bauen die Hierarchien ab, verkürzen die Entscheidungswege, stellen die Produktion um, beschaffen mehr Komponenten und Module von außen und überdenken die Management-Aufgaben. Sogar die Gewerkschaften blockieren den Fortschritt in der Arbeitswelt nicht länger. Sie gestatten beweglichere Einsatzzeiten von 28,8 Wochenstunden bei VW bis zu 40 Wochenstunden in anderen Unternehmen. Nur die Politik und die staatlichen Verwaltungen behindern noch zu stark den Aufschwung und die Umstrukturierung. Der Staat trägt also noch zu wenig zur Verbesserung der Wettbewerbsfähigkeit des Standortes Deutschland bei.

4 Stufenweise Entwicklung der kurzfristigen Erfolgsrechnung

Die kurzfristige Erfolgsrechnung ist eines der wichtigsten *Steuerungsinstrumente* für die Unternehmensleitung und den Controller. Die Entwicklung dieses Instrumentes hat stufenweise zu erfolgen. Da alle Mitarbeiter im Unternehmen von der kurzfristigen Erfolgsrechnung erfaßt werden, löst die Einführung dieser Rechnung einen Lernprozeß im Unternehmen aus.

4.1 Welche Kostenarten sind erforderlich?

Aufgabe der Kostenartenrechnung ist es, alle im Zusammenhang mit der betrieblichen Leistungserstellung anfallenden Kosten *vollständig zu erfassen*. Im Rahmen der zweistufigen Deckungsbeitragsrechnung müssen die erfaßten Kosten entsprechend ihres Verhaltens bei Beschäftigungsgradänderungen gegliedert werden, damit eine aussagefähige kurzfristige Erfolgsrechnung erstellt werden kann.

Um eine möglichst genaue Kostenrechnung durchzuführen, nämlich nur die unmittelbar verursachten Kosten dem jeweiligen Kostenträger zuzuordnen, müssen alle im Unternehmen angefallenen Kostenarten nach ihrem variablen oder fixen Verhalten getrennt werden. Bei der *Trennung der Kostenarten* nach ihrer Verhaltensweise kann man bestimmte Kostenarten ohne große Analyse von vornherein als variabel oder fix bezeichnen. Die Kostenarten, die aber sowohl fixen als auch variablen Charakter aufweisen, die sogenannten Misch- oder semivariablen Kosten, werden nach dem Verfahren der buchtechnischen Kostenspaltung einem der beiden Blöcke zugeordnet.

4.1.1 Variable Kosten

Die variablen Kosten können den einzelnen Produkten oder Aufträgen direkt zugerechnet werden. Die *verursachungsgemäße Erfassung* dieser Kosten kann mit Hilfe von Belegen im Unternehmen genau durchgeführt werden.

- **Fertigungsmaterial**
  Das Fertigungsmaterial umfaßt die Verbrauchsmengen der *Rohstoffe und der Zukaufteile* einschließlich der entsprechenden Bezugskosten.

Erfassung
Das Fertigungsmaterial kann den Produkten direkt zugerechnet werden. Die Erfassung des Fertigungsmaterials sollte mit Hilfe der *Materialentnahmescheine* vorgenommen werden. Dann läßt sich der Verbrauch den einzelnen Produkten leicht zuordnen.

Bewertung
Nach der Erfassung des Materialverbrauchs muß eine Bewertung des Fertigungsmaterials erfolgen. Es bieten sich folgende Möglichkeiten an:

– *Istpreis:*
 Wenn keine wesentlichen Preisänderungen auftreten und wenn das Fertigungsmaterial nach der Beschaffung unverzüglich verbraucht wird, dann kann eine Istpreisbewertung sinnvoll sein.

– *Durchschnittspreis:*
 Verbrauchtes Fertigungsmaterial sollte zu Durchschnittspreisen bewertet werden, wenn im Laufe des Jahres unterschiedliche Preise für das Material bezahlt werden müssen.

– *Verrechnungspreis:*
 Um die Aussagefähigkeit der Kostenrechnung zu verbessern und um die Substanz des Unternehmens zu erhalten, müssen Preisschwankungen eliminiert werden. Während des Jahres sollte mit Verrechnungspreisen gearbeitet werden. Die Bewertung muß wegen der *Substanzerhaltung* zu Wiederbeschaffungspreisen erfolgen. In den Verkaufspreisen sollten verrechnete Materialpreise enthalten sein, die eine Wiederbeschaffung des verbrauchten Fertigungsmaterials möglich machen.

● **Fertigungslöhne**
Neben dem Fertigungsmaterial gehören die Fertigungslöhne zu den wichtigsten Kostenarten bei den variablen Kosten. Deshalb ist eine exakte Erfassung und Bewertung von großer Bedeutung.

Erfassung
Die variablen Fertigungslöhne umfassen die Löhne einschließlich aller gesetzlichen und freiwilligen sozialen Aufwendungen der Arbeiter im Unternehmen, die produktiv tätig sind. Die variablen Fertigungslöhne lassen sich pro Auftrag mit Hilfe von *Lohnscheinen* erfassen und können als Zeit- oder als Akkordlohn anfallen. Jeder Lohnbeleg sollte neben der Auftragsnummer auch die Kostenstellenbezeichnung enthalten.

Bewertung
Bei der Bewertung der variablen Fertigungslöhne gibt es keine besonderen Probleme. Allerdings muß beachtet werden, daß die anteiligen Urlaubs- und

Weihnachtsgelder gleichmäßig auf alle Monate im Jahr verteilt werden. Damit wird eine zu hohe Belastung der Monate Juni und November vermieden.

● **Variable Gemeinkosten**
Die variablen Gemeinkosten gehören in der Vollkostenrechnung zu der großen Gruppe der Gemeinkosten. Diese Kosten sind bei der Zuschlagskalkulation in den Gemeinkostenzuschlägen enthalten.

Bei der Deckungsbeitragsrechnung werden bestimmte Gemeinkosten den Produkten oder Produktgruppen zugerechnet, wenn diese Gemeinkosten größere Bedeutung im Unternehmen haben und separat erfaßt werden können. Eine direkte Zurechnung auf einzelne Produktgruppen in der kurzfristigen Erfolgsrechnung ist dann sinnvoll, wenn bestimmte variable Gemeinkosten nur bei einer oder einigen Produktgruppen anfallen. Dadurch wird die *Transparenz* der Kosten erhöht.

Einige variable Gemeinkosten sind in den letzten Jahren stark angestiegen. Deshalb sollten diese Kostenarten in der kurzfristigen Erfolgsrechnung *getrennt* aufgeführt werden.

Zu den bedeutenden variablen Gemeinkosten zählen beispielsweise folgende *Kostenarten:*

- Strom
- Frachten
- Verpackungen
- Provisionen
- Fremdleistungen

Die *Stromkosten* beispielsweise haben sich seit einigen Jahren sehr erhöht. Deshalb sollten die Stromkosten für einzelne Produktgruppen ermittelt werden. In vielen Unternehmen kann der Stromverbrauch für einzelne Produktgruppen mit Hilfe von Zählern in der Produktion genau erfaßt werden.

Auch bei den *Frachten* kann es große Unterschiede bei einzelnen Produktgruppen geben. Die eine Produktgruppe beispielsweise wird ab Werk verkauft, die andere Produktgruppe dagegen muß stets frei Haus geliefert werden. Diese Unterschiede müssen in der kurzfristigen Erfolgsrechnung zu erkennen sein.

Die *Verpackungen* spielen in einigen Unternehmen eine große Rolle. Da auch die Verpackungskosten laufend steigen, muß deshalb festgestellt werden, wie hoch diese Kosten für die einzelnen Produktgruppen pro Monat und kumuliert sind.

Viele Unternehmen arbeiten mit freien Handelsvertretern zusammen. Die Höhe der *Provision* dieser Handelsvertreter hängt meist noch vom Umsatz ab. Diese

Provisionen ändern sich also mit dem Umsatz und sollten als separate Position in der kurzfristigen Erfolgsrechnung erscheinen.

In einigen Unternehmen werden Teile von Aufträgen außer Haus gefertigt. Bei der Einschaltung von Subunternehmen können die Kosten für die *Fremdleistungen* klar erfaßt und den einzelnen Produktgruppen genau zugeordnet werden. Deshalb sollten diese Fremdleistungen auch als variable Kosten behandelt werden.

4.1.2 Spezielle Fixkosten

Bei der einfachen Deckungsbeitragsrechnung werden die Fixkosten als Kostenblock nur in der Summenspalte der kurzfristigen Erfolgsrechnung aufgeführt. Aufgrund von genaueren Untersuchungen in vielen Unternehmen wurde festgestellt, daß der Fixkostenblock *nicht* so *homogen* war, wie viele Führungskräfte früher angenommen hatten.

Innerhalb des Fixkostenblocks gibt es Fixkosten, die durch die Entscheidungen der Führungskräfte im Unternehmen auch während des Jahres *beeinflußt* werden können. Diese Fixkosten nennen wir spezielle Fixkosten.

Zu den speziellen Fixkosten gehören insbesondere die Fixkosten, die in den Verantwortungsbereichen Marketing und Vertrieb, Produktion sowie Materialwirtschaft anfallen. Die speziellen Fixkosten können meist den einzelnen Produktgruppen pro Monat und kumuliert in absoluten Beträgen zugeordnet werden. Die Bezugsgröße für die Zuordnung der speziellen Fixkosten ist in der Regel die von den einzelnen Produktgruppen in Anspruch genommene Kapazität an den verschiedenen Kostenstellen.

4.1.3 Allgemeine Fixkosten

Die restlichen Fixkosten, die nur durch Entscheidungen der *Unternehmensleitung* selbst beeinflußt werden können, nennen wir allgemeine Fixkosten. Sie umfassen vor allem die Fixkosten in den Verantwortungsbereichen Unternehmensleitung, Finanz- und Rechnungswesen sowie allgemeine Verwaltung. Die allgemeinen Fixkosten werden nur in der Summenspalte der kurzfristigen Erfolgsrechnung aufgeführt und müssen von der Summe der Deckungsbeiträge 2 abgedeckt werden.

4.2 Welche Kostenstellen werden benötigt?

Die in der Praxis am häufigsten angewandte Methode zur Kostenstellenbildung richtet sich nach betrieblichen Funktionsbereichen. Zweckmäßig ist hierbei die Orientierung an der funktional gegliederten Aufbauorganisation.

Die Kostenstellenrechnung baut auf der Kostenartenrechnung auf. Sie gibt Aufschluß darüber, wo die Kosten angefallen sind.

4.2.1 Gründe für die Kostenstellenbildung

Die Aufteilung der Kostenarten auf die Kostenstellen erfolgt aus folgenden *Gründen:*

- Verbesserung der Kalkulation
- Kontrolle der Wirtschaftlichkeit
- Verbesserung der Entscheidungsgrundlagen.

4.2.2 Aufgabe der Kostenstellenrechnung

Die Kostenstellenrechnung hat die *Aufgabe,* insbesondere die Fixkosten auf die Kostenstellen zu verteilen. Dabei ist darauf zu achten, daß die Fixkosten verursachungsgemäß erfaßt werden.

4.2.3 Unterteilung der Kostenstellen

Die Unterteilung der Kostenstellen im Unternehmen kann wie folgt vorgenommen werden:

- Nach Funktionen, *z. B. Material, Produktion, Verwaltung, Vertrieb*
- Nach bestimmten Tätigkeiten, *z. B. Gießerei, Dreherei, Montage*
- Nach räumlichen Gesichtspunkten, *z. B. Maschinengruppe 1, Maschinengruppe 2*

4.2.4 Grundsätze der Kostenstellengliederung

Folgende Grundsätze sind bei der Kostenstellengliederung zu beachten:

- **Bezugsgröße**
  Für jede Kostenstelle muß eine genaue Bezugsgröße für die *Kostenverursachung* und für die Leistung gefunden werden. Als Bezugsgrößen kommen beispielsweise in Frage: *Fertigungsstunden, Fertigungslöhne, Stückzahlen.*

- **Verantwortungsbereich**
  Jede Kostenstelle muß ein selbständiger Verantwortungsbereich sein, um eine gute Kontrolle durchführen zu können. Für die Abweichungen muß jeweils ein Mitarbeiter verantwortlich sein.

  Bei der Bildung von Kostenstellen sollte insbesondere der Gesichtspunkt der Abgrenzung nach Verantwortlichkeit berücksichtigt werden. Hierbei untersteht eine Kostenstelle nur einer und nicht mehreren verantwortlichen Personen. Auf diese Weise ist sichergestellt, daß Abteilungsverantwortung und Kostenverantwortung deckungsgleich sind. Dieses Kriterium ist von besonderer Bedeutung im Hinblick auf die Kostenkontrolle und das Erkennen sowie Durchsetzen von Maßnahmen zur Verbesserung der Wirtschaftlichkeit.

- **Belege**
  Jede Kostenstelle muß so gebildet werden, daß sich alle Kostenbelege ohne große Schwierigkeiten verbuchen lassen. Alle Belege müssen eine Kostenstellennummer tragen.

4.2.5 Anzahl der Kostenstellen

Die Anzahl der Kostenstellen hängt von folgenden Punkten ab:

- Betriebsgröße
- Eigenart des Wirtschaftszweiges
- Produktionsprogramm
- Abgrenzung der Verantwortungsbereiche
- Genauigkeit der Kostenerfassung
- Möglichkeiten der Kostenkontrolle.

Bei der Einführung einer Kostenstellenrechnung sollten in der Anfangsphase *nicht zu viele Kostenstellen* gebildet werden. Je mehr Kostenstellen im Unternehmen vorhanden sind, desto arbeitsintensiver ist die Abrechnung. Der Gesichtspunkt der Wirtschaftlichkeit muß stets bei der Kostenstellengliederung beachtet werden.

4.2.6 Arten der Kostenstellen

In den Unternehmen können wir folgende Kostenstellenarten unterscheiden:

- Hauptkostenstellen
- Hilfskostenstellen
- Allgemeine Kostenstellen

Neben den Hauptkostenstellen (Material, Produktion, Verwaltung, Vertrieb) gibt es noch Hilfskostenstellen im Unternehmen. Eine Hilfskostenstelle in der Produktion ist beispielsweise die Arbeitsvorbereitung. Daneben unterscheidet man noch allgemeine Kostenstellen. Grundstücke und Gebäude sind beispielsweise eine allgemeine Kostenstelle.

Hauptkostenstellen sind Kostenstellen, deren Kosten unmittelbar in die Kostenträgerrechnung übernommen werden. Hilfskostenstellen dagegen sind Kostenstellen, deren Kosten nicht unmittelbar verrechnet, sondern auf andere Hilfs- und Hauptkostenstellen umgelegt werden. Das gleiche geschieht mit den allgemeinen Kostenstellen.

4.2.7 Festlegung der Bezugsgrößen

Da die Genauigkeit der Kosten- und Leistungsrechnung davon abhängt, die Kosten verursachungsgerecht zuzuordnen, müssen für jede Kostenstelle Maßstäbe der Kostenverursachung (Bezugsgrößen) bestimmt werden. Dies setzt aber voraus, daß die Bezugsgröße einer Kostenstelle in einer eindeutigen Beziehung zu den verursachten Kosten steht. Die festzulegenden Bezugsgrößen dienen als Leistungsmaßstab der einzelnen Kostenstellen.

Bei der *Wahl der Bezugsgrößen* werden folgende Maßgrößen der Kostenverursachung unterschieden:

- **Wertmäßige Bezugsgrößen**
  Zu den wertmäßigen Bezugsgrößen gehören z. B. Kostengrößen wie Löhne oder Gehälter sowie Bestandsgrößen wie Vorräte oder Umsatzerlöse.

- **Mengenmäßige Bezugsgrößen**
  Mengenmäßige Bezugsgrößen können sein: Fertigungsstunden, produzierte oder abgegebene Mengen, Flächen- bzw. Rauminhalte.

Aus Gründen der besseren Übersicht sollten die ermittelten Maßgrößen der Kostenverursachung in dem aufzustellenden Kostenstellenplan mit aufgeführt werden. Die *Auswahl* kann dabei unter folgenden Gesichtspunkten erfolgen:

– Die Bezugsgrößen sollen einen Maßstab der Kostenstellen-Leistung darstellen, zu denen die zu verteilenden Kosten in einem möglichst verursachenden Verhältnis stehen.

– Die Bezugsgrößen sollen für laufende Abrechnungen schnell und einfach ermittelbar und verständlich sein.

Ist die Kostenrechnung nach der Einführung zu einer routinemäßigen Aufgabe geworden und sind die Beteiligten mit diesem System vertraut, so kann die vom Controller vorgeschlagene und eingeführte Kostenstelleneinteilung nach zusätzlich auftretenden Anforderungen und Informationsbedürfnissen weiter differenziert werden.

Wenn eine operative Planung im Unternehmen bereits durchgeführt wird, dann sollten für jeden Monat folgende *Spalten in jedem Kostenstellenbericht* vorgesehen sein:

1. Soll-Werte in DM und %
2. Ist-Werte in DM und %
3. Abweichungen in DM und %

Die Kostenstellenberichte sind dann *aufschlußreicher,* da pro Monat und kumuliert regelmäßig ein Soll-Ist-Vergleich an den einzelnen Kostenstellen durchgeführt werden kann. Die Abweichungen in absoluter Höhe und in Prozent können an jeder Kostenstelle für die einzelnen Kostenarten festgestellt werden. Ein sofortiges Gegensteuern der Unternehmensleitung ist dann möglich, wenn die Kostenstellenberichte des Vormonats spätestens in der zweiten Woche des folgenden Monats der Unternehmensleitung auf dem Tisch liegen.

MERKE

In jedem Unternehmen sollte ein Kostenstellenplan erstellt werden. Dieser Plan ist den Führungskräften zur Verfügung zu stellen. Zur Systematisierung der Kostenstellenrechnung ist also ein Kostenstellenplan erforderlich. Da ein solcher Plan immer auf die individuellen Unternehmensgegebenheiten abgestellt werden muß, ist der Kostenstellenplan nach der Gliederung der Aufbauorganisation auszurichten, die die Weisungsbefugnisse und Unterstellungsverhältnisse klar definiert.

4.3 Ist eine Kostenträgerrechnung nötig?

Kostenträger können *Produkte, Produktgruppen* oder *Aufträge* sein. Die Aufgabe der Kostenträgerrechnung besteht darin, insbesondere die Kosten pro Leistungseinheit zu errechnen oder die Kosten und Leistungen einer Abrechnungsperiode zu ermitteln.

Man unterscheidet zwischen der Kostenträgerstückrechnung und der Kostenträgerzeitrechnung. Die Kostenträgerstückrechnung oder Kalkulation ist auf das einzelne Produkt bezogen. Die Kostenträgerzeitrechnung oder kurzfristige Erfolgsrechnung dagegen befaßt sich mit einer Abrechnungsperiode, die ein Monat, ein Quartal oder ein Jahr sein kann. Beide Verfahren der Kostenträgerrechnung sind Instrumente, die sich sinnvoll ergänzen und deshalb angewendet werden sollten.

4.3.1 Wie wird die Kalkulation erstellt?

Die Kalkulation sieht bei der Verwendung der Deckungsbeitragsrechnung anders aus als bei der Vollkostenrechnung. Im Grunde müssen wir zwei unterschiedliche *Ausgangspositionen am Markt* auseinanderhalten.

In den meisten Fällen sind für kleinere und mittlere Unternehmen die Preise am Markt vorgegeben. Dann geht es nicht darum, eigene Preise beispielsweise mit Hilfe der Zuschlagskalkulation zu ermitteln, die meistens am Markt so nicht durchgesetzt werden können. Die Frage ist doch dann viel wichtiger, welche Deckungsbeiträge für die einzelnen Produkte aufgrund der am Markt gegebenen Preise erwirtschaftet werden können.

Die zweite Ausgangsposition besteht darin, daß für neue Produkte Preise festgelegt werden müssen. Auch für diese Situation bietet die Deckungsbeitragsrechnung verschiedene Möglichkeiten an.

Preispolitische Entscheidungen verlangen in der Praxis gute *Kenntnisse des Marktes* und ein hohes Maß an *Intuition*. Die Preisfestlegung ist i. d. R. mit einem großen Risiko verbunden.

4.3.1.1 Welche Prinzipien der Preisbildung kennen wir?

Wir können im wesentlichen folgende Prinzipien der Preisbildung in der Praxis unterscheiden:

1. Kostenorientierte Preisfestlegung
2. Nachfrageorientierte Preisfestlegung
3. Konkurrenzorientierte Preisfestlegung

Zu 1: Kostenorientierte Preisfestlegung

Zwischen dem Preis und den Kosten besteht unter marktwirtschaftlichen Gesichtspunkten kein unmittelbarer Zusammenhang. Dennoch orientieren sich in der Praxis die Unternehmer noch sehr an den entstandenen Kosten, um einen Preis für ein Produkt festzulegen.

Bei der Kalkulation des Angebotspreises gehen viele Unternehmer von den gesamten variablen und fixen Kosten aus und fügen einen Gewinnzuschlag hinzu.

Die Höhe des *Gewinnzuschlages* hängt insbesondere von folgenden Punkten ab:

- Absatzmenge
- Umschlagshäufigkeit des Kapitals
- Umsatz-Rentabilität

Der Vorteil dieses Kalkulationsverfahrens ist die relativ einfache Durchführung der Kalkulation. Als Nachteil erweist sich allerdings, daß mit den Zuschlägen kein optimaler Preis festgelegt werden kann.

Diese Art der Kalkulation ist besonders *gefährlich,* wenn der Anteil der fixen Kosten an den gesamten Kosten hoch ist und die Absatzmenge in der Planungsperiode von der Preisfestlegung stark beeinflußt wird. Dann nämlich besteht leicht die Möglichkeit, daß sich ein Unternehmer schnell aus dem Markt kalkuliert.

Wegen der hohen fixen Kosten nehmen die gesamten Kosten bei rückläufiger Absatzmenge stets zu, so daß der Angebotspreis laufend steigen muß. Der höhere Angebotspreis führt oft zu weiteren Rückgängen der Absatzmengen. Dieser Prozeß setzt sich oft solange fort, bis der Absatz letztlich auf null gesunken ist. Die fixen Kosten stellen also bei der kostenorientierten Preisfestlegung das große Problem dar.

Zu 2: Nachfrageorientierte Preisfestlegung

Die nachfrageorientierte Preisfestlegung entspricht eher dem Wesen einer *marktwirtschaftlichen Preispolitik* als die kostenorientierte Festlegung der Preise. Die Nachfrage am Markt hat einen großen Einfluß auf die Beschäftigung der Unternehmen.

Wir unterscheiden zwei unterschiedliche Kalkulationsverfahren, die bei der Anwendung der Deckungsbeitragsrechnung verwendet werden können.

Verfahren 1: Retrograde Kalkulation

Bei der retrograden Kalkulation gehen wir davon aus, daß der *Preis am Markt gegeben ist.* Von den Umsatzerlösen werden die variablen Kosten des Produktes abgezogen, um den Deckungsbeitrag zu ermitteln.

Das Verfahren wird folgendermaßen durchgeführt:

1. Bruttoumsatzerlöse
2. Erlösschmälerungen
3. Nettoumsatzerlöse (1–2)
4. Variable Kosten
5. Deckungsbeitrag (3–4)

Solange der Deckungsbeitrag positiv ist, liegt der erzielbare Marktpreis über der kurzfristigen Preisuntergrenze. Der Unternehmer sollte stets die Produkte forcieren, die die prozentual höheren Deckungsbeiträge im Vergleich zum Nettoumsatzerlös erbringen.

Verfahren 2: Progressive Kalkulation
Bei der progressiven Kalkulation gehen wir umgekehrt vor. Zuerst ermitteln wir die variablen Kosten des Produktes. Auf die variablen Kosten wird ein nachfrageabhängiger Deckungsbeitrag in Prozent, d. h. der Soll-Deckungsbeitrag aufgeschlagen, der so hoch sein soll, daß alle Fixkosten abgedeckt sind und noch ein Gewinn übrig bleibt.

Die progressive Kalkulation sieht folgendermaßen aus:

1. Variable Kosten
2. Soll-Deckungsbeitrag in Prozent
3. Nettoumsatzerlöse (1 + 2)
4. Erlösschmälerungen
5. Bruttoumsatzerlöse (3 + 4)

Bei der nachfrageorientierten Preisfestlegung besteht das Problem darin, die Höhe eines *vertretbaren Soll-Deckungsbeitrages* zu bestimmen. Wenn bereits eine kurzfristige Erfolgsrechnung im Unternehmen eingeführt ist, sind die Deckungsbeiträge der einzelnen Produktgruppen pro Monat und kumuliert bereits bekannt. Diese Deckungsbeiträge sind eine gute Orientierungsgrundlage für die Preisbildung.

Eine weitere Grundlage für die Preisfestlegung mit Hilfe der Deckungsbeitragsrechnung bildet die *Break-Even-Analyse*. Im Break-Even-Diagramm können die Zusammenhänge zwischen fixen und variablen Kosten sowie dem Beschäftigungsgrad und den Absatzmengen klar erkannt und graphisch dargestellt werden.

Die Festlegung der Preise im Unternehmen hängt also insbesondere von folgenden Größen ab:

- Geplanter Gewinn (Verzinsung des eingesetzten Kapitals)
- Beschäftigungsgrad
- Höhe der fixen Kosten

Zu 3: Konkurrenzorientierte Preisfestlegung

Bei der konkurrenzorientierten Preisfestlegung gehen wir davon aus, daß weder eine feste Relation zwischen Preis und Nachfrage noch zwischen Preis und Kosten bestehen muß. Der Unternehmer orientiert sich einfach am *Preis des Marktführers* oder am *Durchschnittspreis der Branche.*

Der am Markt gegebene Preis gibt dann Aufschluß darüber, ob alle Kosten gedeckt werden können und ob noch eine Verzinsung für das eingesetzte Kapital garantiert ist. In diesem Falle kann wieder die retrograde Kalkulation angewendet werden, wenn mit der Deckungsbeitragsrechnung gearbeitet wird.

4.3.1.2 Preise sind am Markt gegeben

Die Vorgehensweise der Deckungsbeitragsrechnung, die insbesondere die Absatzprobleme berücksichtigt und ein entscheidungsorientiertes Kostenrechnungssystem darstellt, erfordert eine Änderung der Betrachtungsweise bei der Kalkulation. Die Entscheidungsgrundlagen für die Kalkulation sind jetzt weniger die Kosten, die den Preis bestimmen, sondern vielmehr der Marktpreis, der die Deckungsbeiträge und das Betriebsergebnis nach Abzug der variablen und fixen Kosten offenlegt.

Mit den Produkten müssen Umsatzerlöse erwirtschaftet werden, die erforderlich sind, um die angefallenen Kosten zu decken und um einen Gewinn zu erzielen. Insofern stellen die Produkte keine Kostenträger dar, sondern sind eher als Umsatzerlösbringer anzusehen.

Der Aufgabenschwerpunkt liegt also nicht mehr in der Ermittlung der Verkaufspreise. Die Gewichtung liegt eher bei der kurzfristigen Erfolgsrechnung, die der Ermittlung von Informationen zum Zwecke dispositiver Entscheidungen dient. Dieser Gesichtspunkt ist für das Controlling von wesentlicher Bedeutung.

Da in der Vielzahl aller Fälle die Preise am Markt aufgrund der Angebots-Nachfrage-Verhältnisse gebildet werden, ist die Problematik der Ermittlung des Angebotspreises nicht mehr so ausschlaggebend. Es tritt deshalb bei der Kalkulation die Frage in den Vordergrund, ob das jeweilige Produkt in der Lage ist, einen Beitrag zur *Deckung der Fixkosten* zu erbringen, wenn ja, wie hoch dieser ist und welche Ausbringungsmenge dafür erforderlich ist.

Da sich das Prinzip der Deckungsbeitragsrechnung von dem der Vollkostenrechnung dadurch unterscheidet, daß nur die variablen Kosten direkt dem Produkt zugerechnet werden, kann im Rahmen der Kostenträgerstückrechnung eine Kalkulation nur bis zu den variablen Erzeugniskosten durchgeführt werden. Dies bedeutet, daß bei einer marktorientierten Vorgehensweise ausgehend von dem zu erzielenden Marktpreis die variablen Kosten subtrahiert werden. Wir erhalten dann den Deckungsbetrag, d. h. den Beitrag zur Deckung der fixen Kosten und darüber hinaus einen Beitrag zur *Erzielung eines Gewinnes*.

In jedem Unternehmen kann ein Kalkulationsschema erarbeitet werden, das sich am Aufbau der kurzfristigen Erfolgsrechnung orientieren sollte. Das folgende *Beispiel* zeigt ein *Kalkulationsschema,* wie es in einem Unternehmen auch tatsächlich eingesetzt ist.

---

1. Bruttoverkaufspreis (Marktpreis)
2. Erlösschmälerungen

---

3. Nettoverkaufspreis (1–2)

---

4. Material:
   Fertigungsmaterial Kette
   Fertigungsmaterial Schuß
   Hilfsmaterial

5. Fertigungslöhne:
   Färben
   Schären und Spulen
   Andrehen
   Weben
   Ausrüsten und Ausputzen

6. Fremdleistungen:
   Färben
   Ausrüsten
   Nähen und Konfektionieren

7. Provisionen

8. Fracht

9. Verpackung

---

10. Summe variabler Kosten (4 + 5 + ... + 9)

---

11. DB (3–10)

Bei der *Vorkalkulation* geht man sinnvollerweise davon aus, daß der am Markt zu erreichende Verkaufspreis für den jeweils zu kalkulierenden Artikel vorgegeben ist. Ausgehend von diesem Marktpreis wird der geplante Prozentsatz für Erlösschmälerungen abgezogen. Von dem unter Position 3 des Kalkulationsschemas ausgewiesenen Nettoverkaufspreis werden dann sämtliche zu kalkulierende variable Kosten subtrahiert. Man erhält dann den Deckungsbeitrag.

Die Deckungsbeiträge der kalkulierten Artikel müssen in ihrer Gesamtheit gewährleisten, daß sie bei den erwarteten Absatzmengen die zur Erreichung des für die Planperiode gestellten Gewinnzieles notwendigen Periodendeckungsbeiträge erbringen. Es müssen deshalb, unter Berücksichtigung der Marktdaten, die erzielbaren Abgabepreise auf ihre *Stückdeckungsbeiträge* hin untersucht werden. Damit ist gemeint, daß die Summe der speziellen Fixkosten auf jeden Fall durch die Anzahl der veräußerten Mengen einer Produktgruppe und die allgemeinen Fixkosten einschließlich des Gewinnzieles durch den Restbetrag aller Deckungsbeiträge erwirtschaftet werden muß.

Zunächst werden aufgrund der durchgeführten Kalkulation die Ist-Deckungsbeiträge der Artikel, die sich bereits im Vorjahr in der Kalkulation befanden, dem Verkauf vorgelegt. Dieser überprüft, unter Berücksichtigung aller verfügbaren Marktdaten, ob sich die Absatzchancen des Artikels oder der Artikelgruppe verbessert oder verschlechtert haben. Durch diese Beurteilung können mittels Zu- und Abschlägen auf den Ist-Deckungsbeitrag des Vorjahres die *Plan-Deckungsbeiträge* des Planjahres bestimmt werden. Der Plan-Deckungsbeitrag ist identisch mit dem bereits besprochenen *Soll-Deckungsbeitrag.*

4.3.1.3 Preisbildung für neue Produkte

Wenn am Markt neue Produkte eingeführt werden sollen, für die noch keine Preise am Markt vorhanden sind, bietet die Deckungsbeitragsrechnung ebenfalls Kalkulationsmöglichkeiten an. Es ist also nicht erforderlich, bei der Kalkulation von neuen Produkten auf die Vollkostenrechnung zurückzugreifen.

Bei neuen Produkten kann die *progressive Kalkulation* angewendet werden. Die variablen Kosten der neuen Produkte können aufgrund der Belege relativ genau ermittelt werden. Die Unternehmensleitung muß dann festlegen, wie hoch der Soll-Deckungsbeitrag zu sein hat. Zur Orientierung können die Deckungsbeiträge der einzelnen Produktgruppen der kurzfristigen Erfolgsrechnung entnommen werden.

Da mit neuen Produkten höhere Preise am Markt erzielt werden können, muß sich die Unternehmensleitung insbesondere an Produkten orientieren, die im Vergleich zu anderen Produkten eine *hohe Ertragskraft* haben. Ziel der Einführung neuer Produkte sollte eine Verbesserung des Betriebsergebnisses des gesamten Unternehmens sein.

Der Soll-Deckungsbeitrag wird als Prozentsatz festgelegt. Nehmen wir an, daß der Soll-Deckungsbeitrag *40%* sein soll und die variablen Kosten des neuen Produktes *300,– DM* betragen sollen.

Die *progressive Kalkulation pro Stück* sieht dann wie folgt aus:

	DM	%
1. Variable Kosten	300,–	60
2. Soll-Deckungsbeitrag	200,–	40
3. Nettoumsatzerlöse (1 + 2)	500,–	100
4. Erlösschmälerungen	26,–	5
5. Bruttoumsatzerlöse (3 + 4)	526,–	105

Wenn der Soll-Deckungsbeitrag 40% sein soll, dann machen die variablen Kosten 60% aus. Der Soll-Deckungsbeitrag beläuft sich auf 200 DM. Der Nettoverkaufspreis beträgt folglich 500 DM pro Stück. Nach Addition der Erlösschmälerungen von 5% ergibt sich ein Bruttoverkaufspreis in Höhe von 526 DM.

Diese Kalkulation ist bei der Verwendung der einfachen Deckungsbeitragsrechnung möglich. Wenn eine zweistufige Deckungsbeitragsrechnung im Unternehmen eingeführt ist, kann die Kalkulation noch *verfeinert* werden.

Die *Kalkulation* bei einer *zweistufigen Deckungsbeitragsrechnung* sieht wie folgt aus:

1. Ermittlung der variablen Kosten	*(Nach dem Prinzip der Kostenverursachung)*
2. Soll-Deckungsbeitrag 1 für die speziellen Fixkosten	*(Nach dem Prinzip der Inanspruchnahme der vorhandenen Kapazität)*
3. Zwischenziel (1 + 2)	
4. Soll-Deckungsbeitrag 2 für die allgemeinen Fixkosten und einen Kapitalertrag (Verzinsung)	*(Nach der Marktsituation)*
5. Gesamtes Nettoumsatzerlösziel (3 + 4)	
6. Erlösschmälerungen	
7. Gesamtes Bruttoumsatzerlösziel (5 + 6)	

Der notwendige Deckungsbeitrag ergibt sich aus den zu erzielenden Nettoumsatzerlösen abzüglich der nach dem Prinzip der Verursachung zurechenbaren variablen Kosten. Durch die Zweiteilung des Deckungsbeitrages ergibt sich ein *Mindest-Deckungsbeitrag,* der zur Abdeckung der speziellen Fixkosten mindestens verdient werden muß. Außerdem kann ein *weiterer Deckungsbeitrag* ermittelt werden, der zur Abdeckung der allgemeinen Fixkosten und zur Erzielung eines Kapitalertrages benötigt wird.

Für die Unternehmensleitung stellt sich die Frage, ob der *Soll-Deckungsbeitrag 2* als angemessen angesehen werden kann und somit zu diesem Preis verkauft werden soll. Falls der Soll-Deckungsbeitrag 2 als unzureichend betrachtet wird, muß er anderweitig verbessert werden. Dies kann dadurch erfolgen, daß mit Hilfe der Wertanalyse versucht wird, die Durchlaufzeiten zu verkürzen oder verfahrenstechnische Verbesserungen einzuführen. Auch der Einkauf billigerer Teile ist zu untersuchen. Durch den intensiveren Einsatz des absatzpolitischen Instrumentariums können möglicherweise die Absatzmengen und/oder die Verkaufspreise angehoben werden.

Durch die Möglichkeit, *verschiedene Preisuntergrenzen* zu ermitteln, erlaubt es die zweistufige Deckungsbeitragsrechnung, aussagefähigere Informationen zu beschaffen. Hinsichtlich der Annahme von Zusatzaufträgen beispielsweise sind diese Informationen erforderlich. Beim Vorhandensein freier Kapazitäten dient jede DM an zusätzlichen Deckungsbeiträgen 2 der Deckung der ohnehin vorhandenen allgemeinen Fixkosten und der Erreichung des angestrebten Gewinnzieles.

4.3.2 Wie soll die kurzfristige Erfolgsrechnung gestaltet werden?

Bei der Kostenträgerzeitrechnung handelt es sich um eine *Periodenbetrachtung.* Unter Verwendung der Deckungsbeitragsrechnung werden den Umsatzerlösen die variablen und fixen Kosten gegenübergestellt, um das Betriebsergebnis einer Abrechnungsperiode zu ermitteln. Das Verfahren ermöglicht eine lückenlose Analyse des Betriebsergebnisses und liefert Informationen für den unternehmerischen Entscheidungsprozeß.

Um einen besseren Einblick in die Kostenstruktur des Unternehmens zu erhalten, sollten Kostenträgergruppierungen in der kurzfristigen Erfolgsrechnung vorgenommen werden. Die Aufteilung der Umsatzerlöse in Produktgruppen, Verkaufsgebiete und Kundengruppen erlaubt eine genauere Analyse der Umsatzerlöse und Kosten und gewährt einen besseren Einblick in deren Ertragskraft.

Damit wird die Kostenträgerzeitrechnung zu einem wichtigen Steuerungsinstrument der Unternehmensleitung. Sie sollte pro Monat und kumuliert erstellt werden, um möglichst schnell zu erfahren, in welchen Bereichen des Unternehmens sich Probleme ergeben haben und Korrekturmaßnahmen eingeleitet werden müssen.

4.3.2.1 Welche Verfahren unterscheiden wir?

Bei der kurzfristigen Erfolgsrechnung (KER) unterscheiden wir folgende Verfahren:

● **Gesamtkostenverfahren**
Bei diesem Verfahren werden allen während einer Abrechnungsperiode angefallenen Kostenarten die Umsatzerlöse der erzeugten Produkte gegenübergestellt. Wenn Veränderungen bei den Beständen der Halb- und Fertigfabrikate vorkommen, müssen diese Bestandsveränderungen bei der Ermittlung des Betriebsergebnisses berücksichtigt werden.

● **Umsatzkostenverfahren**
Das Umsatzkostenverfahren zeichnet sich dadurch aus, daß den Umsatzerlösen nicht die gesamten Kosten der Abrechnungsperiode, sondern nur die Kosten der effektiv verkauften Produkte gegenübergestellt werden.

4.3.2.2 Wie sieht der Aufbau aus?

In kleineren und mittleren Unternehmen sollte die KER relativ *einfach* aufgebaut sein, damit dieses Steuerungsinstrument schnell und unproblematisch in den Unternehmen eingeführt werden kann. Bei dieser Zielgruppe darf die Einführung der KER auch nicht sehr kosten- und arbeitsintensiv sein.

Aufgrund der heutigen betriebswirtschaftlichen Erkenntnisse ist es erforderlich, daß die KER in Verbindung mit einer Deckungsbeitragsrechnung auch in kleineren und mittleren Unternehmen eingeführt wird. Die Deckungsbeitragsrechnung hat möglichst eine Aufteilung der fixen Kosten in spezielle und allgemeine Fixkosten zu berücksichtigen. Außerdem sollte das *Umsatzkostenverfahren* angewendet werden.

Es wurde eine einfache Lösung der Informationsbeschaffung und des Aufbaues einer aussagefähigen KER entwickelt. Die einzelnen Arbeitsschritte sind dem Formular auf folgenden Seiten zu entnehmen.

Auch der Zusammenhang zwischen der KER und der Deckungsbeitragsrechnung geht aus dem entwickelten Formular deutlich hervor, so daß auch weniger qualifizierte Mitarbeiter im Unternehmen mit dieser Unterlage arbeiten können. Die KER sollte so aufgebaut werden, daß die Deckungsbeiträge 1 und 2 für die einzelnen Produktgruppen pro Monat und kumuliert ermittelt werden können.

Im folgenden sollen die wichtigsten Positionen der KER kurz erläutert werden:

● **Bruttoumsatzerlöse**
Die Bruttoumsatzerlöse für die einzelnen Produktgruppen können aus der *Kontenklasse 8* entnommen werden, wenn der Gemeinschaftskontenrahmen verwendet wird. Sollten keine separaten Aufzeichnungen vorhanden sein, dann müssen die Umsatzerlöse für die einzelnen Produktgruppen erst zusammengestellt werden.

● **Erlösschmälerungen**
Von den Bruttoumsatzerlösen sind die Erlösschmälerungen abzuziehen. Zu den Erlösschmälerungen zählen die *Skonti* und *Boni* sowie die *Reklamationen* und *Rücksendungen*. Auch die *Forderungsausfälle* können als Erlösschmälerungen angesehen werden.

● **Nettoumsatzerlöse**
Aus der Differenz von Bruttoumsatzerlösen und Erlösschmälerungen ergeben sich die Nettoumsatzerlöse für die einzelnen Produktgruppen. Die Nettoumsatzerlöse stellen die *Basis für die Bewertung* der variablen Kosten und der speziellen Fixkosten für die einzelnen Produktgruppen dar. Deshalb sind die Nettoumsatzerlöse als 100% anzusetzen.

● **Variable Kosten**
Von den Nettoumsatzerlösen werden dann die variablen Kosten abgezogen. Zu den variablen Kosten gehören das Fertigungsmaterial, die Fertigungslöhne und bestimmte Kosten, die in der Vollkostenrechnung zu den Gemeinkosten gerechnet werden. Als variabel können folgende Kosten angesehen werden: Strom, Gas und Wasser, Frachten, Verpackungen, Provisionen für freie Handelsvertreter und Fremdleistungen.

  1. **Fertigungsmaterial**
  Zur Ermittlung des Fertigungsmaterials werden die *Materialentnahmescheine* benötigt, aus denen die Einzelheiten für die Produktgruppen hervorgehen. Sollten Materialentnahmescheine nicht vorhanden sein, dann müssen die Stücklisten oder Rezepturen herangezogen werden, um den Materialverbrauch pro Produkt zu ermitteln.

  2. **Fertigungslöhne**
  Die variablen Fertigungslöhne können den *Lohnscheinen* entnommen werden, die genau und systematisch ausgefüllt werden müssen. Auf jedem Lohnschein sollten die Auftragsnummer und die genaue Lohnart verzeichnet sein. Die variablen Fertigungslöhne einschließlich aller gesetzlichen und freiwilligen sozialen Aufwendungen müssen für jeden Mitarbeiter erfaßt werden, der im Unternehmen produktiv tätig ist, d. h. an den Aufträgen arbeitet.

	Kurzfristige Erfolgsrechnung		Produktgruppe 1			
			Monat		Kumuliert	
			TDM	%	TDM	%
1	Bruttoumsatzerlöse					
2	Erlösschmälerungen					
3	**Nettoumsatzerlöse**	(1−2)	100		100	
4	Fertigungsmaterial					
5	Fertigungslöhne					
6	Strom					
7	Frachten					
8	Verpackungen					
9	Provisionen					
10	Fremdleistungen					
11						
12	Bestandsveränderungen					
13	Summe der variablen Kosten	(4 bis 12)				
14	**Deckungsbeitrag 1**	(3−13)				
15	Marketing und Vertrieb					
16	Produktion					
17	Materialwirtschaft					
18	Summe der spez. Fixkosten	(15 bis 17)				
19	**Deckungsbeitrag 2**	(14−18)				
20	Unternehmensleitung					
21	Finanz- u. Rechnungswesen					
22	Personalwesen					
23	Controlling/EDV					
24	Allgemeine Verwaltung					
25	Summe der allgem. Fixkosten	(20 bis 24)				
26	**Betriebsergebnis**	(19−25)				
27	Neutrale Erträge					
28	Neutrale Aufwendungen					
29	Neutrales Ergebnis	(27−28)				
30	**Unternehmensergebnis**	(26+29)				

Abb.: Aufbau der kurzfristigen Erfolgsrechnung

3. Andere variable Kosten
Die anderen möglichen variablen Kosten können der *Kontenklasse 4* des Gemeinschaftskontenrahmens entnommen werden. Je genauer die Aufzeichnungen sind, desto einfacher ist die Zuordnung der variablen Kosten auf die einzelnen Produktgruppen.

4. Bestandsveränderungen
Beim *Umsatzkostenverfahren* müssen die Bestandsveränderungen im Bereich der variablen Kosten berücksichtigt werden. Die Bestandsveränderungen beziehen sich nur auf die Halb- und Fertigfabrikate. Die Bewertung kann zuerst nur das Fertigungsmaterial und die Fertigungslöhne einschließen, da diese beiden Positionen meist über 80% der gesamten variablen Kosten ausmachen.

Alle variablen Kosten sollten pro Monat insgesamt und bezogen auf die einzelnen Produktgruppen erfaßt werden. Wenn beispielsweise 1.000 Stück eines Produktes im Monat hergestellt, aber nur 800 Stück im gleichen Monat verkauft werden, müssen das Fertigungsmaterial und die Fertigungslöhne für 200 Stück in den Bestandsveränderungen berücksichtigt werden. In diesem Falle werden die Bestandsveränderungen von den anderen variablen Kosten abgezogen. Die Summe der variablen Kosten enthält dann weitgehend nur die variablen Kosten für die effektiv in diesem Monat verkauften 800 Stück.

● **Deckungsbeitrag 1**
Von den Nettoumsatzerlösen wird die Summe der variablen Kosten abgezogen, um die Deckungsbeiträge 1 für die einzelnen Produktgruppen zu erhalten. Die Deckungsbeiträge 1 sind wichtige *Steuerungsgrößen,* denn sie geben Auskunft über die Ertragskraft der einzelnen Produktgruppen. Deshalb sollte eine *Rangfolge* erstellt werden, die sich nach der prozentualen Höhe der Deckungsbeiträge im Vergleich zu den Nettoumsatzerlösen ergibt.

Um die Umsatzrentabilität des gesamten Unternehmens schneller zu verbessern, müssen stets die Produktgruppen am Markt forciert werden, die im Vergleich zu den anderen Produktgruppen prozentual die höheren Deckungsbeiträge erbringen. Die Produktgruppen mit den niedrigsten Deckungsbeiträgen sollten in Zukunft aus dem Produktions- und Verkaufsprogramm eliminiert werden, sobald die für diese Produktgruppen vorhandene Kapazität für andere Produktgruppen genutzt werden kann, die höhere prozentuale Deckungsbeiträge am Markt erzielen. Solange allerdings die vorhandene Kapazität nicht anderweitig genutzt werden kann, dürfen die Produktgruppen mit niedrigeren Deckungsbeiträgen *nicht* aus dem Produktions- und Verkaufsprogramm entfernt werden, da mit den Deckungsbeiträgen dieser Produktgruppen immer noch ein Teil der Fixkosten abgedeckt wird. Wenn nämlich die Produktgruppen mit niedrigeren Deckungsbeiträgen 1 zu früh eliminiert werden, dann wird sich das Betriebsergebnis nicht verbessern, sondern verschlechtern.

● **Spezielle Fixkosten**
Neben den variablen Kosten können auch spezielle Fixkosten den einzelnen Produktgruppen pro Monat und kumuliert zugeordnet werden. Die Inanspruchnahme der vorhandenen *Kapazität* in den einzelnen Verantwortungsbereichen pro Monat sollte die Basis für die Zuteilung der speziellen Fixkosten auf die vorhandenen Produktgruppen sein. Als Bezugsgröße für eine solche Zuordnung eignen sich insbesondere die Fertigungsstunden der Mitarbeiter, die variable Fertigungslöhne verursachen. In jedem Unternehmen muß genau untersucht werden, welche Bezugsgröße im direkten Zusammenhang mit der Kostenverursachung steht.

Während die variablen Kosten für die einzelnen Produktgruppen erfaßt werden, können die speziellen und allgemeinen Fixkosten nur mit großer *Genauigkeit* an den einzelnen *Kostenstellen* ermittelt werden. Spezielle Fixkosten fallen insbesondere in den Verantwortungsbereichen Marketing und Vertrieb, Produktion und Materialwirtschaft an.

● **Deckungsbeitrag 2**
Die Summe der speziellen Fixkosten wird jeweils von den Deckungsbeiträgen 1 der vorhandenen Produktgruppen abgezogen, um die Deckungsbeiträge 2 für die einzelnen Produktgruppen zu erhalten.

Die Deckungsbeiträge 2 stellen weitere wichtige Steuerungsgrößen für die Unternehmensleitung dar. Deshalb sollte auch für die Deckungsbeiträge 2 eine Rangfolge aufgestellt werden, um den Mitarbeitern im Unternehmen deutlich zu machen, welche Produktgruppen in Zukunft zu forcieren und in welchen Verantwortungsbereichen Kostensenkungsmaßnahmen durchzuführen sind.

● **Allgemeine Fixkosten**
Auch die allgemeinen Fixkosten müssen in jedem Unternehmen ermittelt werden. Diese Kosten stehen in *keinem Zusammenhang* mit den einzelnen Produktgruppen. Deshalb werden die allgemeinen Fixkosten nur in der Summenspalte für das gesamte Unternehmen aufgeführt.

Allgemeine Fixkosten entstehen insbesondere in folgenden Verantwortungsbereichen: Unternehmensleitung, Finanz- und Rechnungswesen, Personalwesen, Controlling/EDV, allgemeine Verwaltung.

● **Betriebsergebnis**
Wenn die Summe der allgemeinen Fixkosten von der Summe aller Deckungsbeiträge 2 abgezogen wird, erhalten wir das Betriebsergebnis. Da in der KER die absoluten Beträge und die Prozentsätze im Vergleich zu den Nettoumsatzerlösen pro Monat und kumuliert ausgewiesen werden, kann die Unternehmensleitung aus der KER die Höhe der erwirtschafteten *Umsatz-Rentabilität* jederzeit für die einzelnen Zeitabschnitte erkennen. Die Umsatz-Rentabilität ergibt sich nämlich, indem das Betriebsergebnis durch die Nettoumsatzerlöse geteilt wird.

● **Neutrales Ergebnis**
In der KER sollten auch die neutralen Erträge und neutralen Aufwendungen separat aufgeführt werden, die mit dem Umsatzprozeß des betreffenden Geschäftsjahres nichts zu tun haben. Die neutralen Erträge umfassen die *außerordentlichen Erträge,* die *betriebsfremden Erträge* und die *periodenfremden Erträge.* Die gleiche Aufteilung gilt für die neutralen *Aufwendungen.* Das neutrale Ergebnis erhalten wir, indem wir von der Summe der neutralen Erträge die Summe der neutralen Aufwendungen abziehen.

● **Unternehmensergebnis**
Das Unternehmensergebnis ergibt sich aus dem *Betriebsergebnis* und dem *neutralen Ergebnis.* Diese Informationen sollten jeweils pro Monat und kumuliert erstellt werden, da diese Ergebnisse während des Geschäftsjahres starken Schwankungen unterliegen können.

4.3.2.3 Welche Bedeutung hat die kurzfristige Erfolgsrechnung?

Die KER ist ein wichtiges *Steuerungsinstrument* für die Unternehmensleitung und den Controller, weil alle bedeutenden Daten des Unternehmens pro Monat und kumuliert in diesem Berichtssystem aufgeführt werden. Die Stärken und Schwächen eines Unternehmens lassen sich deshalb leicht erkennen. Zur Beseitigung der erkannten Probleme können dann schnell Gegenmaßnahmen eingeleitet werden, um die Rentabilität des Unternehmens zu verbessern.

Die Daten aus der KER sind unbedingt erforderlich, um die operative und strategische Planung zu erstellen, um die Kontrolle der einzelnen Verantwortungsbereiche im Unternehmen laufend vorzunehmen und um die Steuerung des Unternehmens schneller und genauer durchzuführen.

5 Wie können wir die Erfolge beurteilen?

Die Erfolge im Unternehmen können nur dann richtig beurteilt werden, wenn die wichtigen Daten des Unternehmens in Berichten regelmäßig erfaßt werden.

Die bedeutenden Erfolgsberichte sollten monatlich erstellt und von der Unternehmensleitung pro Monat mit den Führungskräften des Unternehmens besprochen werden. In der Diskussion sind insbesondere die aufgedeckten *Schwachstellen* zu behandeln. Anschließend sollten Vorschläge erarbeitet und Maßnahmen beschlossen werden, um die Schwachstellen möglichst schnell zu beseitigen.

Durch die *monatlichen Erfolgsberichte* hat die Unternehmensleitung ein Instrument in der Hand, die erforderlichen Entscheidungen zusammen mit den Führungskräften im Unternehmen zu treffen, um das festgelegte Gewinnziel zu erreichen. In den monatlich stattfindenden Besprechungen können die Leiter der Verantwortungsbereiche ihren Beitrag zum Erfolg des Unternehmens leisten, wenn sie Problemlösungen vorschlagen und Maßnahmen beschließen, die die bestehenden Probleme beseitigen helfen.

5.1 Warum brauchen wir eine Produktgruppenanalyse?

Um einen besseren Einblick in die Ertragskraft und die Kostenstrukturen der einzelnen Produkte zu erhalten, sollte in Produktionsbetrieben zunächst eine Produktgruppenanalyse aufgebaut und eingeführt werden. Die Daten sind pro Monat und kumuliert aufzubereiten.

Nach der Einführungsphase, die etwa ein Jahr dauert, sollte die Produktgruppenanalyse um die Planzahlen erweitert werden. In den Berichten sind dann die Soll- und Istwerte einander gegenüberzustellen. Auch die Abweichungen sollten absolut und prozentual ausgewiesen werden.

Der Deckungsbeitrag 1 dient der *Beurteilung* der einzelnen Produktgruppen. Zur genaueren Analyse empfiehlt es sich, auch die Deckungsbeiträge pro Stück oder pro Fertigungsstunde zu errechnen.

Der Deckungsbeitrag 2 eignet sich zur besseren Einschätzung der Produktgruppen unter Berücksichtigung der Vertriebsaktivitäten, der Produktion und der Materialwirtschaft. Die Unternehmensleitung bekommt einen genaueren Einblick in die *Struktur* der Produktgruppen und erkennt besser die Bedeutung der einzelnen Produktgruppen für das gesamte Unternehmen.

Werden die Vertriebskosten beispielsweise separat ausgewiesen, lassen sich Untersuchungen über den Erfolg des Vertriebes einfacher durchführen. Die Kosten für Lager oder Versand sowie für die Produktion können ebenfalls genauer analysiert werden. Die Produktgruppen sollten möglichst als Profit-Center aufgebaut sein.

Bei der Produktgruppenanalyse erfolgt eine Aufgliederung der Erfolge nach Produktgruppen. Der Ausweis der Teilergebnisse ermöglicht eine *Informationsverdichtung*, bei der wegen des stufenweisen Vorgehens den Führungskräften operationale Informationen über die Deckungsbeiträge 1 und 2 zur Verfügung gestellt werden. Ziel dieser Aufteilung ist es, die Unterschiede in der Produktgruppenstruktur sowie deren Bedeutung für das gesamte Unternehmen aufzuzeigen.

MERKE

Im Anschluß an die Feststellung der Wertigkeit einzelner Produktgruppen an der gegenwärtigen Sortimentsstruktur stellt sich hier die Aufgabe, über die Forcierung, Drosselung oder Streichung jener Anteile zu urteilen, die zu einer Verbesserung des Deckungsbeitragsvolumens beitragen. Dabei orientiert man sich daran, was aus der Marktsicht förderungsfähig und was aus der Sicht des Deckungsbeitrages förderungswürdig ist.

Beispiel:
In einem Unternehmen werden drei Produktgruppen unterschieden. Wie die Darstellung der Produktgruppenanalyse auf S. 93 zeigt, ist die Ertragskraft der einzelnen Produktgruppen sehr unterschiedlich. Die *Rangfolge* der einzelnen Produktgruppen ändert sich unter Berücksichtigung der Deckungsbeiträge 1 und 2 nicht, wie sich aus den folgenden Berechnungen ergibt.

Produktgruppen	DB 1		DB 2		Rangfolge
	TDM	%	TDM	%	
1	2.779	22,6	1.810	14,7	1
2	2.194	21,0	1.381	13,2	2
3	677	12,9	39	0,7	3

Mit Hilfe dieser Rangfolgebestimmung kann die Verkaufsleitung eine aktualisierte Verkaufsprogrammplanung aufbauen. Im Rahmen der zielorientierten Verkaufssteuerung erhalten alle Produktgruppen entsprechend ihrer Rangfolgen und Deckungsbeitragsvolumina Prioritäten für die Kapazitätsinanspruchnahme und Verkaufsförderungsmaßnahmen.

Bezeichnung	1 Plan TDM	1 Plan %	1 Ist TDM	1 Ist %	1 Abw. TDM	1 Abw. %	2 Plan TDM	2 Plan %	2 Ist TDM	2 Ist %	2 Abw. TDM	2 Abw. %	3 Plan TDM	3 Plan %	3 Ist TDM	3 Ist %	3 Abw. TDM	3 Abw. %	Summe Plan TDM	Summe Plan %	Summe Ist TDM	Summe Ist %	Summe Abw. TDM	Summe Abw. %
1. Bruttoumsatzerlöse			13.470	109,6					10.776	102,8					5.688	108,7					29.934	106,9		
2. Erlösschmälerungen			1.177	9,6					297	2,8					456	8,7					1.930	6,9		
3. Nettoumsatzerlöse (1−2)			12.293	100,0					10.479	100,0					5.232	100,0					28.004	100,0		
4. Material (inkl. Bezugskosten)			6.832	55,6					4.607	44,0					2.892	55,3					14.331	51,2		
5. Fertigungslöhne (inkl. Sozialkosten)			1.728	14,1					1.165	11,1					1.077	20,6					3.970	14,2		
6. Fremdleistungen			321	2,6					2.149	20,5					299	5,7					2.769	9,9		
7. Provisionen			394						312	3,0					226	4,3					932	3,3		
8. Fracht			190	1,6					24	0,2					50	0,9					264	0,9		
9. Verpackung			17	0,1					13	0,1					8	0,2					38	0,1		
10. Bestandsveränderung (FE + UE)			32	0,2					15	0,1					3	0,1					50	0,2		
11. Summe var. Kosten (4 bis 10)			9.514	77,4					8.285	79,0					4.555	87,1					22.354	79,8		
12. **DB 1** (3−11)			2.779	22,6					2.194	21,0					677	12,9					5.650	20,2		
13. Marketing (ohne Nr. 14)			154	1,3					69	0,7					124	2,4					347	1,2		
14. Fertigwarenlager + Versand			156	1,3					28	0,3					75	1,4					259	0,9		
15. Entwicklung + Technik			132	1,1					104	1,0					112	2,1					348	1,2		
16. Leitung Fertigung + AV			85	0,7					74	0,7					49	0,9					208	0,8		
17. Vorwerk			66	0,5					64	0,6					48	0,9					178	0,6		
18. Weberei			171	1,4					132	1,2					94	1,8					397	1,4		
19. Ausputzerei, -rüstung + Must.			35	0,3					57	0,6					20	0,4					112	0,4		
20. Färberei			57	0,4					111	1,1					51	1,0					219	0,8		
21. Leitung Mat., Disp. + Einkauf			19	0,1					47	0,4					15	0,3					81	0,3		
22. Garnlager			94	0,8					127	1,2					50	1,0					271	1,0		
23. Summe spez. Fixk. (13 bis 22)			969	7,9					813	7,8					638	12,2					2.420	8,6		
24. **DB 2** (12−23)			1.810	14,7					1.381	13,2					39	0,7					3.230	11,6		
25. Unternehmensleitung																					335	1,2		
26. Verwaltung (allg.)																					2.304	8,2		
27. Summe allg. Fixk. (25 + 26)																					2.639	9,4		
28. **Betriebsergebnis** (24−27)																					591	2,2		

Abb.: Produktgruppenanalyse 1988

5.2 Ist auch eine Verkaufsgebietsanalyse erforderlich?

Während die Produktgruppenanalyse in stufenweiser Verdichtung die Struktur und Ertragskraft der Produktgruppen am Periodenergebnis zeigt, erfolgt in der Verkaufsgebietsanalyse eine *Ergebnisdifferenzierung* hinsichtlich der Märkte, auf denen das Unternehmen agiert.

Mit Hilfe der Verkaufsgebietsanalyse werden die Unterschiede in der Gebietsstruktur sowie die unterschiedliche Bedeutung der Verkaufsgebiete für das Gesamtunternehmen dargestellt. Ziel der Verkaufsgebietsanalyse ist das Erkennen von ertragreichen und die Drosselung bzw. Streichung von ertragsschwachen Verkaufsgebieten.

Die Ergebnisauswertung dieser Analyse soll den Führungskräften eine Leitlinie zur Verfügung stellen, aus der zu erkennen ist, in welchen Verkaufsgebieten die Marktbearbeitungsmaßnahmen in der kommenden Periode zu intensivieren sind.

Zur Durchführung dieser Analyse wurde in einer Firma die nachstehende *Aufteilung* vorgenommen:

1. Deutschland Nord
2. Deutschland Süd
3. Ausland

Die Differenzierung in Deutschland Nord und Deutschland Süd erfolgte hinsichtlich der Zuordnung nach Postleitzahlen.

Die Verkaufsgebietsanalyse zeigt bei vorhandener Dreiteilung des Marktes, daß das erwirtschaftete Deckungsbeitragspotential 1 und 2 durchweg positiv ist. Das dabei besonders stark auffallende Nord-Süd-Gefälle innerhalb Deutschlands ist auf den jeweils über 50%igen Anteil bestimmter Kundengruppen im Verkaufsgebiet Nord zurückzuführen.

Ausgehend von den erzielten Deckungsbeiträgen ergeben sich absolut und relativ für den künftig zu steuernden Vertriebseinsatz die nachstehenden *Prioritäten:*

1. Deutschland-Nord
2. Deutschland-Süd
3. Ausland

Die dabei durchzuführenden Marktbearbeitungsmaßnahmen könnten in der Weise erfolgen, daß für die Besuche der Vertreter pro Region eine Steuerung im Verhältnis der regionalen Deckungsbeitragsverteilung vorgenommen wird.

Verkaufsgebiete	Deutschland-Nord						Deutschland-Süd						Ausland						Summe					
	Plan		Ist		Abw.		Plan		Ist		Abw.		Plan		Ist		Abw.		Plan		Ist		Abw.	
Bezeichnung	TDM	%	TDM	%	TDM	%	TDM	%	TDM	%	TDM	%	TDM	%	TDM	%	TDM	%	TDM	%	TDM	%	TDM	%
1. Bruttoumsatzerlöse			17.031	106,5					7.615	106,9					5.288	108,4					29.934	106,9		
2. Erlösschmälerungen			1.033	6,5					489	6,9					408	8,4					1.930	6,9		
3. Nettoumsatzerlöse (1–2)			15.998	100,0					7.126	100,0					4.880	100,0					28.004	100,0		
4. Material (inkl. Bezugskosten)			8.057	50,4					3.648	51,2					2.626	53,8					14.331	51,2		
5. Fertigungslöhne (inkl. Sozialkosten)			2.168	13,5					1.032	14,5					770	15,8					3.970	14,2		
6. Fremdleistungen			1.754	11,0					705	9,9					310	6,4					2.769	9,9		
7. Provisionen			522	3,2					240	3,4					170	3,5					932	3,3		
8. Fracht			141	0,9					66	0,9					57	1,2					264	0,9		
9. Verpackung			21	0,1					10	0,1					7	0,1					38	0,1		
10. Bestandsveränderung (FE + UE)			29	0,2					12	0,2					9	0,2					50	0,2		
11. Summe var. Kosten (4 bis 10)			12.692	79,3					5.713	80,2					3.949	81,0					22.354	79,8		
12. DB 1 (3–11)			3.306	20,7					1.413	19,8					931	19,0					5.650	20,2		
13. Marketing (ohne Nr. 14)			180	1,1					93	1,3					74	1,5					347	1,2		
14. Fertigwarenlager + Versand			134	0,8					66	0,9					59	1,2					259	0,9		
15. Entwicklung + Technik			186	1,2					91	1,3					71	1,5					348	1,2		
16. Leitung Fertigung + AV			116	0,7					54	0,8					38	0,8					208	0,8		
17. Vorwerk			99	0,6					47	0,7					32	0,7					178	0,6		
18. Weberei			219	1,4					102	1,4					76	1,5					397	1,4		
19. Ausputzerei, -rüstung, Einkauf			66	0,4					29	0,4					17	0,3					112	0,4		
20. Färberei			126	0,8					55	0,8					38	0,8					219	0,8		
21. Leitung Mat., Disp. + Einkauf			48	0,3					20	0,3					13	0,3					81	0,3		
22. Garnlager			157	1,0					69	0,9					45	0,9					271	1,0		
23. Summe spez. Fixk. (13 bis 22)			1.331	8,3					626	8,8					463	9,5					2.420	8,6		
24. DB 2 (12–23)			1.975	12,4					787	11,0					468	9,5					3.230	11,6		
25. Unternehmensleitung																					335	1,2		
26. Verwaltung (allg.)																					2.304	8,2		
27. Summe allg. Fixk. (25 + 26)																					2.639	9,4		
28. Betriebsergebnis (24–27)																					591	2,2		

Abb.: Verkaufsgebietsanalyse 1988

MERKE

Die Aufteilung des Verkaufsgebietes sollte stufenweise vorgenommen werden, so z. B. ausgehend von der Gliederung in In- und Ausland über die Aufschlüsselung nach Bundesländern (Vertreterbezirken) bis hin zu noch enger gefaßten Räumen, die jedes Unternehmen individuell gestalten muß. Hierbei ist darauf zu achten, daß die Verkaufsgebiete nicht zu groß gefaßt werden, um eine optimale Kundenbetreuung zu gewährleisten.

5.3 Was sagt die Kundengruppenanalyse aus?

Bei der Kundengruppenanalyse wird das erzielte Deckungsbeitragsvolumen einzelner Kundengruppen erfaßt. Diese Analyse dient zur Ermittlung des kundengruppenbezogenen Deckungsbeitrages, welcher aufgrund seiner Struktur eine Entscheidungsgrundlage für künftige *Kundenförderungen oder -vernachlässigungen* zur Verfügung stellen soll.

Die Kundengruppenanalyse ist für viele Unternehmer und Führungskräfte sehr aufschlußreich. Nach meinen Erfahrungen wurde in vielen Unternehmen die Ertragskraft einzelner Kundengruppen seit Jahren falsch eingeschätzt.

Es besteht oft die Gefahr, daß höhere Umsatzerlöse auch mit höheren Deckungsbeiträgen gleichgesetzt werden. Gerade bei großen Kunden stellt sich bei dieser Analyse heraus, daß die *Großkunden* wegen ihrer starken Verhandlungsposition günstigere Konditionen aushandeln können als kleinere Kunden. Dies führt oft dazu, daß die Deckungsbeiträge der Großkunden besonders schwach ausfallen.

In einigen Fällen mußte ich feststellen, daß Kundengruppen, die hohe prozentuale Deckungsbeiträge gebracht haben, über Jahre hin schlecht bedient wurden. Einige dieser Kunden sprangen letztlich ab.

Die großen Kunden verursachen i. d. R. *zusätzliche* Kosten, da sie die Unternehmer zwingen, die Produktionsplanung zu ändern, damit ihre Aufträge vorgezogen werden können. Die mit der Unterbrechung der Produktion zusammenhängenden Kosten werden in vielen Unternehmen unterschätzt. Bei der Durchführung der Kundengruppenanalyse wurden diese Probleme aufgedeckt.

In einem Unternehmen wurden die Kunden in 5 Kundengruppen eingeteilt, wie aus der Darstellung auf der folgenden Seite hervorgeht.

Zur Beurteilung der bei den Kundengruppen erzielten Deckungsbeitragsvolumina ist zu erkennen, daß bei allen Kundengruppen durchweg positive Deckungsbeiträge 1 erwirtschaftet wurden. Nach Abzug der speziellen Fixkosten sind alle Deckungsbeiträge 2 mit Ausnahme des Einzelhandels ebenfalls positiv. Geht man bei der Beurteilung der Kundenförderung von den Deckungsbeiträgen 1 und 2 in % aus, so ergibt sich für die zielorientierte Vertriebssteuerung die nachfolgende *Rangfolge,* die als Prioritätenskala anzusehen ist:

Kundengruppen	DB I in %	DB II in %	Rangfolge
1. Industrie	21,6	13,8	1
2. Verbände	19,5	10,1	2
3. Großhandel	18,6	9,1	3
4. Konzerne	14,0	3,5	4
5. Einzelhandel	13,5	-0,5	5

Aus dieser Darstellung ergibt sich die Erkenntnis, die Absatzbemühungen bei den Kundengruppen 1 bis 4 besonders zu forcieren. Für den Fall, daß die Umsätze mit dem Einzelhandel sich nicht steigern und die Kosten nicht senken lassen oder sogar eine Umsatzrückentwicklung eintritt, sollte die Verkaufsleitung in Zusammenarbeit mit der Unternehmensleitung festlegen, ob nicht diese Kundengruppe, anstatt direkt, nur noch vom Großhandel beliefert werden sollte. Da diese Umsätze zu über 80% von der Produktgruppe 3 stammen und gegenwärtig besonders hier eine geringe durchschnittliche Losgröße besteht, könnte die Belieferung durch den Großhandel gleichzeitig eine Erhöhung der durchschnittlichen Losgröße bedeuten. Dadurch wäre nicht nur eine *Kostensenkung,* sondern auch eine *Kapazitätssteigerung* zu erreichen, denn kleine Aufträge verlangen häufigeren Sortenwechsel und damit Maschinenstillstände. Diese bilden eine wesentliche Ursache für Kapazitätsengpässe.

MERKE

Viele Unternehmer haben in der Zwischenzeit erkannt, daß eine Kundengruppenanalyse besonders wichtig für die Vertriebssteuerung ist. Nach der Erstellung der ersten Kundengruppenanalyse mußten in mehreren Fällen die Prioritäten im Vertrieb geändert werden. Dadurch konnten die Deckungsbeiträge 1 und 2 anderer Kundengruppen beträchtlich gesteigert werden.

Kundengruppen	Industrie						Großhandel						Verbände						Konzerne						Einzelhandel						Summe					
	Plan		Ist		Abw.		Plan		Ist		Abw.		Plan		Ist		Abw.		Plan		Ist		Abw.		Plan		Ist		Abw.		Plan		Ist		Abw.	
Bezeichnung	TDM	%	TDM	%	TDM	%	TDM	%	TDM	%	TDM	%	TDM	%	TDM	%	TDM	%	TDM	%	TDM	%	TDM	%	TDM	%	TDM	%	TDM	%	TDM	%	TDM	%	TDM	%
1. Bruttoumsatzerlöse			17.780	105.4					8.262	109.2					2.065	109.2					987	109.5					840	108.4					29.934	106.9		
2. Erlösschmälerungen			909	5.4					696	9.2					174	9.2					86	9.5					65	8.4					1.930	6.9		
3. Nettoumsatzerlöse (1–2)			16.871	100.0					7.566	100.0					1.891	100.0					901	100.0					775	100.0					28.004	100.0		
4. Material (inkl. Bezugskosten)			8.159	48.4					4.194	55.4					1.047	55.3					501	55.6					430	55.5					14.331	51.2		
5. Fertigungslöhne (inkl. Sozialkosten)			2.063	12.3					1.268	16.8					316	16.7					179	19.9					144	18.6					3.970	14.2		
6. Fremdleistungen			2.316	13.7					294	3.9					73	3.9					47	5.2					39	5.0					2.769	9.9		
7. Provisionen			517	3.0					276	3.7					55	2.9					38	4.2					46	6.0					932	3.3		
8. Fracht			123	0.7					98	1.3					24	1.3					9	1.0					10	1.3					264	0.9		
9. Verpackung			22	0.1					11	0.1					3	0.2					1	0.1					1	0.1					38	0.1		
10. Bestandsveränderung (FE + UE)			32	0.2					14	0.2					4	0.2					–	–					–	–					50	0.2		
11. Summe var. Kosten (4 bis 10)			13.232	78.4					6.155	81.4					1.522	80.5					775	86.0					670	86.5					22.354	79.8		
12. DB 1 (3–11)			3.639	21.6					1.411	18.6					369	19.5					126	14.2					105	13.5					5.650	20.2		
13. Marketing (ohne Nr. 14)			149	0.9					129	1.7					31	1.6					11	1.2					27	3.4					347	1.2		
14. Fertigwarenlager + Versand			109	0.7					101	1.3					25	1.3					13	1.4					11	1.4					259	0.9		
15. Entwicklung + Technik			172	1.0					114	1.5					27	1.5					18	2.0					17	2.2					348	1.2		
16. Leitung Fertigung + AV			118	0.7					59	0.8					15	0.8					8	0.9					8	1.0					208	0.8		
17. Vorwerk			98	0.6					51	0.7					13	0.7					8	0.9					8	1.0					178	0.6		
18. Weberei			221	1.3					117	1.5					29	1.5					16	1.8					14	1.8					397	1.4		
19. Ausputzerei, -rüstung + Must.			75	0.5					25	0.3					6	0.3					3	0.3					3	0.4					112	0.4		
20. Färberei			140	0.8					50	0.7					12	0.6					8	0.9					9	1.2					219	0.8		
21. Leitung Mat.. Disp. + Einkauf			57	0.3					15	0.2					4	0.2					2	0.2					3	0.4					81	0.3		
22. Garnlager			175	1.0					63	0.8					16	0.9					8	0.9					9	1.2					271	1.0		
23. Summe spez. Fixk. (13 bis 22)			1.314	7.8					724	9.5					178	9.4					95	10.5					109	14.0					2.420	8.6		
24. DB 2 (12–23)			2.325	13.8					687	9.1					191	10.1					31	3.5					– 4	– 0.5					3.230	11.6		
25. Unternehmensleitung																																	335	1.2		
26. Verwaltung (allg.)																																	2.304	8.2		
27. Summe allg. Fixk. (25 + 26)																																	2.639	9.4		
28. Betriebsergebnis (24–27)																																	591	2.2		

Abb.: Kundengruppenanalyse 1988

6 Einführung eines modernen Führungssystems

Controlling stellt ein funktionsübergreifendes Führungssystem dar. Deshalb hat der Controller die Aufgabe, ein modernes Führungssystem für das Unternehmen zu entwickeln und im Unternehmen einzuführen.

Neben den großen Unternehmen müssen heute auch kleinere und mittlere Betriebe ihre *Zukunft planen,* um ihre Existenz zu sichern. Das moderne Führungssystem muß alle wesentlichen Elemente einer Unternehmensplanung enthalten, die insbesondere die Leitbilder des Unternehmens, die interne und externe Analyse, die Zielsetzungen des Unternehmens und die Maßnahmenpläne umfassen. Außerdem sollte bei kleineren und mittleren Unternehmen darauf geachtet werden, daß die Unternehmensplanung in relativ kurzer Zeit und mit geringem Aufwand erstellt werden kann.

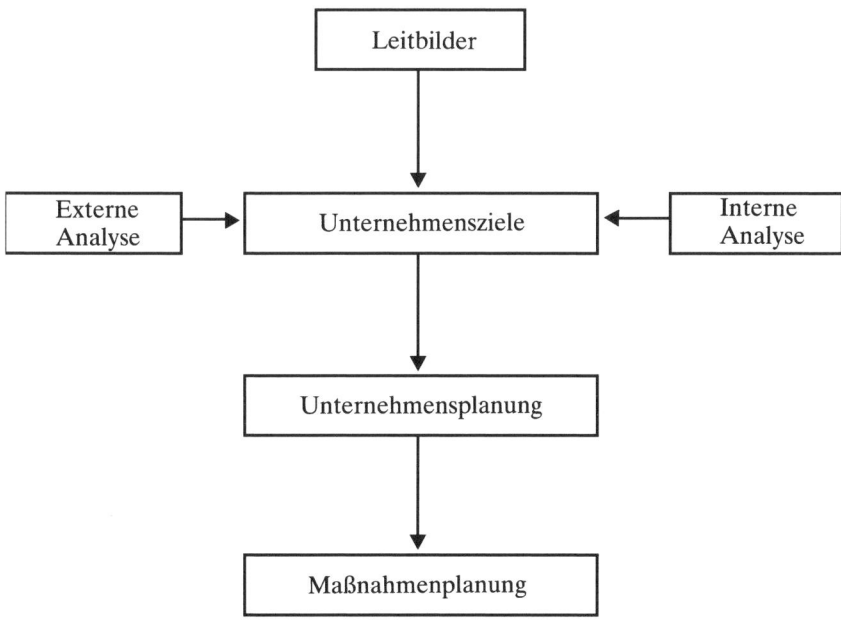

Abb.: Entscheidungsprozeß

Wenn eine Unternehmensleitung eine Unternehmensplanung erstellen will, muß sie sich systematisch mit der Vergangenheit und mit der zukünftigen Stellung und Tätigkeit des Unternehmens auseinandersetzen. Viele Unternehmen hätten heute weniger Schwierigkeiten, wenn sich die Unternehmensleitungen dieser Betriebe bereits vor Jahren sorgfältiger mit der Zukunft und mit den sich abzeichnenden Strukturproblemen befaßt hätten.

In der Regel kann sich ein mittelständisches Unternehmen keine Stabsabteilung leisten, die sich nur damit beschäftigt, eine detaillierte Unternehmensplanung aufzubauen. Deshalb sollte am Anfang ein vereinfachtes und den speziellen Problemen der mittelständischen Unternehmen angepaßtes Planungssystem erstellt werden, das die Informationen in der erforderlichen Genauigkeit mit relativ geringem Aufwand liefert.

Bevor eine Unternehmensplanung aufgebaut werden kann, müssen die Leitbilder und die unternehmerischen Ziele für die zukünftige Entwicklung und Stellung des Unternehmens im Markt festgelegt werden. Eine fundierte Unternehmensplanung erfordert außerdem, daß die Lage des Unternehmens eingehend beurteilt und die Entwicklungsmöglichkeiten abgeschätzt werden. Zu diesem Zwecke müssen viele *Basisdaten* gesammelt und analysiert werden.

6.1 Legen Sie Leitbilder fest

Die Leitbilder stellen die *Unternehmensphilosophie* eines Unternehmens dar. Die Mitarbeiter eines Unternehmens sollten erfahren, wozu das Unternehmen da ist und was das Unternehmen eigentlich bezwecken will.

Die Unternehmensleitung sollte die Leitbilder des Unternehmens möglichst in Zusammenarbeit mit den Führungskräften klar formulieren und allen Mitarbeitern im Unternehmen bekannt geben. Wenn die Mitarbeiter im Unternehmen wissen, wozu ihre Tätigkeit und ihr Einsatz erforderlich sind, werden sie sich schneller mit dem Unternehmen identifizieren, selbst wenn sie nur untergeordnete Aufgaben im Unternehmen erfüllen. Die Mitarbeiter, die die Leitbilder ihres Unternehmens kennen, sind auch besser zu motivieren. Sie werden dann beim Lösen von Problemen im Unternehmen eher Verständnis aufbringen und konstruktiv an der Beseitigung von Problemen mitarbeiten. Auch das Engagement der Mitarbeiter nimmt zu, wenn sie davon überzeugt sind, daß die Leitbilder des Unternehmens richtig sind.

In einem Unternehmen haben sich die Unternehmensleitung und die Führungskräfte folgende Leitbilder gegeben:

Leitbilder oder Unternehmensphilosophie

1. *Wir produzieren und vertreiben hochwertigen und zeitgemäßen Schmuck.*

2. *Wir zeichnen uns insbesondere durch unsere Kompetenz in Diamantschmuck aus.*

3. *Wir setzen Maßstäbe in Design und Qualität.*

4. *Wir legen besonderen Wert auf pünktliche Lieferungen.*

5. *Für uns haben die Wünsche und die Zufriedenheit unserer Kunden absolute Priorität.*

6. *Unser Service ist schnell und kundenorientiert.*

7. *Wir erfüllen auch individuelle Kundenwünsche und zeigen eine große Flexibilität.*

8. *Unsere Produktion und Verwaltung ist stets auf dem neuesten Stand der Technik.*

9. *Wir verhalten uns stets kostenbewußt.*

10. *Wir messen den Erfolg unseres Unternehmens am Betriebsergebnis und nicht am Umsatz.*

Die Leitbilder sollten nicht von der Unternehmensleitung allein festgelegt werden. Nach meinen Erfahrungen müssen die Leitbilder in einem innerbetrieblichen Seminar von der Unternehmensleitung in enger Zusammenarbeit mit den Führungskräften erarbeitet werden. Während dieses Seminars sollten etwa drei Gruppen gebildet werden, die sich aus Mitgliedern der Unternehmensleitung und aus Führungskräften der einzelnen Verantwortungsbereiche zusammensetzen. Jede Gruppe muß dann die erarbeiteten Leitbilder separat vortragen. Aus den Anregungen und Vorschlägen der einzelnen Gruppen sollten dann die Leitbilder für das Unternehmen gemeinsam formuliert werden. Dann können sich die Führungskräfte auch schnell mit den Leitbildern identifizieren und ihr Verhalten dem Unternehmen gegenüber positiv ändern.

MERKE

Es hat sich auch in vielen Fällen gezeigt, daß die Einschaltung eines externen Unternehmensberaters sinnvoll ist, der den Entscheidungsprozeß im Unternehmen fördern kann. Aufgrund seiner Erfahrungen können die Vorbereitungsarbeiten effizienter durchgeführt werden. Auch bei der endgültigen Formulierung der Leitbilder kann er mitwirken und insbesondere die Diskussion im Seminar leiten.

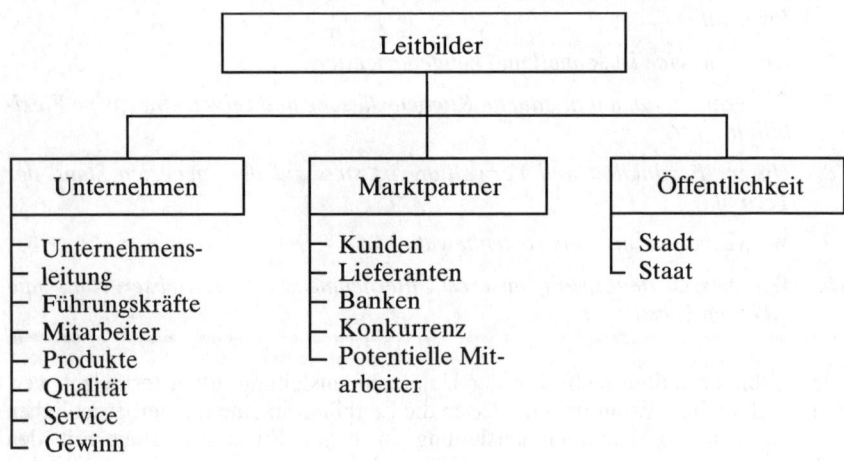

Abb.: Einflußmöglichkeiten der Leitbilder

Der Einfluß der Leitbilder auf das Unternehmen und die Öffentlichkeit ist viel größer, als die Unternehmensleitung in vielen Fällen glaubt. Die Unternehmen können den Herausforderungen des Marktes, der Technik und der Öffentlichkeit nur gewachsen sein, wenn die Mitarbeiter in Übereinstimmung mit den Unternehmensleitungen handeln.

Die von der Unternehmensleitung in Zusammenarbeit mit den Führungskräften formulierten Leitbilder haben im Unternehmen insbesondere Einfluß auf die Unternehmensleitung und die Führungskräfte selbst, auf die anderen Mitarbeiter, aber auch auf die Produkte, deren Qualität sowie auf den Service und den Gewinn des Unternehmens. Sie haben ebenfalls Auswirkungen auf die Marktpartner des Unternehmens. Wenn die Leitbilder des Unternehmens auch außerhalb des Unternehmens bekannt gemacht werden, beeinflussen sie auch das Verhalten der Kunden, der Lieferanten, der Banken, der Konkurrenz sowie der potentiellen Mitarbeiter des Unternehmens. Die Leitbilder haben außerdem Einfluß auf die Öffentlichkeit. Die Stadt und der Staat beispielsweise werden eher ihre Einstellungen den Unternehmen gegenüber ändern, wenn sie die Leitbilder der Unternehmen kennen.

6.2 Erstellen Sie eine externe Analyse

Jede Unternehmensleitung müßte eine externe Analyse (Umfeldanalyse) pro Jahr erstellen, um rechtzeitig die Veränderungen am Markt erkennen zu können. Es sollte also ein *Frühwarnsystem* aufgebaut werden, damit aufkommende Bedrohungen für das Unternehmen möglichst bald festgestellt werden.

In der Praxis hat sich das Aufstellen eines *Fragenkataloges* bewährt. Die einzelnen Punkte dieses Kataloges müssen dann analysiert und bewertet werden. Jede Unternehmensleitung sollte bei der *externen Analyse* (Umweltanalyse) insbesondere folgende *Frühwarnindikatoren* beobachten, die die kurz- und langfristige Unternehmensplanung stark beeinflussen können:

● **Marktbezogene Indikatoren**
Nachfrageverschiebungen, Preisentwicklungen, Konkurrenz, Entwicklung einzelner Märkte, Marktanteile, Wachstum, Kaufkraft, Kapitalmarkt, Personal, Rohstoffe, Kundenstruktur

● **Technologische Indikatoren**
Innovationen, neue technische Verfahren, technischer Fortschritt, Knowhow

● **Politische Indikatoren**
Umweltschutz, neue Gesetze, Einfuhrbeschränkungen, Subventionen, Steuersenkung, Devisen, Länderrisiken

● **Volkswirtschaftliche Indikatoren**
Konjunktur, Wechselkursänderungen, Inflation, Stagnation, Zinsniveau

● **Soziale Indikatoren**
Bevölkerungswachstum, Arbeitszeitverkürzung, Arbeitslosigkeit, Altersstruktur

Besonders wichtig ist die *Beobachtung der Konkurrenz*. In der Praxis hat sich die Konkurrenzanalyse bewährt, die sich mit den bedeutenden Beurteilungskriterien der Konkurrenzprodukte befaßt. Die eigenen Produkte sollten mit den Produkten des Marktführers verglichen werden, um die *Stärken und Schwächen* der eigenen Produkte zu ermitteln.

Beurteilungskriterien für das Konkurrenzprodukt	Konkurrenten-Bewertung								
	1	2	3	4	5	6	7	8	9
Reparaturanfälligkeit									
Wartungsfreundlichkeit									
Zubehörprogramm									
Preis									
Preis-/Leistungsverhältnis									
Steifigkeit des Systems									
Handhabung									
Schalzeiten									
Oberflächengenauigkeit									
Transportfreundlichkeit									
Lebensdauer									
Technische Beratung									
After-Sales-Service									
Lieferzeit									
Technischer Stand									
Eingehen auf spez. Ku.-Wünsche									
Anpassungsfähigkeit									
Zahlungsziele									
Form der Mietrechnungen									
Mahnwesen									
Vertriebsnetz									
Werbung									
Image									

Abb.: Konkurrenzanalyse

Bei der Bewertung kann eine Skala von 1 bis 9 verwendet werden, wobei 1 sehr gut und 9 sehr schlecht bedeutet. Zunächst sollten die eigenen Führungskräfte befragt werden. Die Meinungen der wichtigen Kunden des eigenen Unternehmens sind ebenfalls zu ermitteln. Bei der Auswertung (die einzelnen Bewertungspunkte sind miteinander zu verbinden) ergibt sich in der Regel eine Zickzacklinie.

Das Formular auf der vorherigen Seite kann für eine Konkurrenzanalyse verwendet werden. Für die einzelnen Produkte oder Produktgruppen im Produktions- und Verkaufsprogramm müssen die *Bewertungskriterien* neu festgelegt oder ergänzt werden. Konkurrenzanalysen lassen sich in der Praxis auch gut in internen Führungsseminaren durchführen.

6.3 Führen Sie eine interne Analyse durch

Auch die Ergebnisse der internen Analyse haben einen starken Einfluß auf die kurz- und langfristige Planung im Unternehmen. Maßnahmenpläne können erst dann aufgestellt werden, wenn die Unternehmensleitung die Stärken und Schwächen im eigenen Unternehmen kennt.

Folgende *Problemkreise* sollten im Unternehmen unterschieden werden:

- Kaufmännischer Bereich
- Technischer Bereich
- Personalbereich
- Organisation

Bei der internen Analyse *(Unternehmensanalyse)* sind insbesondere folgende Punkte genauer zu untersuchen:

- Rentabilität
- Liquidität
- Marktanteile einzelner Produktgruppen
- Kostenstruktur der Verantwortungsbereiche
- Produktivität der Abteilungen
- Investitionen
- Finanzkraft
- Materialwirtschaft
- Personalwesen
- Engpässe im Unternehmen
- Vertriebswege
- Lebenszykluskurve der Produkte
- Cash-flow

Kriterien	Bewertung								
	1	2	3	4	5	6	7	8	9
Management									
Führungsstil									
Zielstrebigkeit									
Nutzung von Chancen									
Ertragskraft									
Finanzielle Ausstattung									
Technische Ausstattung									
Marketing-Konzeption									
Distribution									
Einschätzung beim Kunden									
Einschätzung beim Händler									
Werbung									
Verkaufsförderung									
Service									
Außendienst									
Preisgestaltung									
Sortiment									
Produktqualität									
Image									
Maschinelle Ausstattung									
Auslastung der Anlagen									
Entwicklungs-Aktivitäten									
Rechnungswesen									
Fachliche Qualifikation									
Einsatzbereitschaft									
Betriebsklima									
Aus- und Weiterbildung									
Entscheidungsbereitschaft									
Organisation									
Informationswesen									
Koordination									
Aufgaben − Kompetenzen									
Flexibilität									

Abb.: Stärken- und Schwächenprofil

Um einen besseren Einblick in das Unternehmen zu erhalten, empfiehlt es sich auch, folgende Analysen durchzuführen:

– Produktgruppen-Analyse
– Verkaufsgebiets-Analyse
– Kundengruppen-Analyse
– Portfolio-Analyse
– ABC-Analyse
– Wertanalyse
– Break-Even-Analyse
– Bilanzanalyse
– ROI-Analyse
– Auftragsgrößen-Analyse

Einen guten Überblick über die Stärken und Schwächen im eigenen Unternehmen vermag das auf der vorherigen Seite dargestellte Formular zu vermitteln. Die Führungskräfte im Unternehmen sollten einmal im Jahr das *Stärken- und Schwächenprofil* des eigenen Unternehmens erstellen. Eine solche Analyse sollte möglichst im Vergleich mit dem Marktführer und den bedeutenden Konkurrenten durchgeführt werden. Ein internes Führungsseminar eignet sich gut für die Durchführung dieser Aufgabe. Dann können auch die Ergebnisse der Auswertung im größeren Kreis der Führungskräfte gemeinsam diskutiert werden.

6.4 Formulieren Sie Ihre Unternehmensziele

Von den Leitbildern des Unternehmens müssen dann die Unternehmensziele abgeleitet werden. Sobald sich die Unternehmensleitung für bestimmte Leitbilder entschieden hat, können die einzelnen Unternehmensziele unter Berücksichtigung der externen und internen Analyse festgelegt werden. Während die Leitbilder qualitative Aussagen über das Unternehmen machen, müssen die Unternehmensziele quantitative Größen sein. Die Ziele des Unternehmens sollten so festgelegt werden, daß die Mitarbeiter diese Ziele auch *erreichen* können.

Bei der Festlegung von Zielen im Unternehmen müssen bestimmte *Prioritäten* berücksichtigt werden. An oberster Stelle sollten die Rentabilität und Liquidität stehen. Diese beiden Ziele müssen erreicht werden, um die Existenz des Unternehmens zu sichern.

Zwischen der Rentabilität und Liquidität besteht ein *Zielkonflikt.* Bei einer Stagnation oder Rezession muß die Unternehmensleitung der Liquidität den Vorrang einräumen. Langfristig allerdings muß ein Unternehmen eine gute Gesamtkapitalrentabilität (ROI) erwirtschaften, um auch in Zukunft konkurrenzfähig zu bleiben.

Aber auch eine Reihe von anderen Zielen muß klar definiert und von der Unternehmensleitung vorgegeben werden.

Unternehmensziele

- Rentabilität
- Liquidität
- Wachstum
- Marktanteil
- Sicherung der Arbeitsplätze
- Senkung der Kosten
- Produktivität der Mitarbeiter
- Qualitätssicherung

Es genügt jedoch nicht , wenn die Unternehmensleitung und die Führungskräfte lediglich Ziele allgemein formulieren. Damit die Unternehmensziele auch bei der Unternehmensplanung verwendet werden können, müssen sie *quantifiziert* werden. Außerdem sollten die Führungskräfte im Unternehmen benannt werden, die für die Erreichung der von der Unternehmensleitung in Zusammenarbeit mit den Führungskräften festgelegten Ziele verantwortlich sind.

In der Regel werden für die Festlegung der Unternehmensziele *Kennzahlen* verwendet. Die Ziele können entweder in Prozentsätzen oder in absoluten Größen bestimmt werden.

Folgende Ziele werden in einem mittleren Unternehmen für das Geschäftsjahr 1994 in Zusammenarbeit zwischen der Unternehmensleitung und den Führungskräften festgelegt:

1. Rentabilität
    1.1 Umsatz-Rentabilität   6%
    1.2 Kapitalumschlagshäufigkeit   2,5
    1.3 Return on Investment (ROI)   15%

2. Liquidität
    2.1 Liquidität 1. Grades   5%
    2.2 Liquidität 2. Grades   120%
    2.3 Liquidität 3. Grades   150%

3. Erhöhung des Umsatzes bei der Produktgruppe 2   10%

4. Steigerung des Marktanteils im Verkaufsgebiet 4   15%

5. Reduzierung der Reklamationen bei der Kundengruppe 1   20%

6. Senkung der Kosten in der Produktion   5%

7. Anhebung der Werbeausgaben für die Produktgruppe 3   10%

8. Steigerung der Produktivität in der Produktion durch
   den Einsatz neuer Maschinen   15%

9. Umsatz pro Mitarbeiter   300.000 DM

10. Durchschnittliche Auftragsgröße   5.000 DM

6.5 Arbeiten Sie Teilpläne aus

Nachdem die Leitbilder formuliert, die externe und interne Analyse durchgeführt sowie die Unternehmensziele festgelegt worden sind, muß nun eine Umsetzung der quantifizierten Größen in einzelne Teilpläne erfolgen. Daran anschließend sind die Teilpläne noch durch Maßnahmenpläne zu ergänzen.

Um die Effizienz bei der Aufstellung der einzelnen Teilpläne zu gewährleisten, sollten zur Durchführung der Planungsaktivitäten stets folgende *Planungsgrundsätze* befolgt werden:

● **Gesamtheit des Unternehmens**
  Die Planung muß die Gesamtheit aller Unternehmensaktivitäten und Funktionsbereiche erfassen.

● **Einheitliche Grundlagen**
  Alle Planungsbeteiligten haben von einheitlichen und abgestimmten Grundlagen auszugehen.

● **Orientierung an Engpässen**
  Die Planung muß sich an kurzfristig zu beseitigenden Engpässen orientieren.

● **Abstimmung mit der Unternehmensleitung**
  Die Planungsverfahren sollten in Abstimmung mit der Unternehmensleitung festgelegt werden.

● **Ausreichende Dokumentation**
  Die Pläne müssen durch ausreichende Dokumentation nachvollziehbar sein.

● **Keine Änderungen**
  Im Interesse der Vergleichbarkeit dürfen die Pläne grundsätzlich nicht geändert werden.

- **Übersichtliche Darstellung**
  Das System der Planung muß übersichtlich sein und mit dem System der Darstellung der entsprechenden Ist-Daten übereinstimmen.

- **Klare Verantwortlichkeit**
  Die Verantwortlichkeit für die Planung und für ihre Erfüllung muß übereinstimmen und eindeutig geregelt sein.

- **Signalwirkung der Abweichungen**
  Die Planabweichungen sind nicht von vorneherein ein Indiz für das Versagen der Verantwortlichen, sondern haben Signalwirkung.

- **Prinzip der Wirtschaftlichkeit**
  Die Planung muß dem Prinzip der Wirtschaftlichkeit folgen.

Für die operative Unternehmensplanung werden die Teilpläne nach dem bereits dargestellten Planungsprozeß aufgestellt. Je mehr Informationen hinsichtlich der einzelnen Pläne bereits vorliegen, desto detaillierter können die *Teilpläne* erstellt werden.

- **Absatzplan**
  Die Unternehmer können nur dann in Zukunft erfolgreich sein, wenn sie eine marktorientierte Unternehmensführung praktizieren. Wir müssen deshalb vom Absatzplan ausgehen, in dem das Mengengerüst für die einzelnen Produktgruppen auf monatlicher Basis festgelegt wird.

- **Umsatzplan**
  Im Anschluß an die Bestimmung der Mengen muß der Umsatzplan erstellt werden. Die vorausbestimmten Mengen der einzelnen Produktgruppen sind jetzt mit den zu erzielenden Verkaufspreisen zu bewerten.

- **Kostenplan**
  Im Kostenplan werden die zur Erstellung der geplanten Produkte notwendigen Kosten ermittelt. Es geht insbesondere darum, die variablen Kosten sowie die speziellen Fixkosten für die einzelnen Produktgruppen zu errechnen. Die Daten in der kurzfristigen Erfolgsrechnung der letzten Jahre sind eine gute Orientierungsgrundlage.

- **Gewinnplan**
  Der Gewinnplan kann bei der Verwendung der Deckungsbeitragsrechnung in Deckungsbeiträge 1 und 2 sowie in das Betriebsergebnis und das neutrale Ergebnis aufgeteilt werden. Bei dieser detaillierten Vorgehensweise können wir uns an der Gliederung der Produktgruppenanalyse orientieren.

● **Produktionsplan**
Ausgehend von den geplanten Verkaufsmengen für die einzelnen Produktgruppen muß die optimale Nutzung der vorhandenen Kapazität in den einzelnen Fertigungsstufen geplant werden. Vorhandene Engpässe sind dabei besonders zu berücksichtigen.

● **Investitionsplan**
Der Investitionsplan enthält alle Investitionen, die in den einzelnen Verantwortungsbereichen des Unternehmens durchgeführt werden müssen. Es ist sinnvoll, zwischen Ersatz-, Erweiterungs- und Rationalisierungsinvestitionen zu unterscheiden.

● **Finanzplan**
Im Finanzplan werden die Einnahmen und Ausgaben pro Monat auch kumuliert gegenübergestellt. Die Aufgabe des Finanzplanes besteht insbesondere darin, die Über- oder Unterdeckungen in den einzelnen Monaten sichtbar zu machen.

● **Beschaffungsplan**
Der Beschaffungsplan beinhaltet den Bedarf an Roh-, Hilfs- und Betriebsstoffen für das kommende Geschäftsjahr. Die Basis für den Materialplan bildet der Absatzplan.

Die Planung sollte sich auf die A- und B-Teile beschränken, die aus den Stücklisten zu ersehen sind. Dadurch kann der Beschaffungsplan relativ schnell und ohne großen Arbeitsaufwand erstellt werden.

● **Personalplan**
Im Personalplan muß das für die geplanten Verkaufsmengen erforderliche Personal erfaßt werden. Neben der quantitativen Festlegung geht es auch um die qualitative, örtliche und zeitliche Bestimmung des Personalbedarfs.

● **Plan-Bilanz**
Die geplanten Daten in den einzelnen Verantwortungsbereichen sollten dann in einer Plan-Bilanz zusammengefaßt werden, um einen guten Überblick über die Entwicklung des Unternehmens zu erhalten.

● **Plan-Gewinn- und Verlustrechnung**
Neben der Planbilanz sollte auch eine Plan-Gewinn- und Verlustrechnung aufgestellt werden. Diese Daten können für eine Bilanzanalyse und Bilanzkritik des kommenden Geschäftsjahres verwendet werden.

6.6 Stellen Sie Maßnahmenpläne auf

Bei der Erstellung der Unternehmensplanung für das kommende Geschäftsjahr zeigt sich, daß in einzelnen Verantwortungsbereichen die Umsätze zu erhöhen oder einzelne variable oder fixe Kosten zu senken sind, damit die festgelegten Ziele erreicht werden. Um den ROI zu erhöhen, müssen in vielen Bereichen des Unternehmens also die Wirtschaftlichkeit und Produktivität verbessert werden.

Generelle Appelle an die Führungskräfte genügen nach meinen Erfahrungen nicht. Vielmehr müssen für die einzelnen Verantwortungsbereiche Maßnahmenpläne erstellt werden, aus denen genau hervorgeht, welche Schritte vollzogen werden müssen, um die Rentabilität des Unternehmens zu verbessern. Aus den Maßnahmeplänen sollte auch deutlich zu erkennnen sein, welche Führungskräfte für die Durchführung der einzelnen Maßnahmen verantwortlich sind. Außerdem ist im Maßnahmenplan zu vermerken, in welchen Zeitabständen Kontrollen der bereits durchgeführten oder eingeleiteten Maßnahmen vorgenommen werden.

Je *klarer* die Maßnahmen definiert sind, desto eher können sie auch realisiert werden. Sollte sich bei den regelmäßig durchgeführten Kontrollen herausstellen, daß die Planung nicht eingehalten werden kann oder die beschlossenen Maßnahmen nicht greifen, müssen möglichst bald Gegenmaßnahmen eingeleitet werden, um die gemeinsam festgelegten Ziele doch noch zu erreichen.

Für die einzelnen Verantwortungsbereiche des Unternehmens sind detaillierte Maßnahmenpläne zu erstellen. Dabei sollten folgende *Grundsätze* beachtet werden:

1. Welche Aktionen und Strategien müssen zur Zielerreichung eingesetzt werden?

2. Welche Mittel sind zur Realisierung der Ziele erforderlich?

3. Welche Führungskräfte tragen die Verantwortung für die Durchführung der Maßnahmen?

4. In welchen Zeitabschnitten werden Kontrollen der bereits durchgeführten Maßnahmen vorgenommen?

Die einzelnen *Maßnahmenpläne* sind untereinander zu *koordinieren*. Deshalb ist es sinnvoll, die Maßnahmen der einzelnen Verantwortungsbereiche jeweils in einem separaten Maßnahmenplan festzuhalten.

Das Formular für die Maßnahmenpläne kann, wie auf folgender Seite dargestellt, aussehen.

Verantwortungsbereich:			
Beschreibung der einzelnen Maßnahmen	Verantwortliche Mitarbeiter	Beginn	Kontrolle
Geschäftsjahr:	Verabschiedung:		

Abb.: Maßnahmenplanung

MERKE

Die klar definierten Maßnahmen dienen dazu, der Unternehmensleitung und dem Controller die Möglichkeit zu bieten, besser beurteilen zu können, ob die Zielsetzungen nicht im luftleeren Raum stehen und ob die für die Realisierung der Pläne angeforderten Mittel vorhanden sind. Außerdem ist zu kontrollieren, ob die Pläne eingehalten werden und ob die beschlossenen Maßnahmen greifen. Auf diese Weise können gegebenenfalls frühzeitig Korrekturmaßnahmen eingeleitet werden. Die klar definierten Maßnahmen dienen auch dazu, die anderen Verantwortungsbereiche über geplante Aktionen zu informieren.

7 Aufbau eines Kennzahlensystems

Der Controller hat der Unternehmensleitung und den Führungskräften *aussage-fähige Informationen* zur Verfügung zu stellen, damit in Zukunft bessere und schnellere Entscheidungen getroffen werden können. Deshalb ist es auch erforderlich, daß der Controller ein Kennzahlensystem aufbaut, in dem alle Verantwortungsbereiche des Unternehmens erfaßt sind, um eine *ROI-Analyse* durchzuführen.

7.1 Bevorzugen Sie eine ganzheitliche Betrachtungsweise

In der Vergangenheit haben sich die Unternehmensleitungen und viele Führungskräfte im Unternehmen auf bestimmte Verantwortungsbereiche konzentriert, um Schwächen im Unternehmen zu beseitigen. Es ging insbesondere um die Bereiche Marketing und Vertrieb, Produktion und Materialwirtschaft. Viele Entscheidungen wurden nur im Hinblick auf die einzelnen Verantwortungsbereiche getroffen. Diese Denkweise ist zu eng und berücksichtigt zu wenig die *Zusammenhänge* und *Abhängigkeiten* im Unternehmen.

Deshalb ist eine ganzheitliche Betrachtungsweise in der Unternehmensführung erforderlich, um in Zukunft ein Unternehmen erfolgreich zu leiten. Die Unternehmensleitung und die Führungskräfte müssen die Zusammenhänge und Abhängigkeiten im Unternehmen klar erkennen, um bessere Entscheidungen treffen zu können.

Das in diesem Buch vorgestellte Kennzahlensystem erlaubt es der Unternehmensleitung und den Führungskräften, die Auswirkungen einzelner Entscheidungen auf die Verantwortungsbereiche und auf den Return on Investment (ROI) eindeutig zu erkennen. An Hand einer graphischen Darstellung kann den Mitarbeitern im Unternehmen deutlich gemacht werden, welche Zusammenhänge im Unternehmen bestehen und welche Kennzahlen besonders wichtig sind.

Dieses Kennzahlensystem stellt eine Weiterentwicklung des *DuPont-Systems of Financial Control* dar. Die Abhängigkeiten von Umsatz, Kosten und Gesamtkapital werden verdeutlicht. Es wird aufgezeigt, daß der Return on Investment (ROI) von der Umsatz-Rentabilität und von der Kapitalumschlagshäufigkeit beeinflußt wird. Mit Hilfe des ROI-Baumes können die Ursachen für die Verbesserungen und Verschlechterungen der Rentabilität des Unternehmens systematisch analysiert und klar dargestellt werden.

Dieses Kennzahlensystem hat sich als Entscheidungsinstrument der Unternehmensführung in vielen Unternehmen bewährt. Die aufgezeigten Kennzahlen ermöglichen es der Unternehmensleitung und den Führungskräften, die Planung zu verbessern, die Kontrolle zu verfeinern und die Steuerung im Unternehmen schneller durchzuführen.

7.2 Beachten Sie die Zielhierarchie

Die wichtigsten Ziele im Unternehmen stellen die *Rentabilität* und die *Liquidität* dar. Viele Unternehmer und Führungskräfte verwenden auch diese beiden Begriffe. Es stellt sich aber in der Praxis öfter heraus, daß die Mitarbeiter auf Befragen nicht genau Bescheid wissen, wie diese Kennzahlen errechnet werden und welche Bedeutung diese Kennzahlen für das Unternehmen haben.

Deshalb soll kurz gezeigt werden, daß wir mehrere Rentabilitäts- und Liquiditätskennzahlen unterscheiden. Folgende Kennzahlen geben Auskunft über die Rentabilität und Liquidität eines Unternehmens:

Rentabilitätskennzahlen:

Eigenkapital-Rentabilität   **Zielgrößen**

$$R_{EK} = \frac{\text{Gewinn}}{\text{Eigenkapital}} \times 100 \qquad\qquad 20\text{--}25\%$$

Gesamtkapital-Rentabilität

$$R_{GK} = \frac{\text{Gewinn + Fremdkapitalzinsen}}{\text{Gesamtkapital}} \times 100 \qquad\qquad 10\text{--}12\%$$

Umsatz-Rentabilität

$$R_{U} = \frac{\text{Gewinn + Fremdkapitalzinsen}}{\text{Umsatz}} \times 100 \qquad\qquad 5\text{--}6\%$$

Return on Investment (ROI)

$$ROI = \frac{\text{Gewinn + Fremdkapitalzinsen}}{\text{Umsatz}} \times 100 \times \frac{\text{Umsatz}}{\text{Gesamtkapital}} \quad 10\text{--}12\%$$

$$\downarrow \qquad\qquad\qquad\qquad \downarrow$$

$$= \text{Umsatz-Rentabilität} \qquad \times \qquad \text{Kapitalumschlags-} \\ \text{häufigkeit}$$

Liquiditätskennzahlen: **Zielgrößen**

Liquidität 1. Grades

$$= \frac{\text{Flüssige Mittel (Kasse, Bank, Postgiro)}}{\text{Kurzfristige Verbindlichkeiten}} \times 100 \qquad 5\text{--}10\%$$

Liquidität 2. Grades

$$= \frac{\text{Flüssige Mittel + Forderungen}}{\text{Kurzfristige Verbindlichkeiten}} \times 100 \qquad 100\text{--}120\%$$

Liquidität 3. Grades

$$= \frac{\text{Flüssige Mittel + Forderungen + Vorräte}}{\text{Kurzfristige Verbindlichkeiten}} \times 100 \qquad 120\text{--}150\%$$

Working Capital

$$\frac{\text{Umlaufvermögen}}{./. \text{ Kurzfristige Verbindlichkeiten}}$$

$$= \text{Working Capital}$$

Wenn wir die Gesamtkapital-Rentabilität und den ROI genauer betrachten, stellen wir fest, das das Ergebnis dieser beiden Kennzahlen gleich ist. Der Unterschied zwischen der *Gesamtkapital-Rentabilität* und dem *ROI* liegt nur darin, daß bei der Errechnung des ROI die Größe Umsatz sowohl im Nenner als auch im Zähler zusätzlich erscheint.

$$1. \text{ Gesamtkapital-Rentabilität} = \frac{\text{Gewinn + Fremdkapitalzinsen}}{\text{Gesamtkapital}} \times 100$$

$$2. \text{ ROI} = \frac{\text{Gewinn + Fremdkapitalzinsen}}{\text{Umsatz}} \times 100 \times \frac{\text{Umsatz}}{\text{Gesamtkapital}}$$

Wenn wir den Umsatz beim ROI kürzen würden, erhielten wir wieder die Gesamtkapital-Rentabilität.

Beim Vergleich der Gesamtkapital-Rentabilität von zwei aufeinanderfolgenden Geschäftsjahren könnten wir beispielsweise feststellen, daß sich eine Verschlech-

147

terung um 25% ergeben hat. Da wir aber die wesentlichen Ursachen für die Verschlechterung der Gesamtkapital-Rentabilität nicht kennen, kann auch kein gezielter Maßnahmenplan für die Verbesserung der Rentabilität des Gesamtkapitals aufgestellt werden.

Anders beim ROI. Der ROI ergibt sich aus der Multiplikation der Umsatz-Rentabilität mit der Kapitalumschlagshäufigkeit.

Return on Investment = Umsatz-Rentabilität x Kapitalumschlagshäufigkeit

MERKE

Der ROI wird also von zwei wichtigen Kennzahlen beeinflußt, wobei sich die beiden Kennzahlen nicht unbedingt gleich entwickeln müssen. Es ist durchaus möglich, daß bei einem Rückgang der Umsatz-Rentabilität von einem Jahr zum anderen der Kapitalumschlag gleich bleibt oder sich sogar erhöht.

7.3 Verbessern Sie die Umsatz-Rentabilität

Nach der Analyse der Kennzahl ROI müssen die Unternehmensleitung und die Führungskräfte überlegen, wie die Umsatz-Rentabilität im kommenden Geschäftsjahr wieder verbessert werden kann. Bevor ein Maßnahmenplan für die Erhöhung der Umsatz-Rentabilität erstellt wird, muß untersucht werden, von welchen anderen Kennzahlen die Umsatz-Rentabilität beeinflußt wird. Dabei stellen wir fest, daß die Umsatz-Rentabilität angehoben werden kann, wenn der *Gewinn bei gleichem Umsatz erhöht* wird. Noch stärker kann die Umsatz-Rentabilität angehoben werden, wenn ein höherer Gewinn bei einem niedrigeren Umsatz erwirtschaftet wird. Dies sollte der Fall sein, wenn ein Unternehmen eine Konsolidierungsphase hinter sich hat.

Weiterhin ist die Frage zu stellen, auf welche Weise der Gewinn erhöht werden kann.Wenn wir die ROI-Analyse durchführen, dann ergibt sich, daß der Gewinn das Ergebnis aus der Summe aller Deckungsbeiträge minus Fixkosten ist.

Die Deckungsbeiträge wiederum kommen zustande, indem wir von den Umsatzerlösen die variablen Kosten abziehen. Es genügt allerdings nicht, wenn wir nur die Umsatzerlöse insgesamt kennen. Deshalb müssen wir die Umsatzerlöse und

148

die variablen Kosten für die einzelnen Produktgruppen im Unternehmen ermitteln, um die Ertragskraft der einzelnen Produktgruppen feststellen zu können.

Auch diese Informationen reichen zur erfolgreichen Steuerung des Unternehmens noch nicht aus. Wir müssen nämlich auch noch die Ertragskraft der einzelnen Verkaufsgebiete und Kundengruppen erfassen.

Damit wir die variablen Kosten beeinflussen können, ist es erforderlich, die variablen Kosten in Fertigungsmaterial, Fertigungslöhne und variable Gemeinkosten aufzuteilen. Erst dann können wir Ansatzpunkte für *Kostensenkungsmaßnahmen* erkennen.

Auch der Fixkostenblock muß genauer untersucht werden. Dabei stellt sich heraus, daß die meisten Fixkosten in den Verantwortungsbereichen Marketing und Vertrieb, Produktion und Materialwirtschaft verursacht werden. Deshalb müssen auch Maßnahmen zur Senkung der Fixkosten für das kommende Geschäftsjahr festgelegt werden.

Diese Zusammenhänge werden für die Mitarbeiter im Unternehmen noch klarer, wenn wir die einzelnen Positionen graphisch darstellen.

Die Daten für die Errechnung der Umsatz-Rentabilität können wir der Gewinn- und Verlustrechnung entnehmen. Wenn bereits eine kurzfristige Erfolgsrechnung im Unternehmen vorhanden ist, sind die einzelnen variablen und fixen Kosten diesem Bericht zu entnehmen.

7.4 Erhöhen Sie die Kapitalumschlagshäufigkeit

Während sich viele Führungskräfte noch vorstellen können, wie sie zur Verbesserung der Umsatz-Rentabilität beitragen können, sind sie meist am Ende, wenn es um die Erhöhung der Kapitalumschlagshäufigkeit geht. Das im Unternehmen investierte Kapital muß möglichst *produktiv* eingesetzt werden. Deshalb sollten die Unternehmensleitung und die Führungskräfte versuchen, die Kapitalumschlagshäufigkeit zu steigern.

Wir müssen uns demnach auch Klarheit verschaffen, auf welche Art und Weise die Kapitalumschlagshäufigkeit positiv beeinflußt werden kann. Aus der Formel geht hervor, daß sich die Kapitalumschlagshäufigkeit ergibt, indem wir den Umsatz durch das Gesamtkapital teilen.

Um den Umsatz brauchen wir uns an dieser Stelle nicht zu kümmern, da wir ihn bereits bei der Analyse der Umsatz-Rentabilität genauer betrachtet haben. Es geht also jetzt darum, die Größe Gesamtkapital in den Griff zu bekommen.

Das Gesamtkapital setzt sich in der Bilanz aus dem Eigen- und Fremdkapital zusammen. Auf der Passivseite geht es um die Finanzierungsvorgänge im Unternehmen. Die Passivseite enthält also nur abstrakte Größen. Die Entscheidungen im Unternehmen schlagen sich in der Regel auf der Aktivseite nieder, denn auf der Aktivseite werden die meisten Investitionsvorgänge erfaßt.

Wir müssen deshalb gedanklich einen Sprung von der Passivseite auf die Aktivseite machen. Dann erkennen wir, daß dem Eigenkapital das Anlagevermögen und dem Fremdkapital das Umlaufvermögen gegenübersteht. Wenn wir uns etwas genauer mit diesen vier Positionen befassen, können wir feststellen, ob das Unternehmen die Finanzierungsregeln eingehalten hat oder nicht. Eine Schieflage hat natürlich Einfluß auf die Liquidität des Unternehmens.

Um das Anlagevermögen besser untersuchen zu können, müssen wir eine Aufteilung in Sach- und Finanzanlagen vornehmen. Das *Sachanlagevermögen* setzt sich insbesondere aus den Positionen Grundstücke und Gebäude, Maschinen, Fuhrpark sowie Betriebs- und Geschäftsausstattung zusammen.

Beim *Finanzanlagevermögen* unterscheiden wir Beteiligungen und Ausleihungen. Wenn ein Unternehmen einer anderen Firma Eigenkapital zur Verfügung stellt, sprechen wir von einer Beteiligung. Wird einem anderen Unternehmen Fremdkapital beispielsweise in Form eines langfristigen Darlehens gewährt, dann ist dieser Vorgang eine Ausleihung.

Auch das *Umlaufvermögen* müssen wir genauer analysieren. Dabei interessieren uns insbesondere die Positionen Vorräte, Forderungen und liquide Mittel.

Da gerade die *Vorräte* und die *Forderungen* die Kapitalumschlagshäufigkeit stark beeinflussen, müssen wir eine weitere Aufteilung vornehmen, um einen besseren Einblick in diese meist zu hohen Positionen zu erhalten.

Die Vorräte müssen wir in Vorräte für Roh-, Hilfs- und Betriebsstoffe sowie für Halb- und Fertigfabrikate zerlegen. Von den Forderungen interessieren uns insbesondere die Forderungen aus Lieferungen und Leistungen sowie die sonstigen Forderungen.

MERKE *Nach meinen Erfahrungen ist es einfacher, die Kapitalum-schlagshäufigkeit in den Unternehmen zu erhöhen als die Umsatz-Rentabilität zu verbessern.*

Damit die Konsequenzen der einzelnen Entscheidungen den Mitarbeitern im Unternehmen im Hinblick auf das Gesamtkapital deutlich gemacht werden können, sollten natürlich auch diese Zusammenhänge graphisch dargestellt werden.

7.5 Machen Sie eine graphische Darstellung

Die folgende Darstellung läßt erkennen, daß der ROI als eines der bedeutendsten Ziele des Unternehmens in Form einer Kennzahl an der Spitze oder am Anfang der Kennzahlenhierarchie steht. Dieses wichtige Ziel wird in weitere Zwischen- und Unterziele aufgeteilt. Das oberste Ziel kann aber nur dann erreicht werden, wenn auch die Zwischen- und Unterziele im kommenden Geschäftsjahr verwirklicht werden. Es ergibt sich also die Stufenleiter einer Mittel-Zweck-Kette.

Dieses Kennzahlensystem macht deutlich, daß jede einzelne Kennzahl ein rechnerisches Ergebnis vorgelagerter Kennzahlen oder ein rechnerischer Einflußfaktor für nachgelagerte Kennzahlen darstellt. Es werden also die Wirkungen der vorgelagerten und die Ursachen der nachgelagerten Kennzahlen erkennbar.

Die rechentechnische Verbindung der einzelnen Kennzahlen ermöglicht die Programmierung dieses Kennzahlensystems. Der Einsatz eines Microcomputers oder einer größeren *EDV-Anlage* ist damit möglich.

MERKE *Nach meinen Erfahrungen ist die Kennzahl ROI für viele Unternehmer und Führungskräfte eine abstrakte Größe, mit der sie relativ wenig anfangen können. Erst die graphische Darstellung des ROI-Entscheidungsbaumes macht deutlich, welche Zusammenhänge und Abhängigkeiten im Unternehmen bestehen. Deshalb sollten anhand der graphischen Darstellung des ROI die Konsequenzen von wichtigen Entscheidungen stets nachvollzogen werden.*

151

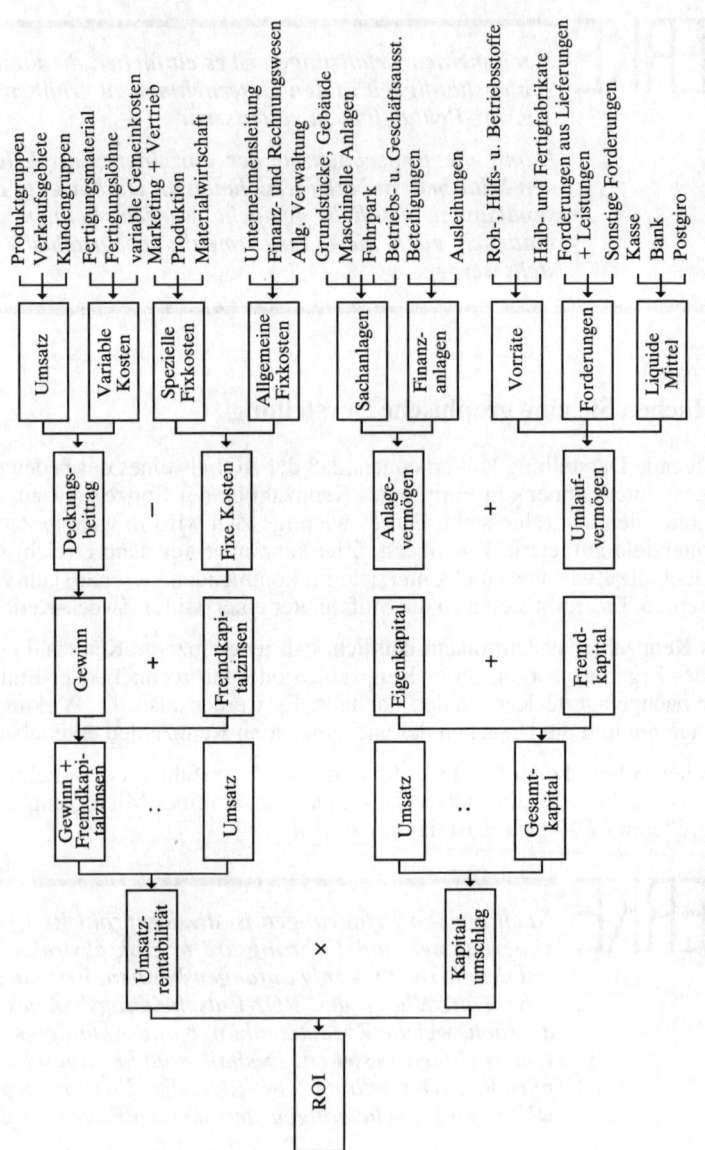

Abb.: Kennzahlenhierarchie

7.6 Welche Bedeutung hat das Kennzahlensystem für Sie?

Das vorgestellte Kennzahlensystem ist ein bedeutendes *Entscheidungsinstrument* für die Unternehmensleitung, das für die Planung, Kontrolle und Steuerung im Unternehmen eingesetzt werden kann. Die Zahlen, die in diesem Kennzahlensystem verwendet werden, können der kurzfristigen Erfolgsrechnung weitgehend entnommen werden, die monatlich und kumuliert zumindest für die einzelnen Produktgruppen erstellt werden sollte.

Die wesentlichen Aktivitäten im Unternehmen können mit Hilfe dieses Kennzahlensystems in *konzentrierter Form* dargestellt werden. Die Gestaltung dieses Systems verursacht nur geringe Kosten. Der Nutzen der vermittelten Informationen für die Mitarbeiter im Unternehmen ist nach meinen Erfahrungen enorm groß.

Die Kompaktheit und Wirtschaftlichkeit dieses Kennzahlensystems ist somit gegeben. Die Mitarbeiter können in knapper Form über die wesentlichen Vorgänge im Unternehmen informiert werden.

Dieses Kennzahlensystem ist aber auch flexibel zu handhaben. Je nach der Problematik im Unternehmen besteht die Möglichkeit, weitere Kennzahlen einzubauen.

Bei der Überprüfung der Höhe der Forderungen aus Lieferungen und Leistungen müssen beispielsweise die Kennzahlen für den Umschlag der Forderungen und das Kundenziel errechnet werden. Auch bei der Analyse der Vorräte müssen der Lagerumschlag und die Lagerdauer ermittelt werden, bevor Entscheidungen darüber getroffen werden, auf welche Weise der Forderungsbestand wie auch der Lagerbestand reduziert werden könnten. Aufgrund dieser Entscheidungen müssen dann Maßnahmenpläne erstellt werden.

 *Das vorgestellte Kennzahlensystem enthält nur die wesentlichen Kennzahlen, die die Unternehmensleitung und die Führungskräfte regelmäßig benötigen, um gute Entscheidungen treffen zu können. Dieses Kennzahlensystem ist also ziel- und entscheidungsorientiert aufgebaut.*

8 Präsentationstechniken

Der Controller hat die Aufgabe, die betrieblichen Aktivitäten zu analysieren und zu präsentieren. Von besonderer Bedeutung ist, daß der Controller die Informationen, die er im Unternehmen und außerhalb des Unternehmens sammelt, der Unternehmensleitung und den Führungskräften überzeugend darbietet. Eine klare und präzise Präsentation von wichtigen Fakten und Ergebnissen erleichtert den Mitarbeitern im Unternehmen, gute Entscheidungen zu treffen.

In vielen Unternehmen ist das Zahlenmaterial aus den Verantwortungsbereichen Marketing und Vertrieb, Produktion, Materialwirtschaft sowie Forschung und Entwicklung oft nicht überschaubar. Deshalb muß der Controller darauf achten, daß die erarbeiteten Informationen gezielt verdichtet und übersichtlich dargestellt werden. Neben der Erstellung von Tabellen sind graphische Darstellungen besonders wichtig, weil die Mitarbeiter Diagramme besser verstehen.

In der Praxis wird immer wieder deutlich, daß es Kommunikationsprobleme zwischen den Technikern und den Kaufleuten gibt. Die Techniker interpretieren die vorgelegten Zahlen und Fakten oft anders als die Kaufleute. Deshalb sollte der Controller bei Besprechungen und in Seminaren neben den erarbeiteten Tabellen auch Graphiken präsentieren. Anhand von graphischen Darstellungen können viele Probleme in den Unternehmen einfacher und präziser dokumentiert werden.

Mit Hilfe der Präsentationstechniken werden aus Zuhörern dann Zuschauer gemacht. Wenn die Präsentation richtig durchgeführt wird, können mögliche Mißverständnisse bei den Teilnehmern leicht ausgeschaltet werden.

Der Controller sollte deshalb die modernen Präsentationstechniken beherrschen. In vielen Unternehmen haben die Controller Schwierigkeiten, die Fakten und Zahlen überzeugend und verständlich zu präsentieren. Wenn die Controller Präsentationstechniken einsetzen, können sie die Kommunikationsprobleme in den Unternehmen meist beseitigen.

Um das Vertrauen der Teilnehmer zu gewinnen, muß der Controller ein positives und emotionales Klima schaffen. Er sollte insbesondere persönliche Fähigkeiten entwickeln, die wichtigen Informationen so aufzubereiten, daß die Teilnehmer die wesentlichen Punkte auch erkennen, verstehen und in Erinnerung behalten. Aus diesem Grunde müssen die Informationen überzeugend präsentiert werden.

Neben den rhetorischen und didaktischen Fähigkeiten gehören zu einer überzeugenden Präsentation ein fundiertes Wissen und eine gute Methodik. Eine geschickte Fragetechnik ermöglicht es dem Controller, die Teilnehmer in die Präsentation miteinzubeziehen und zu aktivieren.

MERKE

Die Wahl der Worte und die Zusammensetzung der Sätze sind besonders wichtig. Die Probleme müssen bei einer Präsentation leicht und verständlich dargestellt werden. Besonders komplizierte Zusammenhänge sind überschaubar und transparent aufzuzeigen, so daß alle Teilnehmer einer Besprechung oder eines Seminars sofort erkennen können, wo die Probleme liegen.

Der Controller sollte erkennen, daß seine Präsentation um so erfolgreicher verläuft, je mehr die Fakten und Daten von seinen Zuhörern mit Spannung aufgenommen werden. Dadurch nimmt das Interesse der Teilnehmer zu, die Präsentation genau zu verfolgen. Der Controller erreicht damit, daß seine ausgewählten Botschaften auch gut ankommen.

8.1 Was ist das Wesen der Präsentation?

In einer Präsentation werden den Teilnehmern neue Informationen, Konzeptionen und Ideen vorgestellt. Wir unterscheiden Informations- und Überzeugungspräsentationen.

Bei der Informationspräsentation muß sich der Controller überlegen, welche Daten und Fakten dargestellt oder weggelassen werden sollten, damit die Teilnehmer das Wesentliche der Präsentation verstehen und behalten. Wenn es sich um eine Überzeugungspräsentation handelt, dann kommt es besonders darauf an, bestimmte Meinungen vorzutragen, um die Teilnehmer zu veranlassen, entsprechende Entscheidungen zu treffen, die für die Unternehmen vorteilhaft sind.

MERKE

Vor allem die Ingenieure und Techniker neigen dazu, bei einer Präsentation ihr gesamtes Wissen darzulegen. Dabei besteht oft die Gefahr, daß die Teilnehmer einer Besprechung oder eines Seminars bereits während des Vortrags das Interesse oder den Faden verlieren.

In der Praxis ist es nicht immer leicht, die wesentlichen Fakten und Daten kurz, präzise und verständlich darzustellen. Die Präsentation darf aber auch nicht zu kurz sein, da dann wichtige Details verlorengehen können.

8.2 Wie sollte die Vorbereitung für eine Präsentation aussehen?

Eine sorgfältige Vorbereitung für eine Präsentation ist ausschlaggebend für den Erfolg. Zuerst muß geklärt werden, welche Ziele mit der Präsentation verfolgt werden. Sobald die Ziele feststehen, können die erforderlichen Informationen gesucht, analysiert und gegliedert werden. Die wichtigsten Daten und Fakten sollten auf Folien geschrieben und mit Hilfe des Overhead-Projektors an die Wand geworfen werden. Auch ein Flipchart kann sinnvoll eingesetzt werden.

Vor jeder Präsentation sind folgende Punkte zu klären:

1. Wie sehen die Ziele der Präsentation aus?
2. Was kann durch die Präsentation erreicht werden?
3. Wie soll die Präsentation organisiert sein?
4. Welche Einwände sind zu erwarten?
5. Wie soll auf die Einwände eingegangen werden?

Der erste Eindruck entscheidet oft über den Erfolg oder Mißerfolg einer Präsentation. Deshalb sollte der Controller versuchen, mit den ersten Ausführungen die Teilnehmer für sich zu gewinnen. Auch der organisatorische Ablauf ist sofort zu klären. Die Teilnehmer möchten gleich erfahren, wann die Kaffee- und Mittagspausen eingeplant sind. Während der Präsentation und am Ende der Veranstaltung ist den Teilnehmern Gelegenheit zu geben, Fragen zu stellen. Am Ende der Präsentation sind die wichtigsten Punkte und Argumente noch einmal zusammenzufassen.

MERKE *Jede Präsentation muß sorgfältig vorbereitet werden. Erfolgt die Präsentation nicht planmäßig, dann kann es passieren, daß der erwartete Erfolg einer Präsentation nicht eintritt.*

Wenn die Teilnehmer einer Besprechung oder eines Seminars über neue Ideen oder Ergebnisse informiert werden sollen, ist meist eine Menge von Zahlen und Fakten zu sammeln und zu strukturieren. Bei dieser Arbeit muß bereits berücksichtigt werden, welche Teilnehmer anzusprechen sind.

Bei jeder Präsentation gilt der Grundsatz, daß alle Fakten und Zahlen kurz, präzise und verständlich vorgetragen werden müssen. Bereits in der Vorbereitungsphase sind alle Informationen so aufzubereiten, daß unnötige Details außer acht gelassen werden.

8.3 Welche Grundregeln sind zu beachten?

Eine Präsentation ist dann als gut zu bezeichnen, wenn es dem Controller gelingt, die Teilnehmer in der richtigen Art und Weise anzusprechen und zu überzeugen. Dazu ist es nötig, daß der Controller den Teilnehmern gegenüber eine positive Einstellung einnimmt. Die Teilnehmer sollten das Gefühl haben, daß er sich mit seinem Unternehmen voll identifiziert. Die Präsentation hat stets teilnehmerorientiert zu erfolgen. Ein Vertrauen zu den Teilnehmern wird aufgebaut, wenn ein Gefühl der Sachlichkeit und Zuverlässigkeit entsteht.

Folgende Punkte sind bei der Präsentation zu beachten:

1. Blickkontakte mit den Teilnehmern halten
2. Verständliche Formulierungen wählen
3. Freundliche Atmosphäre schaffen
4. Angenehme Lautstärke wählen
5. In kleinen Schritten vorgehen
6. Teilnehmer nicht überfordern
7. Am vorhandenen Wissen der Teilnehmer anknüpfen
8. Wichtige Aussagen in Tabellen zusammenfassen
9. Ergebnisse graphisch darstellen
10. Verständnisfragen stellen
11. Auch eigenartige Fragen ernst nehmen
12. Aufmerksame Körperhaltung zeigen
13. Festgelegte Zeiten einhalten
14. Entsprechende Kleidung tragen
15. Teilnehmer ausreden lassen
16. Auf Einwände eingehen

Das wesentliche Ziel einer Präsentation besteht also darin, daß die Teilnehmer die Inhalte der Präsentation verstehen. Die Teilnehmer sollten die dargebotenen Informationen möglichst lange speichern. Deshalb ist es erforderlich, die Daten und Fakten gut aufzubereiten.

8.4 Wie sollte auf Einwände reagiert werden?

Bei einer Präsentation ist stets damit zu rechnen, daß die Teilnehmer Einwände erheben. Grundsätzlich gilt, daß die Einwände der Teilnehmer ernst genommen werden. Allerdings müssen wir berücksichtigen, daß es unterschiedliche Einwände gibt.

Arten der Einwände

1. Ernstgemeinte Einwände
2. Gerechtfertigte Einwände
3. Scherzhafte Einwände
4. Bösartige Einwände
5. Unausgesprochene Einwände

Neben den ernstgemeinten und gerechtfertigten Einwänden gibt es noch scherzhafte und bösartige Einwände. Wenn die Teilnehmer nicht zu Wort kommen, kann es auch unausgesprochene Einwände geben.

Es ist nicht ratsam, den Einwänden sofort zu widersprechen. Auch mit einer Gegenbehauptung sollte der Controller nicht reagieren. Dadurch können nur unnötige Spannungen entstehen. Eine erzeugte Abwehrhaltung reduziert dann meist die Akzeptanzbereitschaft der Teilnehmer.

Der Controller sollte auf die Einwände der Teilnehmer vielmehr flexibel reagieren. Viele Einwände können auch durch geschickte Formulierungen abgefangen werden.

Folgende Reaktionen sind auf Einwände möglich:

1. Diese Meinung höre ich öfter . . .
2. Dieser Einwand ist verständlich . . .
3. Diese Ansicht ist weit verbreitet . . .
4. Ich verstehe diese Ansicht . . .

Stacheldraht-Formulierungen muß der Controller allerdings stets vermeiden. Der Controller hat vielmehr die Aufgabe, die Teilnehmer während der Präsentation mit geschickten Fragetechniken und Antworten zu aktivieren und nicht zu entmutigen.

Zu den Stacheldraht-Formulierungen gehören:

1. Diese Aussage ist falsch.
2. Sie reden am Thema vorbei.
3. Da irren Sie sich sicher.
4. Sie müssen logisch denken.
5. Mein Argument müssen Sie mir abnehmen.
6. Sie verstehen mich nicht.
7. Das ist doch reines Wunschdenken.
8. Passen Sie mal auf.

Ein Controller mit Nahkampferfahrung kann die Einwände geschickt nutzen, um den Teilnehmern zusätzliche Informationen zu vermitteln. Wenn die Diskussion freundlich geführt wird, ist die Bereitschaft der Teilnehmer meist groß, neue Ideen, Konzeptionen und Informationen aufzunehmen.

8.5 Sind Rahmenbedingungen wichtig?

Der Nutzen vieler Besprechungen und Seminare ist oft gering. Die Ursachen liegen meist in der schlechten Vorbereitung, der unbefriedigenden Durchführung oder der mangelhaften Nachbearbeitung. Der geringe Erfolg kann aber auch an der schlechten oder ungeschickten Moderation des Controllers liegen.

Die Rahmenbedingungen sind bei allen Seminaren und Besprechungen zu beachten. Dabei geht es insbesondere um den Raum und die Sitzordnung. Auch der Ort für die Präsentation muß bequem erreichbar sein.

8.5.1 Wie hat der Raum auszusehen?

Für den Erfolg einer Präsentation spielt der Raum eine große Rolle. Folgende Anforderungen sind an den Raum zu stellen:

1. Der Raum sollte groß genug sein.
2. Die Beleuchtung muß ausreichend sein.
3. Lärmeinwirkungen sollten vermieden werden.
4. Telefonanrufe während des Seminars sind nicht erlaubt.
5. Die Bestuhlung sollte bequem sein.
6. Alle Teilnehmer müssen einen direkten Blickkontakt haben.

8.5.2 Welche Sitzordnung ist zu wählen?

Die Sitzordnung ist für den Erfolg einer Besprechung oder eines Seminars ebenfalls sehr bedeutsam. Wir unterscheiden vor allem die U-Form, das Rechteck, den runden Tisch und die frontale Sitzordnung.

U-Form

Die U-Form ist eine sehr günstige Sitzverteilung. Der Controller als Moderator kann alle Teilnehmer von vorne sehen und einfach ansprechen. Er hat einen guten Blickkontakt zu allen Teilnehmern. Der Abstand zwischen dem Controller und der Gruppe ist nicht zu groß. Der Moderator kann leicht auf die einzelnen Teilnehmer zugehen und sie persönlich ansprechen.

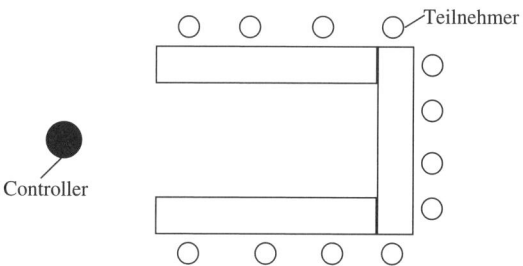

Abb. Sitzordnung in U-Form

Rechteck

Die Teilnehmer sitzen an einem rechteckigen Tisch. Auch diese Sitzverteilung ist vorteilhaft. Die Teilnehmer dürfen aber nicht zu eng aufeinander sitzen. Der Controller hat einen guten Blickkontakt zu den Teilnehmern.

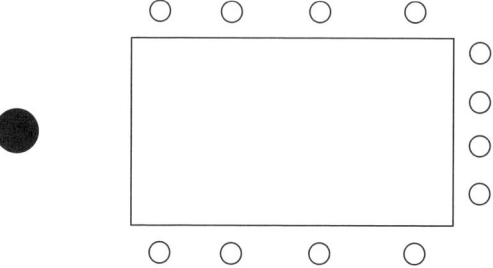

Abb.: Sitzordnung im Rechteck

Runder Tisch

An einem runden Tisch gibt es keine Statusunterschiede. Diese Sitzordnung kann für eine kleine Gesprächsrunde sinnvoll sein. Für ein Seminar allerdings ist diese Form nicht gut geeignet.

161

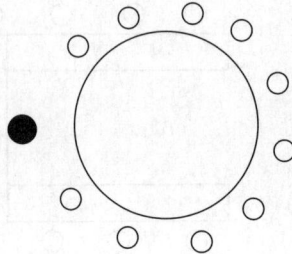

Abb.: Sitzordnung am runden Tisch

Frontale Sitzordnung

Die frontale Sitzordnung eignet sich nicht für ein Seminar. Die Teilnehmer können sich nicht untereinander sehen. Eine Gruppenbildung wird dadurch erschwert. Auch eine Diskussion mit den anderen Teilnehmern kommt dabei nur schwer in Gang.

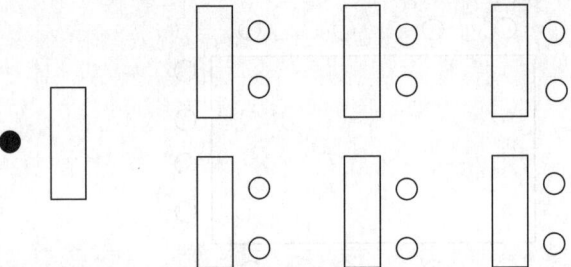

Abb.: Frontale Sitzordnung

8.5.3 Gibt es sonstige Voraussetzungen?

Sonstige Voraussetzungen sind ebenfalls zu beachten. Für jeden Teilnehmer sollte ein Namensschild an seinem Sitzplatz aufgestellt werden. Außerdem ist es sinnvoll, für jeden Teilnehmer einen Schreibblock und einen Bleistift zur Verfügung zu stellen. Auf den Tischen sollten auch alkoholfreie Getränke stehen. Das Aufstellen von Aschenbechern ist zu unterlassen. Das Rauchen sollte auf die Pausen verlegt werden.

8.6 Welche visuellen Hilfsmittel sind einzusetzen?

Der Controller muß auch visuelle Hilfsmittel bei den Besprechungen und Seminaren einsetzen, um seine Argumente, Fakten und Daten einprägsam zu vermitteln. Zu den Hilfsmitteln gehören insbesondere ein Overhead-Projektor mit Folien, ein Flipchart, eine Pinnwand und ein Beamer.

8.6.1 Overhead-Projektor

Bei jeder Besprechung oder in jedem Seminar sollte ein Overhead-Projektor zur Verfügung stehen. Zur Visualisierung eignen sich besonders Folien, die auf den Overhead-Projektor gelegt werden. Wesentliche Informationen sind auf Folien zu schreiben.

Der Overhead-Projektor eignet sich besonders für Präsentationen. Stichworte und Graphiken können einfach an die Wand projiziert werden. Es ist sinnvoll, wenn jede Folie und Graphik eine Überschrift trägt. Für die Beschriftung der Folien sind Druckbuchstaben zu verwenden. Die Schriftgröße der Buchstaben muß so gewählt werden, daß sie auch noch aus einiger Entfernung lesbar ist.

Zur Visualierung sollten auch Farben verwendet werden. Am besten eignen sich die Farben Rot, Blau und Schwarz. Die Überschriften sind möglichst in Rot zu schreiben. Für den Text kommen die Farben Blau und Schwarz in Frage.

Folgende Gesichtspunkte sollten bei den optischen Hilfsmitteln beachtet werden:

1. Nicht zu viele Informationen auf eine Folie
2. Keinen Lauftext auf die Folie
3. Nur wichtige Fakten auf die Folie
4. Stichworte auswählen
5. Nur Grafiken darstellen
6. Nur Druckbuchstaben einsetzen
7. Große Schrift verwenden
8. Farbstifte benutzen

8.6.2 Flipchart

Der Flipchart ist ein einfaches Hilfsmittel, um bestimmte Gedankengänge zu entwickeln. Auf den einzelnen Blättern können auch Änderungen während der Besprechung vorgenommen werden.

Es ist sinnvoll, die Blätter bereits vor der Präsentation mit Informationen zu versehen. Dabei sind folgende Punkte zu beachten:

1. Thema gut gliedern
2. Übersichtlich schreiben
3. Wenige Informationen auf einem Blatt notieren
4. Farbige Stifte verwenden
5. Buchstaben und Zahlen groß genug schreiben

Der Flipchart kann auch dazu benutzt werden, während der Präsentation Ergebnisse festzuhalten und die Entwicklung von Gedankengängen zu protokollieren. Die Daten und Fakten sollten nicht zu lange in einer Besprechung auf die Blätter geschrieben werden. Dann besteht die Gefahr, daß der Controller den Teilnehmern zu lange den Rücken zukehrt.

8.6.3 Pinnwand

Die Pinnwände eignen sich besonders, wenn die Metaplan-Technik während einer Besprechung oder eines Seminars eingesetzt wird. Packpapierbögen werden auf die Pinnwände gespannt.

Der Controller und die Teilnehmer schreiben dann die Informationen mit Filzstiften direkt auf das Papier. Es können aber auch Kärtchen in unterschiedlichen Farben und Größen verwendet werden. Diese Kärtchen werden mit Nadeln an die Pinnwände gesteckt.

Der Controller sollte sich einen Moderatorenkoffer besorgen. In diesem Koffer befinden sich neben den Kärtchen und Nadeln auch alle anderen Hilfsmittel, die bei einer Präsentation benötigt werden.

Die Metaplan-Technik ist sinnvoll für alle Teamarbeiten. Nach einer Metaplansitzung sollte der Moderator die Ergebnisse noch einmal vor der Gruppe zusammenfassen. Die einzelnen Charts können dann mit einer Polariod-Kamera fotografiert werden. Den Teilnehmern sind dann Fotokopien mit den Ergebnissen zur Verfügung zustellen.

8.6.4 Beamer

Die Daten werden über einen Computer visualisiert. Die Reihenfolge der Bilder muß allerdings vorher festgelegt werden.

Der Beamer eignet sich vor allem für Besprechungen und Seminare, in denen bestimmte Daten und Ergebnisse dargestellt werden sollen. Dieses Hilfsmittel ist allerdings wesentlich aufwendiger als beispielsweise ein Flipchart.

MERKE

Auch äußere Hilfsmittel können sehr wohl zum Gelingen einer Präsentation beitragen. Die Wirkungen auf das Gedächtnis der Teilnehmer sind sehr unterschiedlich.

Etwa 10% der Daten bleiben im Gedächtnis haften, wenn die Fakten und Zahlen gelesen werden. Beim Hören der Informationen beträgt der Prozentsatz etwa 20%. Die höchste Gedächtniswirkung wird erreicht, wenn der Controller akustisch und optisch arbeitet. Dann bleiben etwa 50% der vorgetragenen Fakten und Daten im Gedächtnis hängen.

Deshalb sollten bei den Präsentationen die wichtigsten Daten und Fakten vorgetragen und gleichzeitig auf vorbereiteten Folien mit Hilfe des Overhead-Projektors an die Wand geworfen werden. Auch die Flipcharts haben sich als optische Hilfsmittel in der Praxis gut bewährt.

8.7 Welche Möglichkeiten zur Visualisierung kennen wir?

Zur Visualisierung von Daten und Inhalten hat sich vor allem der Einsatz von einem Overhead-Projektor bewährt. Die einzelnen Folien für den Overhead-Projektor lassen sich flexibel verwenden.

Auf den Folien können Diagramme und Texte wiedergegeben werden. Bei der Erstellung dieser Unterlagen sind besondere Punkte zu beachten.

8.7.1 Welche Diagramme können verwendet werden?

Der Controller sollte möglichst neben Tabellen auch Graphiken bei der Präsentation einsetzen. Da viele Tabellen für die Teilnehmer nicht transparent sind, ist es wichtig, daß die Daten in Graphiken umgesetzt werden.

Folgende Möglichkeiten bieten sich dem Controller an:

Stab- oder Säulendiagramme

Das Stabdiagramm kann vielfältig verwendet werden. Es eignet sich besonders gut, die Entwicklungen ausgewählter Größen (Umsätze, Kosten, Mengen, Produkte) für einen bestimmten Zeitraum darzustellen. Diese Größen können dann leicht miteinander verglichen werden. Auch die Veranschaulichung von Rangfolgen ist interessant. Die Umsätze können beispielsweise nach verschiedenen Produktgruppen aufgegliedert werden.

Die Verwendung von Stabdiagrammen erlaubt also sichtbare Vergleiche. Die Größenverhältnisse können dabei deutlich gemacht werden.

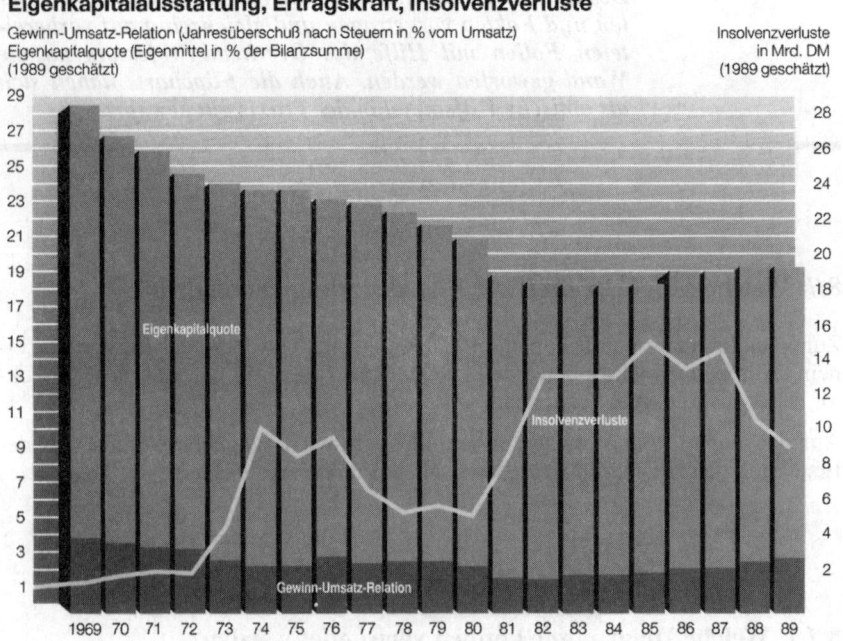

Abb.: Stabdiagramm

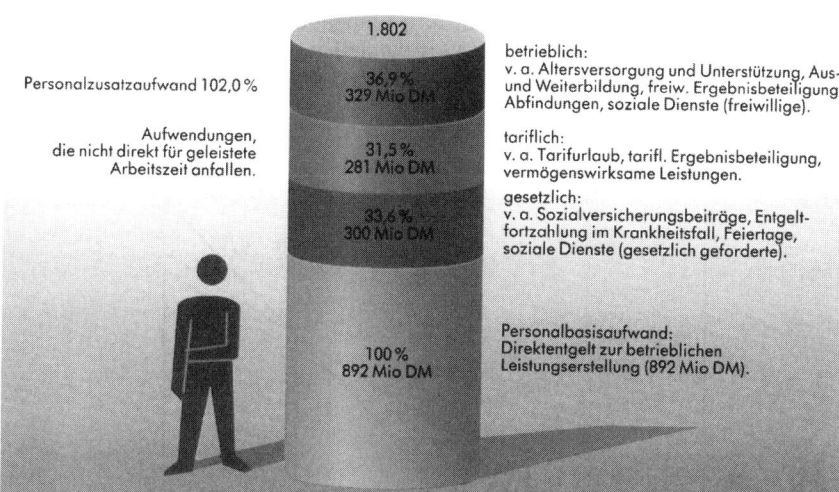

Abb.: Säulendiagramm

Flächendiagramme

Zu den Flächendiagrammen gehören beispielsweise die Kreisdiagramme. Sie ermöglichen einen Vergleich der Teilgrößen mit einer Gesamtgröße. Die Beschriftung der Segmente sollte außerhalb des Kreises durchgeführt werden. Die absoluten Größen sind in Prozent umzurechnen. Der gesamte Umsatz eines Unternehmens kann beispielsweise nach Produktgruppen oder Kundengruppen aufgeteilt werden.

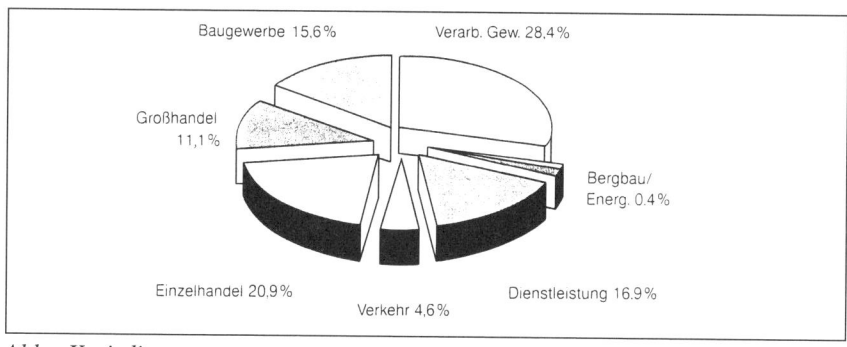

Abb.: Kreisdiagramm

167

Kurven- oder Liniendiagramme

Die Kurvendiagramme werden eingesetzt, wenn die Daten sich über einen Zeitraum verteilen. Mit Hilfe von Kurvendiagrammen lassen sich beispielsweise Kosten und Umsätze während eines Jahres darstellen. Bei einem Break-Even-Diagramm werden die fixen und variablen Kosten sowie die Umsatzerlöse für ein Jahr aufgezeichnet.

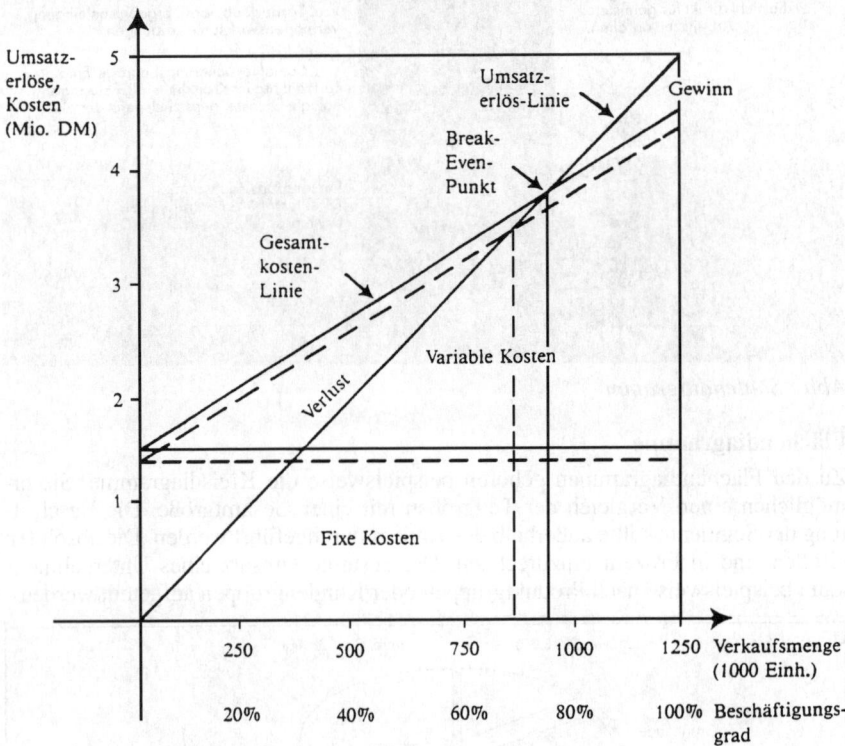

Abb.: Break-Even-Diagramm auf Basis der fixen Kosten

Spannweitendiagramme

Ein Spannweitendiagramm wird verwendet, wenn beispielsweise unterschiedliche Bewegungen pro Monat darzustellen sind. Die Hoch- und Tiefpunkte bei Aktien lassen sich auf diese Weise einfach dokumentieren.

168

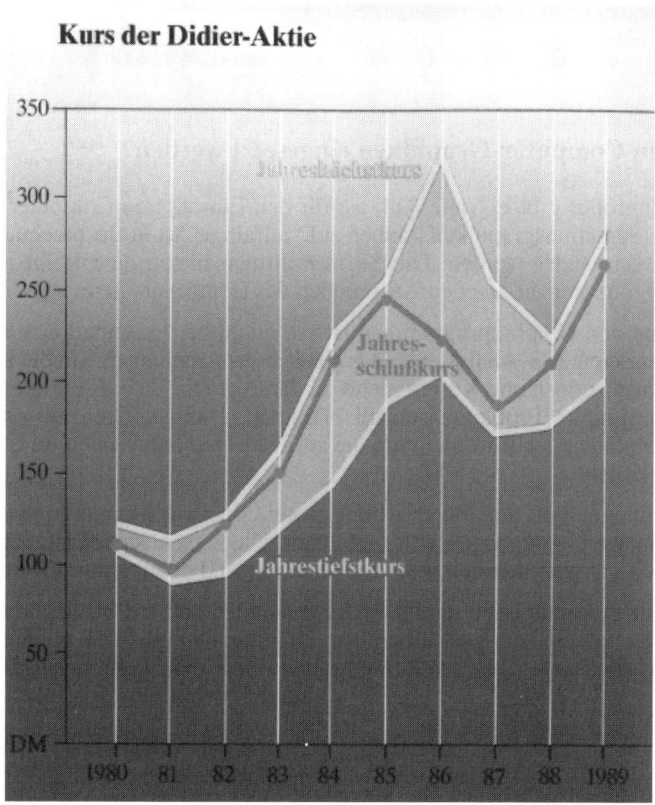

Abb.: Spannweitendiagramm

8.7.2 Wie sollten Texte gestaltet sein?

Auch Texte können auf Folien visualisiert werden. Dabei ist zu beachten, daß die Folien nicht vollgeschrieben werden. Auf Folien sind nur Stichworte, Hinweise und Ergebnisse zu vermerken.

Der Text ist so zu gestalten, daß zwischen den einzelnen Worten ein genügend großer Abstand besteht. Je höher die Anzahl der Teilnehmer ist, desto größer müssen die Buchstaben auf der Folie sein, damit alle Teilnehmer auch den Text lesen können.

169

Es ist nicht ratsam, zu lange Texte auf Folien zu schreiben. Die Teilnehmer versuchen dann, diese Texte zu lesen. Die Aufmerksamkeit wird dann vom Controller abgelenkt.

8.8 Sollten Computer-Graphiken eingesetzt werden?

Für den Controller gibt es viele Anlässe für den Einsatz von Computer-Graphiken. Die Präsentationsgraphiken können auf vielfältige Art in Besprechungen und Seminaren verwendet werden. Die Softwarefirmen bieten eine Reihe von PC-Graphikprogrammen an, die den Ansprüchen des Controllers gerecht werden.

Die Nutzung von Graphikprogrammen ist vor allem bei Präsentationen sinnvoll. Die Ergebnisse eigener Analysen sind graphisch darzustellen. Wenn die Entwicklung der Umsatzerlöse und Kosten mehrerer Jahre graphisch aufgezeigt wird, lassen sich bestimmte Probleme schnell erkennen. Dann können entsprechende Maßnahmenpläne erstellt werden, um die aufgedeckten Schwächen im Unternehmen zu beseitigen.

In Besprechungen und Seminaren ist das professionelle Präsentieren von Ist-Daten und Planungsüberlegungen sehr vorteilhaft. Die verschiedenen Ergebnisse der betrieblichen Tätigkeit können graphisch überzeugend dokumentiert werden.

Die Zahl der Präsentationen nimmt in der Praxis laufend zu. Betriebliche Kennzahlen lassen sich optisch gut aufbereiten. Diagramme und Texte können in verschiedenen Veranstaltungen den Zuhörern und dem Controller auch als Leitfaden dienen.

In vielen Unternehmen ist der PC, der mit guten Graphikprogrammen ausgestattet ist, zu einem beliebten und effektiven Werkzeug geworden. Mit leistungsfähigen PCs können die erforderlichen Unterlagen für Präsentationen schnell und unkompliziert erstellt werden.

Der Leistungsumfang der Graphikprogramme der PCs ist in den letzten Jahren enorm erweitert worden. Auch die Benutzerfreundlichkeit der Programme wird immer komfortabler.

 *Die Wiedergabe des Zahlenmaterials durch übersichtliche Diagramme, Schaubilder und Charts ist ein wichtiges Anwendungsgebiet von Graphikprogrammen für den Controller. Die Bilanzdaten, die Umsatzerlöse, die Kosten, die Betriebsergebnisse sowie die Plandaten und die Trends können optisch in ansprechender Weise aufbereitet werden.*

9 Software für die Kosten- und Leistungsrechnung sowie für das Controlling

Die Entscheidung über die richtige Auswahl einer passenden Software für die Kosten- und Leistungsrechnung sowie für das Controlling ist für kleinere und mittlere Unternehmen nicht einfach. Viele Softwarehäuser bieten Programme an, die aber vom Leistungsumfang und von der Handhabung her sehr unterschiedlich sind. Auch die Kosten für das Softwareprogramm und die laufenden Kosten für die Pflege und Wartung der Programme unterscheiden sich bei den einzelnen Softwarehäusern sehr stark.

9.1 Welche Anforderungen sind an das Softwareprogramm zu stellen?

Die einzelnen Softwareprogramme der Anbieter sind sehr verschieden. Das Problem bei der Auswahl des geeigneten Programms besteht darin, daß die Unternehmen zuerst nicht erkennen können, welche Leistungen die einzelnen Programme bieten und wie kompliziert die Handhabung der Programme ist.

Die Unternehmen weisen in der Leistungserstellung und Leistungsverwertung der erstellten Produkte oder Waren und der erbrachten Dienstleistungen erhebliche Unterschiede auf. Deshalb benötigen die Unternehmen auch meist betriebsindividuelle Softwarelösungen, um ihre Probleme besser lösen zu können. Die meisten Softwarehäuser bieten Standardsoftware an. Deshalb muß vor der Entscheidung für das eine oder andere Softwareprogramm überprüft werden, ob die Programme flexibel sind und auch branchenneutral eingesetzt werden können.

Bei der Erstellung der Software für die Finanzbuchhaltung müssen die handels- und steuerrechtlichen Vorschriften beachtet werden. Für die Entwicklung der Standardsoftware in der Kosten- und Leistungsrechnung sowie im Controlling sind die Softwareunternehmen aber an keine gesetzlichen Vorschriften gebunden.

Die Unternehmensleitung und die Führungskräfte müssen deshalb vor der Entscheidung für das eine oder andere Programm klären, wie die Software für die Kosten- und Leistungsrechnung und wie die Controlling-Konzeption der einzelnen Softwarehäuser aussieht. In der Praxis gibt es erhebliche Unterschiede in der Qualität der einzelnen Softwareprogramme. Manche Anbieter sind beispielsweise immer noch der Meinung, daß Controlling nur Kontrolle bedeutet. Dementsprechend sind dann auch die Softwareprogramme aufgebaut. Derartige Programme sollten aber besser nicht eingesetzt werden.

9.2 Was bieten die Software-Führer?

In den Software-Führern werden branchenneutrale Softwareprogramme, hardwareabhängige Programme und Client-Server-Konzepte aufgeführt. Für kleinere und mittlere Unternehmen ist es oft schwierig, das passende Softwareprogramm auszuwählen.

1. **Branchenneutrales Softwareprogramm**
   In den Software-Führern werden über 100 Programme angeboten, die branchenneutral für die Kosten- und Leistungsrechnung sowie für das Controlling eingesetzt werden können. Es handelt sich meist um die Betriebssysteme MS-DOS, Windows, OS/2 und UNIX.

2. **Hardwareabhängige Software**
   Die hardwareabhängige Software steht für Großrechner, mittelgroße Rechner und PCs zur Verfügung.

   Großrechner
   Die Großrechner werden vor allem von Siemens, IBM, DEC und HP gebaut. Große Softwarehäuser wie SAP sind in diesem Bereich tätig.

   Mittlere Rechner
   Die mittleren Rechner werden meist von den mittleren Unternehmen eingesetzt. Ein Beispiel ist der IBM AS/400.

   Personal-Computer
   Viele Softwarehäuser bieten Standardlösungen für die Kosten- und Leistungsrechnung sowie für das Controlling an. Die Personal-Computer sind heute bereits mit hoher Rechnerleistung ausgestattet. Einige Programme können sehr flexibel eingesetzt werden und ermöglichen auch Plansimulationen.

3. **Client-Server-Konzepte**
   Der Trend zur Dezentralisation der EDV nimmt in den Unternehmen zu. Neben den Großrechnern werden beispielsweise mehrere Personal-Computer eingesetzt, die mit der großen Rechenanlage vernetzt sind. Deshalb werden Client-Server-Systeme entwickelt, um die Synergieeffekte voll auszuschöpfen, wobei die Datenhaltung weiter zentral erfolgt. Bildschirmmasken und Arbeitsabläufe können dann besser den lokalen Gegebenheiten angepaßt werden. Die Verbindung zum Großrechner bleibt innerhalb der Zentrale des Unternehmens weiterhin bestehen.

9.3 Wie sieht die Software für die Kosten- und Leistungsrechnung aus?

Es gibt Programme, die sich nur mit der Kosten- und Leistungsrechnung beschäftigen. Die einzelnen Kostenarten werden in der Kostenartenrechnung erfaßt. Die

Zuordnung der variablen und fixen Kosten auf die einzelnen Kostenstellen erfolgt dann in der Kostenstellenrechnung. Die Aufgabe der Kostenträgerrechnung besteht darin, die Kosten den Produkten und Leistungen zuzurechnen.

Neben der Kalkulation (Kostenträgerstückrechnung) ermöglichen viele Programme auch eine kurzfristige Erfolgsrechnung (Kostenträgerzeitrechnung). Der Einsatz verschiedener Kostenrechnungssysteme ist mit Hilfe von Standardprogrammen ebenfalls meist möglich. Zusätzlich zur Vollkostenrechnung sollte also auch die Deckungsbeitragsrechnung verwendet werden können.

9.4 Was sollte von der Software für Controlling erwartet werden?

Bevor ein Controllingsystem in einem Unternehmen eingeführt werden kann, sollte eine Deckungsbeitragsrechnung aufgebaut werden. Die Kosten sind in variable und fixe Bestandteile aufzuteilen. Außerdem muß eine kurzfristige Erfolgsrechnung erstellt werden, die zuerst nach Produktgruppen gegliedert, dann nach Verkaufsgebieten unterteilt und schließlich nach Kundengruppen getrennt aufgezeichnet werden sollte. Wenn beispielsweise bereits eine kurzfristige Erfolgsrechnung in Verbindung mit einer Deckungsbeitragsrechnung nach Produktgruppen im Unternehmen eingeführt ist, kann das Anforderungsprofil für ein Softwarepaket bereits relativ genau bestimmt werden.

Das Controlling umfaßt als wesentliche Bausteine eine aussagefähige Planung, eine laufende Kontrolle und eine rechtzeitige Steuerung des Unternehmens. Das Controlling-Programm hat also die Möglichkeiten zu bieten, zuerst die operative Planung und später dann auch die strategische Planung durchzuführen. Zu dem Kontrollbereich gehören die permanenten Soll-Ist-Vergleiche und die laufenden Abweichungsanalysen, um die Ursachen für die Abweichungen möglichst schnell zu erkennen. Die Steuerung der einzelnen Verantwortungsbereiche hat aufgrund der ermittelten Abweichungen möglichst pro Monat zu erfolgen, um die bereits festgelegten Ziele doch noch zu erreichen.

Mit der Controlling-Software muß es auch möglich sein, Planungssimulationen durchzuführen. Die Frage „Was wäre, wenn?" sollte mit Hilfe des Programmes zu lösen sein. Sowohl die Preise und Kosten als auch die Mengen der Produkte oder Produktgruppen sind bei diesen Überlegungen zu variieren. Die Auswirkungen der Simulation auf die Deckungsbeiträge und auf das Betriebsergebnis müssen darstellbar sein. Diese Berechnungen sind bezogen auf die einzelnen Produktgruppen, Verkaufsgebiete und Kundengruppen anzustellen.

Bei der Auswahl der Controlling-Software ist besonders darauf zu achten, daß die Programme möglichst flexibel eingesetzt werden können. Je genauer bekannt ist, welche Anforderungen die Software erfüllen soll, desto exakter können dann auch die einzelnen Programme der Anbieter überprüft werden.

MERKE *Ausgezeichnete Controlling-Programme erlauben eine gute Unterstützung der Planungsarbeiten. Die laufenden Soll-Ist-Vergleiche müssen möglich sein. Außerdem sind mit den Programmen Daten und Abweichungen zu erarbeiten, die eine konsequente Steuerung des Unternehmens ermöglichen.*

9.5 Wie sollte die Software ausgewählt werden?

Auf dem Markt gibt es viele Anbieter von Software-Programmen für die Kosten- und Leistungsrechnung sowie für das Controlling. Allerdings muß erwähnt werden, daß die Qualität und der Umfang der einzelnen Programme sehr unterschiedlich sind. Deshalb ist bei der Auswahl der Programme sorgfältig vorzugehen, um keine Enttäuschungen zu erleben und um keine Fehlinvestitionen zu tätigen.

Es ist zu empfehlen, daß sich die Führungskräfte von den Software-Häusern Referenzen geben lassen, damit vor Ort überprüft werden kann, wie die einzelnen Programme in den Unternehmen funktionieren und ob Probleme bei der Einführung zu erwarten sind. Auch über die Kosten der Programme und die zusätzlichen Kosten für die Einführung der Programme sollten Informationen in den Unternehmen eingeholt werden, die diese Software-Pakete bereits einige Zeit nutzen.

Die Leistungsfähigkeit der Software kann dann genauer getestet werden. Außerdem sollte auch die Leistungsfähigkeit der Software-Häuser überprüft werden. Es muß sichergestellt werden, daß die Software-Häuser auch laufend und schnell einen Kundenservice anbieten können.

MERKE *Bei der Auswahl eines Softwareprogrammes für die Kosten- und Leistungsrechnung sowie für das Controlling müssen die Unternehmensleitung und die Führungskräfte sorgfältig vorgehen. Neben den Kosten für das Software-Programm sind die zusätzlichen Kosten für die Pflege und Wartung des Programmes zu ermitteln. Die Leistungsfähigkeit der Software und des Software-Hauses sollte die Entscheidung für das eine oder andere Programm wesentlich beeinflussen.*

10 Einführung des Controlling

Die wichtigste Voraussetzung für die Einführung des Controlling besteht darin, daß die Unternehmensleitung den Controller voll unterstützt, der mit der Einführung des Controlling betraut wird. An den Controller werden hohe Anforderungen gestellt. Neben guten betriebswirtschaftlichen Kenntnissen muß der Controller folgende Eigenschaften aufweisen: Analytische Fähigkeiten, Objektivität und Teamfähigkeit. Außerdem muß klar erkannt werden, daß der effektive Einsatz des Controlling im Unternehmen einen kooperativen Führungsstil voraussetzt.

Damit der Controller im Unternehmen effizienter arbeiten kann, sollte er eine Linienposition einnehmen. Dann ist er in der Lage, als adäquater Gesprächspartner mit den Leitern anderer Funktionsbereiche die ermittelten Probleme anhand der erstellten Soll-Ist-Vergleiche zu besprechen und Problemlösungen gemeinsam mit den anderen Führungskräften zu erarbeiten. Der Controller kann also nur dann mehr im Unternehmen bewirken, wenn er Weisungsbefugnis hat und mit der entsprechenden Kompetenz ausgestattet ist.

MERKE *Der Controller muß neben soliden betriebswirtschaftlichen Kenntnissen auch über sehr viel Fingerspitzengefühl und psychologisches Einfühlungsvermögen verfügen, um seine Aufgaben mit gutem Erfolg bewältigen zu können. Außerdem sollte er bemüht sein, auf die persönlichen Eigenschaften seiner Gesprächspartner im Unternehmen Rücksicht zu nehmen.*

Neben den persönlichen Fähigkeiten des Controllers ist für die erfolgreiche und schnelle Einführung des Controlling im Unternehmen von besonderer Wichtigkeit, daß die Unternehmensleitung selbst die Controlling-Konzeption versteht und mitträgt. Der Controller kann auf Dauer nur Erfolg haben, wenn ihn die Unternehmensleitung voll unterstützt. Durch die Rückendeckung der Unternehmensleitung wird die Position des Controllers wesentlich gestärkt. Dadurch ist er in der Lage, die Controlling-Konzeption schnell im Unternehmen einzuführen, so daß er in Zukunft im Unternehmen effizent arbeiten kann.

10.1 Warum sollte das Controlling stufenweise aufgebaut werden?

Das Controlling sollte in den Unternehmen stufenweise aufgebaut werden, um der Unternehmensleitung und den Führungskräften Gelegenheit zu geben, sich mit der neuen Denkweise auseinanderzusetzen.

Folgende Stufen sind zu beachten:

1. Analyse des Ist-Zustandes
2. Schwachstellen-Analyse
3. Zielsetzungen
4. Konzeption des Soll-Zustandes
5. Überprüfung der Voraussetzungen
6. Einführung des Controlling
7. Regelmäßige Kontrollen
8. Durchführung von Modifikationen

Wenn ein Unternehmen bereits über eine aussagefähige Kosten- und Leistungsrechnung (Deckungsbeitragsrechnung) verfügt und ein entsprechendes Informationssystem aufgebaut hat, ist die Einführung des Controlling wesentlich einfacher. Ist dies nicht der Fall, dann müssen zuerst diese Schwachstellen beseitigt werden, bevor eine Unternehmensplanung erstellt, eine Unternehmenskontrolle durchgeführt und eine Unternehmenssteuerung in den Unternehmen realisiert werden kann. Auch die Organisationen und die Arbeitsabläufe müssen überprüft werden. Die Unternehmensleitung und alle Führungskräfte im Unternehmen sollten sich mit der neuen Konzeption vertraut machen und gegebenenfalls ihre Qualifikationen erweitern.

Außerdem ist zu entscheiden, ob ein internes oder externes Controlling eingeführt werden sollte. In kleineren und mittleren Unternehmen hat sich gezeigt, daß zuerst ein externes Controlling sinnvoll ist, wenn die organisatorischen Voraussetzungen noch nicht gegeben sind und wenn ein qualifizierter Controller erst noch gesucht werden muß. Die Controllingaufgaben können in der Einführungsphase dann von einem externen Unternehmensberater wahrgenommen werden, der das Unternehmen regelmäßig besucht.

Während der Einführungsphase müssen die Unternehmensleitung und die Führungskräfte mit den Besonderheiten des Controlling vertraut gemacht werden. Sobald die Führungsmannschaft über die Vorteile des Controlling informiert ist, erkennen die Unternehmensleitung und die Führungskräfte meist schnell, daß ihre Tätigkeiten durch das Controlling wesentlich erleichtert werden und daß sie in Zukunft bessere Entscheidungen treffen können.

MERKE

Die Unternehmensleitung sollte darauf achten, daß das Controlling stufenweise aufgebaut und eingeführt wird. Je mehr Voraussetzungen und Bausteine des Controlling-Systems im Unternehmen bereits vorhanden sind, desto zügiger kann das Controlling im Unternehmen realisiert werden. Sobald die Mitarbeiter im Unternehmen über die Besonderheiten des Controlling umfassend informiert werden, erkennen sie meist die Vorteile des Controlling für ihre eigene Tätigkeit im Unternehmen.

10.2 Welche Umstellungsprobleme sind zu erwarten?

In vielen Unternehmen ergeben sich zuerst Widerstände bei der Einführung des Controlling. Diese Widerstände sind oft dadurch begründet, daß die Unternehmensleitung und der Controller die Mitarbeiter im Unternehmen nicht umfassend über die neue Konzeption informieren. Außerdem gibt es psychologische Gründe für den Widerstand mancher Mitarbeiter, die das Controlling nur als Kontrolle ansehen. Weitere Probleme können sich auch dadurch ergeben, daß für die einzelnen Aufgaben, die den Führungskräften übertragen werden, nicht sofort alle erforderlichen Informationen vorhanden sind. Sowohl die Unternehmensleitung als auch die Führungskräfte müssen erst Erfahrungen sammeln, wie sie mit dem neuen Instrumentarium umgehen sollen.

Einige Führungskräfte befürchten, daß durch die Einführung des Controlling ihre Kompetenzen beschnitten und ihre Entscheidungsspielräume eingeschränkt werden, da das Controlling ein funktionsübergreifendes Führungsinstrument ist. Auch dadurch können Aversionen in den einzelnen Teilbereichen der Unternehmen entstehen. Um die Widerstände nicht erst aufkommen zu lassen oder möglichst schnell zu beseitigen, ist es unbedingt erforderlich, daß die Unternehmensleitung und der Controller alle Mitarbeiter in der Einführungsphase mit den Besonderheiten des Controlling vertraut machen.

MERKE

Der Controller braucht die volle Rückendeckung der Unternehmensleitung bei der Einführung des Controlling im Unternehmen, um erfolgreich tätig zu sein. Wenn der Controller mit gutem Fingerspitzengefühl und dem erforderlichen Sachverstand den einzelnen Mitarbeitern im Unternehmen gegenübertritt, wird er schnell die Widerstände insbesondere bei einigen Führungskräften beseitigen. Die Vorteile des Controlling für die eigene Tätigkeit im Unternehmen werden bald erkannt. Der Controller kann dann mit der nötigen Kooperation der Mitarbeiter rechnen.

Wenn die Mitarbeiter einmal festgestellt haben, daß Controlling ein leistungsfähiges Führungsinstrument für die Planung, Kontrolle und Steuerung der Unternehmen darstellt, können die Widerstände und Unsicherheiten bald abgebaut werden. Die mit der Einführung des Controlling entstehenden Probleme lassen sich dann relativ schnell beseitigen.

11 Weiterentwicklung des Controlling

Die Zeichen in den Unternehmen stehen klar auf Veränderungen. Die Gewinner von morgen sind die Führungskräfte, die fähig sind, die Veränderungen rasch und mit wenig Reibungsverlusten durchzuführen.

Auch die Controller müssen auf die Veränderungen in den Unternehmen und im Umfeld der Unternehmen rechtzeitig reagieren, um weiterhin effizient tätig sein zu können. Die Veränderungen werden insbesondere durch folgende Entwicklungen verursacht:

1. Globalisierung der Märkte
2. Zunahme der Tempos für Innovationen
3. Verkürzung der Produktlebenszyklen
4. Spezialisierung und Segmentierung der Märkte
5. Verstärkung der Markt- und Kundenorientierung
6. Zunahme des Outsourcing
7. Verschärfung des Wettbewerbsdruckes

Die Veränderungsprozesse sind stufenweise zu planen und umzusetzen. Die Controller müssen sich damit vertraut machen, wie sie ihre Fähigkeiten und Potentiale unter den neuen Rahmenbedingungen optimal einsetzen können. Es sind Maßnahmen zu erarbeiten und durchzusetzen, um die Veränderungen erfolgreich in den Unternehmen zu verwirklichen.

Die Controller sollten ein herausforderndes und tragfähiges Zukunftsbild entwickeln. Eine Aufbruchstimmung und eine Zusammenarbeit in der Unternehmensleitung, bei den Führungskräften und bei den sonstigen Mitarbeitern sind zu erzeugen. Es müssen Meilensteine für die Umsetzung der Veränderung gesetzt werden. Die eigene Motivation und die eigenen Ressourcen sind zu verbessern.

Die Fähigkeit und die Bereitschaft für Veränderungen bei den einzelnen Führungskräften und in den Teams müssen gefördert werden. Die Controller sollten Gespräche führen anstatt Vorträge zu halten. Dialoge sollten Monologe ablösen, denn in den Teams sind die bestehenden Probleme in den Unternehmen besser zu lösen.

Eine Weiterentwicklung des Controlling ist nur möglich, wenn das Potential für Veränderungen bei den Schlüsselpersonen rechtzeitig erkannt und gezielt genutzt wird. Die Controller sollten das richtige Verhalten bei Widerständen und Konflikten zeigen. Aus den Betroffenen sind Beteiligte zu machen. Deshalb müssen erfolgreiche Informations- und Kommunikationsstrategien entwickelt werden.

Immer mehr Unternehmen beziehen ihre Mitarbeiter in die unternehmerische Verantwortung ein und bauen die traditionellen Hierarchien ab. Durch diese Reorganisation können die Unternehmen die Produktivität erheblich steigern und die Kosten beträchtlich senken.

Die Unternehmen müssen die Beschaffungs- und die Absatzmärkte zunehmend globaler sehen. Die Tätigkeitsfelder sind zu überprüfen und gegebenenfalls neu festzulegen. Um die Wettbewerbsfähigkeit zu verbessern, müssen die Unternehmen sich stärker auf ihre Kernkompetenzen konzentrieren.

Diese Entwicklung hat auch erhebliche Auswirkungen auf die herkömmlichen Strukturen der Unternehmen. Die Folge ist, daß ein verstärkter interner Wettbewerb stattfindet, daß Entscheidungen dezentral getroffen werden und daß bürokratische Strukturen weiter abgebaut werden.

Viele Unternehmen haben in der Zwischenzeit erkannt, daß sie das Potential ihrer Mitarbeiter in der Vergangenheit viel zu wenig genutzt haben. Deshalb setzen diese Unternehmen verstärkt auf die Motivation und die Stärkung der Eigenverantwortlichkeit, indem sie die Mitarbeiter mehr in den betrieblichen Entscheidungsprozeß integrieren.

Nur wenn die Ziele von der Unternehmensleitung, von den Führungskräften und von den sonstigen Mitarbeitern gemeinsam diskutiert, modifiziert und letztlich akzeptiert werden, ist eine erfolgreiche Umsetzung möglich. Dann ziehen alle Mitarbeiter an einem Strang. Die einzelnen Mitarbeiter werden also zu Mitdenkern gemacht.

In vielen Fällen müssen die Betriebsabläufe neu zugeschnitten werden. Die geänderten Strukturen der Organisation lassen sich oft nur schrittweise einführen. Sie hängen auch von den Eigenheiten der Unternehmen und von den besonderen Qualifikationen der Mitarbeiter ab.

Als oberstes strategisches Ziel sollte die Existenzsicherung der Unternehmen stehen. Wichtige Unterziele umfassen die Steigerung der Leistungen, die Senkung der Kosten, die Anhebung der Kundenzufriedenheit, die Erhöhung der Flexibilität, die Stärkung des Cash-flow, die Beschleunigung der Durchlaufzeiten und die Steigerung der Produktivität.

Die Management-Methoden müssen geändert werden, um die Unternehmen wieder erfolgreicher zu führen. Die Unternehmensziele dürfen nicht mehr einseitig von der Unternehmensleitung vorgegeben werden. Die Konkretisierung der einzelnen Ziele sollte vielmehr in direkter Zusammenarbeit der Unternehmensleitung mit den Führungskräften und der Belegschaft erfolgen.

Das Projektmanagement eignet sich für die Festlegung und die Umsetzung der Ziele besonders gut. Der Controller sollte als geübter Navigator eine wichtige Rolle beim Projektmanagement spielen. Die Organisationsstrukturen und die Produktionsabläufe müssen schrittweise geändert werden. Eine Dezentralisierung der

Produktionsabläufe ist nur sinnvoll, wenn auch Entscheidungskompetenzen von der Unternehmensleitung auf die Mitarbeiter vor Ort verlagert werden.

Die in vielen Unternehmen bestehenden zentralen Steuerungsinstrumente sind zu ändern, da sie oft nicht mehr zu den neuen und dezentralen Strukturen passen. Mit Hilfe des Projektcontrolling müssen die Unternehmensleitung und die Mitarbeiter neue Steuerungsgrößen entwickeln. Zur Steuerung der Unternehmen eignen sich insbesondere die mengenmäßigen Meßgrößen, wie die Durchlaufzeiten, die Anzahl der Reklamationen, die Termintreue und andere relevante Unternehmensdaten.

Die Rolle des Controllers muß sich in einem veränderten Umfeld entsprechend wandeln. Bisher hat der Controller vor allem Informationen an die Unternehmensleitung geliefert. In Zukunft sollten die Controller verstärkt als Dienstleister für alle Mitarbeiter in den Unternehmen tätig sein und die Ideen der Mitarbeiter in die Tabellen und Berichte integrieren.

11.1 Welche Kritik wird am Controlling geübt?

Controlling als ergebnisorientierte Steuerung der Unternehmen ist eine Kernfunktion der Unternehmensleitung und aller Führungskräfte. Im Zuge der Arbeitsteilung fand in der Vergangenheit eine Verbreiterung des institutionalisierten „Off-the-Job"-Controlling statt. Es wurde oft übersehen, daß aber das „On-the-Job"-Controlling in den Unternehmen am wirkungsvollsten ist. Wegen dieser Schwäche wird das Controlling in vielen Unternehmen mit großem Mißtrauen betrachtet. Deshalb ist insbesondere in größeren Unternehmen häufig folgende Kritik am Controlling zu hören:

1. Durch die hohen Anforderungen an Informationen durch das Controlling entsteht eine große Arbeitsbelastung in den operativen Bereichen.
2. Es besteht eine zu starke Controlling-Komplexität.
3. Die Führungskräfte beklagen sich über eine mangelhafte Versorgung mit relevanten Informationen durch das Controlling.
4. Die zu starke Betonung der Kontrolle beim Controlling verursacht Probleme hinsichtlich der Akzeptanz.
5. Die Informationen kommen bei den Führungskräften zu spät an.
6. Die erhaltenen Zahlen sind nicht empfängerorientiert aufbereitet.
7. In den Berichten werden falsche Signale gesetzt.
8. Viele Tabellen und Berichte sind nicht verständlich.

In den Unternehmen werden die Controller nicht überall besonders geschätzt. Dies liegt auch an den Controllern selbst, die öfter Kommunikationsprobleme mit der Unternehmensleitung und den Führungskräften haben. Deshalb äußern sich viele Mitarbeiter in den Unternehmen kritisch über die Controller. Folgende kritischen Äußerungen über die Controller können immer wieder festgestellt werden:

1. Die Controller haben nur Zahlen im Kopf.
2. Die Zahlen werden nur an die Unternehmensleitung berichtet.
3. Die Controller wissen alles besser.
4. Die Mitarbeiter vor Ort erhalten keine Informationen.
5. Die Berichte sind nicht transparent.
6. Eine controlling-orientierte Denkweise herrscht vor.
7. Die Controller produzieren Zahlen am Bedarf vorbei.
8. Die gelieferten Zahlen eignen sich nicht zur Steuerung.

MERKE

Die ergebnisorientierte Steuerung der Unternehmen ist eine Kernfunktion des Controlling, um die Unternehmensleitung und um die Führungskräfte bei der Bewältigung ihrer Aufgaben zu unterstützen. Leider breitete sich das „Off-the-Job"-Controlling weit aus. Das „On-the-Job"-Controlling ist aber in den Unternehmen viel wirkungsvoller.

Das Controlling wird insbesondere in größeren Unternehmen häufig kritisch betrachtet und nicht immer besonders geschätzt. Es treten öfter Kommunikationsprobleme mit der Unternehmensleitung und den Führungskräften auf, da die Berichte nicht immer empfängerorientiert erstellt werden.

11.2 Wie sollte der Umbau des Controlling zum Lean-Controlling aussehen?

Controlling wurde in den letzten Jahren mit Erfolg in vielen Unternehmen eingeführt. Insbesondere in größeren Unternehmen hat sich gezeigt, daß das Controlling nicht mehr so effizient betrieben wird, wie sich die Unternehmensführung das Controlling vorgestellt hat.

Um die Effizienz des Controlling zu verbessern und um die Kosten des Controlling zu senken, ist es sinnvoll, ein Lean-Controlling in Zukunft zu verwirklichen. Deshalb sind zum Teil wesentliche Veränderungen in den Unternehmen vorzunehmen.

Das Lean-Management wurde bereits in vielen Unternehmen erfolgreich eingeführt. Diese neue Konzeption bedeutet, daß die Unternehmen wieder schlanker

werden. Die Organisation wird durchforstet und genau analysiert. Die Führungskräfte, die sich als überflüssig erweisen, werden eliminiert, um wieder ein agiles,
bewegliches und effizientes Management zu erhalten.

Beim Lean-Controlling handelt es sich um eine neue Denkweise, die von allen
Mitarbeitern auf allen Ebenen der Unternehmen mitgetragen werden muß, um
wieder erfolgreich agieren zu können. Die Unternehmensleitung und die
Führungskräfte sollten die neue Denkweise durch das eigene Vorleben dokumentieren. Dann erzielen die Unternehmen wieder größere Erfolge. Das Vorleben der
Unternehmensführung und die Schulung der Mitarbeiter haben von oben nach unten zu erfolgen.

Lean-Controlling sollte stufenweise eingeführt werden. Der Umbau der Unternehmenssteuerung muß berücksichtigen, daß das Controlling in Zukunft kunden-
orientierter, schneller und einfacher durchgeführt wird. Für alle Beteiligten sollte
sich eine positive Perspektive ergeben. Das Controlling wird damit anspruchsvol-
ler. Die Unternehmensleitung und die Führungskräfte erhalten dann einen wesentlich besseren Service. Das Lean-Controlling kann vor allem mit Hilfe des
Reengineering verwirklicht werden.

Beim Umbau des Controlling sollten drei Schritte unterschieden werden, die die
Umgestaltung der Aufgaben des Controllers beinhalten, die eine Änderung der
Organisation des Controlling bedeuten und die die Neugestaltung der Instrumente
des Controllers umfassen.

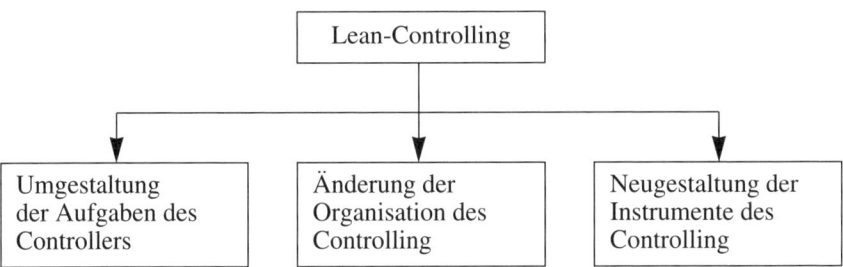

Abb.: Lean-Controlling

Das neue Controlling sollte so schlank wie nötig, aber so effizient wie möglich
sein. Das Verhalten des Controllers und sein Rollenverständnis müssen sich in
einem veränderten Umfeld ebenfalls ändern. Die lernenden Unternehmen benötigen also auch lernende Controller und keine Spezialisten, die mit ihrer erlangten
Position zufrieden sind.

11.2.1 Umgestaltung der Aufgaben des Controllers

Die Entstehung des Controlling als selbständige Funktion wird damit begründet, daß die Unternehmensführung eine hohe Komplexität aufweist. Deshalb ist auch eine starke Arbeitsteilung erforderlich. Wenn ein Reengineering der Aufgaben des Controllers durchgeführt wird, dann entfallen diese Gründe. Die Konsequenz daraus führt dazu, daß sich die Aufgaben der Bereiche in den Unternehmen grundlegend wandeln müssen, die die Unternehmensführung unterstützen.

Das Programm zum Lean-Controlling muß folglich zuerst die Umgestaltung der Aufgaben des Controllers umfassen. Es geht insbesondere um eine neue Arbeitsteilung zwischen der Unternehmensführung und dem Controller sowie um die Installation von Prozeßcontrollern.

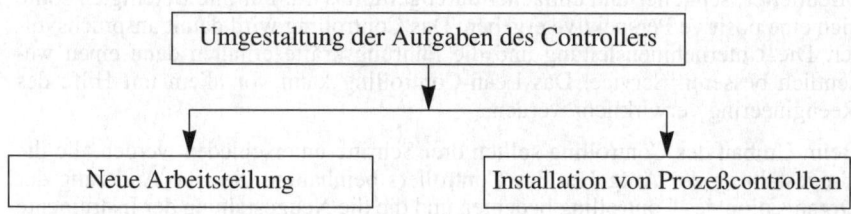

Abb.: Umgestaltung der Aufgaben des Controllers

11.2.1.1 Neue Arbeitsteilung

Zwischen der Unternehmensleitung und dem Controller muß eine neue Arbeitsteilung erfolgen. In einigen Unternehmen nehmen die Controller auch zu viele fachfremde Aufgaben wahr. Die unklare Definition des Controlling sollte beseitigt werden. Deshalb ist es notwendig, die Kernaufgaben des Controlling unternehmensspezifisch neu festzulegen.

Die Kernaufgaben des Controllers sollten darin bestehen, die Unternehmensführung mit ergebnisrelevanten Informationen zu versorgen. Wenn die Unternehmensleitung und die Führungskräfte bereits über gute betriebswirtschaftliche Kenntnisse verfügen, kann sich der Controller mehr auf spezielle Instrumente des Controlling konzentrieren, die er in die Unternehmen einführen sollte. Der Controller ist dann in der Lage, eine spezielle Unterstützung mit fachlicher Vertiefung auf bestimmten Gebieten anzubieten.

Das Wesen und die Anwendung der ABC-Analyse oder der Portfolio-Analyse sollten beispielsweise der Unternehmensleitung und den Führungskräften erklärt werden. Auf die Bedeutung des Shareholder Value können die Mitarbeiter ebenfalls aufmerksam gemacht werden. Die einzelnen Instrumente des Controlling sollten die Unternehmensleitung und die Führungskräfte beherrschen, so daß sie diese Instrumente auch selbständig einsetzen können.

11.2.1.2 Installation von Prozeßcontrollern

Die funktionalen Controller vertiefen die vorhandenen Schnittstellen in den Unternehmen. Der Produktions-Controller und der Vertriebs-Controller beispielsweise sind meist nur daran interessiert, den eigenen Bereich besser zu planen, genauer zu kontrollieren und effizienter zu steuern. Eine Koordination der einzelnen Aufgaben ist meist nicht vorhanden. Dadurch ist eine optimale Steuerung des gesamten Unternehmens nicht möglich.

Folglich sollten in den Unternehmen Prozeßcontroller installiert werden, um die bestehenden Probleme besser zu bewältigen. Die Controller müssen in den Teams mitarbeiten und die einzelnen Prozesse in den Unternehmen betreuen.

Die Aktivitäten der Controller haben bei der Entwicklung der Produkte zu beginnen, die Materialwirtschaft und die Produktion zu umfassen und beim Vertrieb zu enden. Die Controller sollten also die gesamte Wertekette in den Unternehmen begleiten.

Die Aufgaben des Controllers müssen umgestaltet werden. Es geht insbesondere um eine neue Arbeitsteilung zwischen der Unternehmensleitung und dem Controller. Die Kernaufgaben des Controllers bestehen darin, die Unternehmensführung mit ergebnisrelevanten Informationen zu versorgen.

Die funktionalen Controller vertiefen die Schnittstellen in den Unternehmen und ermöglichen keine optimale Steuerung der Unternehmen. Deshalb sind in den Unternehmen Prozeßcontroller zu installieren, die in Teams arbeiten müssen. Die Controller sollten die gesamte Wertekette in den Unternehmen begleiten und betreuen.

11.2.2 Änderung der Organisation des Controlling

Die bestehende Organisation des Controlling muß in vielen Unternehmen geändert werden. Es geht insbesondere um die Dezentralisierung aller operativen Steuerungsaufgaben und um die Schaffung eines einheitlichen Prozesses des Controlling.

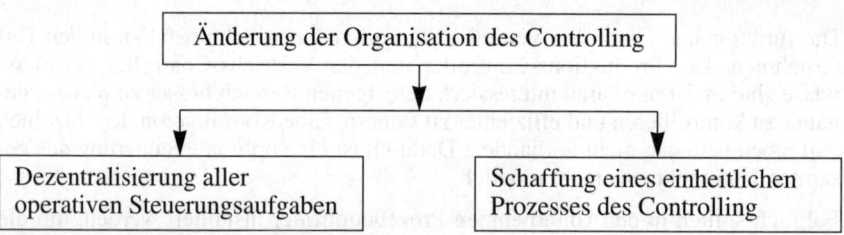

Abb.: Änderung der Organisation des Controlling

11.2.2.1 Dezentralisierung aller operativen Steuerungsaufgaben

Im Spannungsfeld zwischen dem Funktionsmanagement, dem Bereichsmanagement und dem Produktmanagement liegen die komplizierten Aufgaben des Controllers. Modernes Controlling befaßt sich mit der konkreten Unterstützung der Unternehmensleitung und der Führungskräfte. Es sollte flexibel auf den wachsenden Koordinationsbedarf zwischen den Teilbereichen in den Unternehmen reagieren. Die vordringlichste Aufgabe des Controlling besteht darin, der Unternehmensführung relevante Informationen verfügbar zu machen, die auch transparent sein müssen und die zum Treffen von Entscheidungen benötigt werden.

Wegen des aufgetretenen Mangels an Transparenz wurde das Controlling in vielen Unternehmen in einzelne Spezialbereiche aufgegliedert. Folgende Aufteilungen kommen in den Unternehmen vor:

1. F+E-Controlling
2. Beschaffungs-Controlling
3. Produktions-Controlling
4. Vertriebs-Controlling
5. Logistik-Controlling
6. Informations-Controlling
7. Qualitäts-Controlling

Diese Aufteilung sollte bezwecken, daß die Planung, die Kontrolle und die Steuerung einzelner Bereiche in den Unternehmen unter dem Druck der aggressiven

Konkurrenz besser und schneller durchgeführt werden können. Dadurch erfolgt eine starke Konzentration auf einzelne Aspekte in den Unternehmen. Allerdings wird dann oft die wichtige ganzheitliche Betrachtung in den Unternehmen vernachlässigt, bei der viele gegenseitige Abhängigkeiten stärker berücksichtigt werden müssen.

Die einseitige Betrachtungsweise der einzelnen Controller kann sich negativ auf das gesamte Unternehmen auswirken. Der verengte Blickwinkel führt oft zu Egoismen in einzelnen Verantwortungsbereichen und ruft unfruchtbare Rivalitäten hervor.

Die mehrdimensionalen Probleme sind durch die Aufteilung des Controlling nicht zu lösen. Es besteht dann keine Vernetzung der Ziele insbesondere in den Bereichen der Beschaffung, der Produktion und des Vertriebes. Diese Probleme können nur durch eine interdisziplinäre Teamarbeit erfolgreich beseitigt werden.

Die Gewichtung zwischen dem zentralen und dem dezentralen Controlling sollte zugunsten des dezentralen Controlling verschoben werden. In vielen Unternehmen ist das Controlling zu weit vom Tagesgeschäft entfernt.

Die Konsequenz daraus sollte sein, daß das Controlling in Zukunft systematisch zu dezentralisieren ist. Das zentrale Controlling ist dann nur noch für das einheitliche Berichtssystem zuständig. Es muß darauf geachtet werden, Doppelarbeiten in Zukunft zu vermeiden.

Das Controlling sollte in den einzelnen Verantwortungsbereichen möglichst von den Führungskräften selbst vorgenommen werden. Deshalb ist zukünftig darauf zu achten, daß in den Unternehmen soviel Selbstcontrolling wie möglich durchgeführt und nur soviel Fremdcontrolling wie nötig vorgenommen wird.

Der Controller muß die Informationen für die anfallenden Entscheidungen zusammentragen und entscheidungsorientiert aufbereiten. Die Entscheidungen sind von dem Controller mitzutragen. Deshalb hat der Controller eine Linienposition einzunehmen. Er sollte ein Mitglied des Management-Teams sein. Eine Stabsfunktion wäre eine falsche Positionierung des Controllers.

Die ergebnisorientierte Steuerung der Unternehmen ist für die Existenzsicherung der Unternehmen unbedingt erforderlich. Das zentrale Controlling wird zur Führung der Unternehmen als ganzem benötigt. Die dezentralisierten Einheiten mit ihren Prozessen müssen zielorientiert koordiniert werden. In den großen Unternehmen sollte ein Ausgleich zwischen den zentralen und dezentralen Einheiten angestrebt werden.

Das zentrale Controlling ist wesentlich zu verkleinern. Nur für das gesamte Berichtssystem besitzt das zentrale Controlling die Zuständigkeit, um ein einheitliches Zahlenwerk zu garantieren. Die dezentralen Controller dagegen sind in den einzelnen Verantwortungsbereichen in den Management-Teams zu integrieren. Um nicht die Ausrichtung auf die wesentlichen Ziele zu verlieren und um den Gedankenaustausch innerhalb des Controlling zu ermöglichen, sind die dezentralen Controller dem zentralen Controlling zu unterstellen.

11.2.2.2 Schaffung eines einheitlichen Prozesses des Controlling

Der Kernprozeß des Controlling umfaßt die Planung, die Kontrolle und die Steuerung. Diese Aufgaben sind oft durch Schnittstellen segmentiert. In einigen Unternehmen werden die Planung von der Kontrolle und die Kontrolle von der Steuerung getrennt. Auch die operative und die strategische Planung bilden in manchen Unternehmen keine prozeßuale Einheit. Dadurch kann das Controlling nicht effizient durchgeführt werden.

Deshalb ist es besonders wichtig, die Schaffung eines einheitlichen Prozesses des Controlling zu realisieren. Der Prozeß des Controlling sollte durchgängig, einfach und schnell gestaltet werden. Mehrere Abteilungen dürfen beispielsweise nicht für die Planung zuständig sein. Für den gesamten Planungsprozeß ist das Controlling alleine verantwortlich. Die Prozeßorientierung bedeutet auch, daß das Controlling die Unternehmensleitung und die Führungskräfte bei der Gestaltung der Steuerungsprozesse unterstützen muß.

MERKE

Die Organisation des Controlling sollte in den Unternehmen geändert werden. Die Aufteilung des Controlling in einzelne Spezialbereiche führt dazu, daß dann die ganzheitliche Betrachtung vernachlässigt wird. Die einseitige Betrachtungsweise der einzelnen Controller verursacht eine Verengung des Blickwinkels und führt oft zu Egoismen sowie zu Rivalitäten in den einzelnen Verantwortungsbereichen.

Alle operativen Steuerungsaufgaben sind deshalb zu dezentralisieren. Das zentrale Controlling sollte nur noch für ein einheitliches Berichtssystem zuständig sein. Das Controlling ist in den einzelnen Verantwortungsbereichen von den Führungskräften möglichst selbst vorzunehmen. Selbstcontrolling sollte so viel wie möglich realisiert werden. Das Fremdcontrolling ist nur so viel wie nötig durchzuführen.

Es ist ein einheitlicher Prozeß des Controlling zu schaffen. Der Kernprozeß des Controllers umfaßt die Planung, die Kontrolle und die Steuerung. Dieser Prozeß sollte durchgängig, einfach und schnell gestaltet werden.

11.2.3 Neugestaltung der Instrumente des Controllers

Die Instrumente des Controllers müssen umgestaltet werden, wenn sie nicht mehr den Zweck erfüllen, für den sie gedacht waren. Ein wesentliches Instrument für den Controller ist das interne Rechnungswesen, das in der Zwischenzeit einen zu hohen Komplexitätsgrad in vielen Unternehmen erreicht hat.

Viele Controller bemühen sich, das Geschehen der Unternehmen exakt abzubilden. Dadurch werden zu viele Informationen erarbeitet, die vielfach nicht benötigt werden, um richtige Entscheidungen zu treffen. Die entwickelten Kostenrechnungssysteme verursachen dann viel zu hohe Kosten. Die Qualität der erarbeiteten Informationen ist für viele Führungskräfte nicht zufriedenstellend, da die Daten oft nicht mehr empfängergerecht aufbereitet werden.

Wegen der Vielzahl der Daten und wegen der Komplexität der Informationen stehen die relevanten Daten, die für das Treffen von Entscheidungen erforderlich sind, der Unternehmensleitung und den Führungskräften auch oft viel zu spät zur Verfügung. Außerdem sind viele Berichte nicht mehr verständlich, da die Vorgänge in den Unternehmen viel zu kompliziert dargestellt werden. Die Wirtschaftlichkeit des bestehenden Berichtssystems ist nicht mehr gewährleistet.

Die Kosten- und Leistungsrechnung wurde im Laufe der Jahre von den Controllern immer mehr verfeinert. In vielen Unternehmen sind jetzt zu umfangreiche und zu komplizierte Zahlenwerke entstanden. Die Grenzen, die der Kosten- und Leistungsrechnung hinsichtlich der Genauigkeit und Richtigkeit der Ergebnisse gezogen werden, sind in vielen Fällen bereits überschritten.

Kein Controller wird behaupten, daß das interne Rechnungswesen absolut richtig sein muß. Auch der Grundsatz, daß für unterschiedliche Zwecke auch unterschiedliche Kosten benötigt werden, ist überholt. Der Kern der Komplexitätsprobleme beruht auf diesem Grundsatz, der zu ändern ist.

Für verschiedene Situationen der Entscheidungen wurden relevante Informationen deduktiv abgeleitet. Die Übertragung von betriebswirtschaftlichen Modellen auf die Praxis führte oft zu einem starken Anwachsen der Komplexität.

In der Praxis sollte die Kosten-Nutzen-Analyse eingesetzt werden. Es kommt darauf an, wieviel die Unternehmensleitung für ein Informationssystem bezahlen will. Das Controlling muß auf die praktische Brauchbarkeit der Informationen achten, die auch wirtschaftlich beschafft werden können.

MERKE *Ein wesentliches Instrument für den Controller ist die Kosten- und Leistungsrechnung, die in der Zwischenzeit einen zu hohen Komplexitätsgrad in vielen Unternehmen erreicht hat. Die entwickelten Kostenrechnungssysteme verursachen dann viel zu hohe Kosten. Die Qualität der erarbeiteten Informationen ist für viele Führungskräfte nicht zufriedenstellend, da die Daten oft nicht empfängerorientiert aufbereitet sind.*

Deshalb müssen die Instrumente des Controlling umgestaltet werden, wenn sie nicht mehr den Zweck erfüllen, für den sie ursprünglich gedacht waren. In der Praxis sollte eine Kosten-Nutzen-Analyse durchgeführt werden. Das Controlling muß auf die praktische Brauchbarkeit der Informationen achten, die auch wirtschaftlich beschafft werden können.

11.3 Wie hat die Umorientierung des Controllers zu erfolgen?

Die Unternehmen werden ständig mit immer komplexer werdenden Problemen konfrontiert. Dadurch nimmt die Steuerung der Aktivitäten in den Unternehmen laufend an Bedeutung zu, um auch in Zukunft erfolgreich tätig sein zu können. Der Controller muß in erhöhtem Maße die Aufgabe übernehmen, als interner Unternehmensberater die Unternehmensleitung, die Führungskräfte und die Mitarbeiter über die Besonderheiten des Controlling zu informieren. Er hat alle Mitarbeiter in den Unternehmen bei deren operativen und strategischen Entscheidungen zu unterstützen, damit die gemeinsam erarbeiteten Ziele auch erreicht werden können. Das operative Controlling beschäftigt sich insbesondere mit der Gewinnsteuerung. Beim strategischen Controlling kommt es vor allem auf die langfristige Existenzsicherung der Unternehmen an.

Der Controller muß die Unternehmensleitung, die Führungskräfte und die Mitarbeiter auch bei der Einführung eines kooperativen Führungsstils beraten. Um die Motivation aller Mitarbeiter hat sich der Controller ebenfalls zu kümmern, damit die Unternehmen auch in Zukunft erfolgreicher arbeiten können.

Die Verbesserung der Leistungen und die Senkung der Kosten in den Unternehmen sind insbesondere durch eine bessere Motivation zu erreichen. Die Mitarbeiter müssen davon überzeugt werden, daß sie eine sinnvolle Tätigkeit ausüben. Vor allem auf folgende Punkte kommt es an, um ein effizientes Controlling in Zukunft zu realisieren:

1. Vereinbarung von operativen und strategischen Zielen
2. Erzeugung eines Wir-Gefühls
3. Delegation von Aufgaben, Verantwortung und Kompetenz
4. Schaffung von Freiräumen für eigene Initiativen
5. Erstellung eines aussagefähigen Informationssystems

Der Controller muß seine Aufgabe darin sehen, als unternehmensinterner Unternehmensberater tätig zu sein. Er sollte der betriebswirtschaftliche Koordinator, Navigator oder Lotse sein und dafür sorgen, daß das Unternehmen auch in Zukunft erfolgreich tätig sein kann. Deshalb hat er ein aussagefähiges Controlling-Instrumentarium aufzubauen und im Unternehmen einzusetzen, um die Transparenz der wichtigen Vorgänge zu erhöhen.

Navigator ist eine treffende Beschreibung der Position des Controllers. Er muß stets wissen, wo sich das Schiff befindet. Durch die laufenden Korrekturen des Kurses sollte das Unternehmen schneller ans Ziel gelangen, als es der Konkurrenz gelingt.

Die wesentliche Aufgabe des Controllers besteht darin, eine ständige Standortbestimmung des Unternehmens vorzunehmen. Die Kurse müssen laufend berechnet werden. Richtungsänderungen sind unter Berücksichtigung aller Hindernisse und Umfeldbedingungen permanent vorzunehmen. Der Controller hat die Konkurrenz stets zu beobachten. Er trägt die Mitverantwortung bis zur Zielerreichung. Deshalb muß der Controller auch mitentscheiden, welcher Kurs eingeschlagen werden soll, um ein Unternehmen erfolgreich zu führen.

Der Controller sollte managementorientiert handeln und Entscheidungen vorbereiten. Bei wichtigen Entscheidungen hat er als Unternehmensberater zu fungieren. Aufgrund seiner betriebswirtschaftlichen Kenntnisse und seiner Aufgabenstellung hat er den besten Überblick über alle wichtigen Vorgänge im Unternehmen. Ein Frühwarnsystem hat der Controller ebenfalls aufzubauen. Deshalb sollte er auch rechtzeitig entsprechende Maßnahmen zur Gegensteuerung vorschlagen oder mit den Führungskräften erarbeiten, um die vereinbarten Ziele doch noch zu erreichen. Der Controller hat also seine wesentliche Aufgabe darin zu sehen, als Unternehmensberater im eigenen Unternehmen tätig zu sein.

Über die Inhalte des Controlling sollte der Controller insbesondere die Unternehmensleitung und die Führungskräfte informieren. Da sich das Aufgabengebiet des Controllers laufend erweitert, hat er die Mitarbeiter im Unternehmen zu beraten, wie die Inhalte des Controlling in den einzelnen Verantwortungsbereichen die Verhaltensweisen der Mitarbeiter zukünftig beeinflußt werden und welche Auswirkungen die Inhalte des Controlling in den einzelnen Verantwortungsbereichen haben werden.

11.3.1 Neue Grundprinzipien

Wegen der immer lauter werdenden Kritik am Controlling ist eine Umorientierung der Controller erforderlich. Deshalb muß ein Umdenken des Controllers eingeleitet werden. Für das Controlling sind neue Grundprinzipien in Zukunft zu beachten. Zu diesen Grundprinzipien gehören insbesondere:

1. Marktorientierung
2. Kundenorientierung
3. Zukunftsorientierung
4. Prozeßorientierung
5. Mengemäßige Meßgrößen
6. Qualität der Berichte
7. Selbstcontrolling

Die neuen Grundprinzipien haben für das Controlling Konsequenzen, da sie die Denkweise der Mitarbeiter wesentlich beeinflussen werden. Schwerpunkte der Veränderungen, die durch das Umfeld des Controllers verursacht werden, sind zu identifizieren. Bei der notwendigen Umorientierung der Controller sind die neuen Grundprinzipien zu beachten.

Grundprinzip Nr. 1: Marktorientierung

Die Marktorientierung sollte in den Unternehmen insbesondere durch die Einführung der Zielkostenrechnung verwirklicht werden. Die Marktpreise und die Zielkosten sind dann die Basis für die Planung der Leistungen (Umsatzerlöse), der Kosten und des Betriebsergebnisses (Gewinnes). Bei den Zielkosten sollten neben den Material- und Fertigungskosten auch die Gemeinkosten berücksichtigt werden.

Die Automobilindustrie hat bereits die Zielkostenrechnung eingeführt. Auch in der Elektroindustrie verwenden bereits zahlreiche Unternehmen die Zielkostenrechnung.

Grundprinzip Nr 2: Kundenorientierung

Die Kundenorientierung bedeutet, daß jeder Prozeß einen internen oder einen externen Kunden haben muß. Zu den externen Kunden gehören die Käufer der Produkte und der Dienstleistungen, die einen hohen Kundennutzen erwarten. Die internen Kunden sind insbesondere die Mitarbeiter, die von den anderen Mitarbeitern in den Unternehmen Leistungen erhalten, die eine einwandfreie Qualität haben müssen. Jeder Mitarbeiter, der eine Teilleistung von seinem Vorgänger enthält, sollte also als interner Kunde betrachtet werden.

Zu den neuen internen Kunden, die mit relevanten Informationen versorgt werden, gehören die Mitarbeiter in den einzelnen Abteilungen, die Teams und der Betriebsrat. Traditionell werden diese drei Gruppen vom Controller kaum beachtet. Die Richtung seiner Informationen war bisher meist nach oben gerichtet und betraf nur die Unternehmensleitung. Zum Teil war die Richtung auch seitlich ausgerichtet und bezog sich auch auf die Führungskräfte. Der Betriebsrat wurde in der Regel ausgeklammert.

In Zukunft hat es nur noch ein einheitliches Berichtssystem über die Planung, die Kontrolle und die Steuerung zu geben, das der Unternehmensleitung, den Führungskräften, den Mitarbeitern und dem Betriebsrat zur Verfügung steht. Einige Unternehmen haben bereits mit dieser Vorgehensweise eine wesentliche Verbesserung des Betriebsklimas erreicht.

Alle Mitarbeiter sind laufend über die operativen und strategischen Unternehmensziele zu informieren. Auch über die aktuelle Geschäftsentwicklung sollten die Mitarbeiter ständig Bescheid wissen.

Die Kundenorientierung sollte das Denken, Verhalten und Handeln der Mitarbeiter in den Unternehmen prägen. Für die Controller stellt sich die Frage, wieweit ihre Arbeit und ihre Verhaltensweisen kundenorientiert sind und sich an externen und internen Kunden orientieren.

In der Praxis wird öfter Kritik an den Controllern geübt. Das Controlling ist in vielen Unternehmen zur Spitze der Mißtrauensorganisation geworden. Manche Führungskräfte bemerken, daß Controlling die operativen Prozesse durch irrelevante Informationsanforderungen belastet. Viele Controller sind wegen einer zu starken Kontrollorientierung noch lange nicht zu den Steuermännern der Unternehmen geworden. Einige Controller haben sich zu Erbsenzählern entwickelt und sind eher Gärtner von Zahlenfriedhöfen.

Der Controller sollte aber der Entscheidungsvorbereiter und der Moderator sein, der sich insbesondere um das strategische und operative Controlling kümmert. Die Aufgaben des kundenorientierten Controllers sind:

Anforderungen

1. Planungs-, Kontroll- und Steuerungsfunktionen müssen auf das Selbst-Controlling ausgerichtet werden.

2. Controlling sollte der Prozeßstruktur des Unternehmens folgen.
3. Controlling muß zu einer integrierten Managementfunktion werden.
4. Controlling sollte sich mit harten und weichen Leistungsindikatoren befassen.

In vielen Unternehmen ist eine Neuorientierung des Controlling erforderlich. Die Controller müssen kundennäher werden und erkennen, daß sie als Dienstleister mit aktiven Gestaltungsaufgaben in den Unternehmen eingesetzt werden und mit den Mitarbeitern intensiver zusammenarbeiten sollten.

Jeder Controller hat eine Checkliste zu erstellen, die dann Aufschluß über seine jetzigen und zukünftigen Tätigkeiten gibt. Die Prüfpunkte könnten wie folgt lauten:

Prüfpunkte

1. Erstellung eines Katalogs mit allen wichtigen Leistungen
2. Überprüfung der Qualität dieser Leistungen
3. Ermittlung der Preise für die einzelnen Leistungen
4. Analysen des Marktes für die jetzigen und zukünftigen Leistungen
5. Einsatz von relevanten Controlling-Instrumenten
6. Prüfung der eigenen Kundennähe, differenziert nach externen und internen Kunden

Der Weg des Controllers wird sich in Zukunft teilen. Entweder sieht sich der Controller als Kostenrechner oder als interner Unternehmensberater. Ein guter Controller sollte sich als interner Unternehmensberater betrachten, der sich besonders mit der Führung der Unternehmen befaßt. Dann kann er sich intensiver mit den Leistungsindikatoren beschäftigen und beim Aufbau eines neuen Führungssystems aktiv mithelfen.

Grundprinzip Nr. 3: Zukunftsorientierung

Eine stärkere Zukunftsorientierung der Instrumente des Controlling ist ebenfalls erforderlich. Eine Vereinfachung und Beschleunigung der Kostenrechnungssysteme sind auch unerläßlich. Die Planung, die Kontrolle und die Steuerung sollten also schneller realisiert werden.

Die Planungs-, Kontroll- und Steuerungsprozesse beinhalten in einigen Unternehmen zu viele Details und dauern viel zu lange. Demzufolge sind auch die Berichte viel zu umfangreich. Wenn die Planvorgaben sehr detailliert sind, entsteht für den Controller auch ein großer Arbeitsaufwand, die detaillierten Istdaten zu erfassen. Die Folge ist, daß die Kapazität des Controllers nicht mehr ausreicht, um sich mit den Zukunftstrends intensiver zu befassen.

Grundprinzip Nr. 4: Prozeßorientierung

Die Prozeßorientierung des Controlling bedeutet, daß eine prozeßorientierte Integration der Aufgaben des Controllers zu erfolgen hat. Alle zusammengehörenden Aufgaben des Controllers müssen jeweils zu einem Prozeß zusammengefaßt werden. Das Controlling selbst muß also prozeßorientiert gestaltet werden. Für das Controlling ist deshalb eine Prozeßstruktur aufzubauen.

Mit dem Denken in Geschäftsprozessen sollte auch das Denken entlang der Prozeßkette gepflegt werden, die die Grenzen der einzelnen Verantwortungsbereiche überschreitet. Dadurch ergeben sich gute Ansätze für die Verbesserung der Wirtschaftlichkeit in den Unternehmen. Es ist also eine ganzheitliche Orientierung des Controlling anzustreben. Eine deutliche Steigerung der Effizienz läßt sich dann in allen Verantwortungsbereichen erzielen.

Auch in der Kosten- und Leistungsrechnung sollte eine Prozeßorientierung realisiert werden. Die Prozeßkosten sind schrittweise in die traditionellen Kostenrechnungssysteme zu integrieren. Außerdem ist die Kosten- und Leistungsrechnung zu vereinfachen, so daß die Daten auch von der Unternehmensleitung und allen Führungskräften verstanden werden. Die entscheidungsrelevanten Informationen müssen der Unternehmensführung auch viel schneller zur Verfügung gestellt werden.

Die Deckungsbeitragsrechnung sollte schrittweise um prozeßbezogene Kosten ergänzt werden. Die Hauptprozesse und die Teilprozesse sind zu identifzieren. Die Kostentreiber müssen ermittelt werden. Die Berichte sind von Informationen zu bereinigen, die für die laufende Steuerung in den Unternehmen nicht benötigt werden.

Die komplexen Abrechnungssysteme sollten wieder abgeschafft werden. Die Informationen über die Kosten und die Leistungen müssen radikal vereinfacht werden. Dadurch läßt sich die Steuerung wesentlich erleichtern und beschleunigen. Bei Mercedes-Benz wurde beispielsweise vielfach in der Produktion der Akkordlohn abgeschafft und durch ein Monatgehalt ersetzt. Die Einsparungen in der Arbeitswirtschaft und der Betriebsbuchhaltung waren enorm.

Grundprinzip Nr. 5: Mengenmäßige Meßgrößen

Die Steuerung sollte vor allem durch mengenmäßige Meßgrößen erfolgen. Dazu gehören beispielsweise die Höhe der Reklamationen, die Ausschußquote oder die Durchlaufzeiten. Wertmäßige Meßgrößen wie die Plankosten oder die Standardkosten sind für viele Mitarbeiter in den Unternehmen nicht verständlich.

Die Prozesse sollten vorrangig durch mengenmäßige Meßgrößen gesteuert werden. Deshalb hat der Controller ein System von mengenmäßigen Größen für die einzelnen Prozesse aufzubauen. Die neuen Steuerungsgrößen müssen so festgelegt werden, daß sie die konkrete Situation in den Unternehmen erfassen und widerspiegeln.

Das neue Kennzahlensystem zur Steuerung der Unternehmen sollte dann eher dem Instrumentenbrett in den Autos gleichen. Dann sind die Unternehmensleitung und die Führungskräfte wieder in der Lage, die wichtigen Vorgänge im Unternehmen klar zu erkennen und richtig einzuschätzen.

Grundprinzip Nr. 6: Qualität der Berichte

Die Qualität der Berichte muß verbessert werden. Die Informationen sind ein wesentlicher Wettbewerbsfaktor. Deshalb sollten die Zahlen so erstellt und präsentiert werden, daß alle Mitarbeiter die Bedeutung der Zahlen erkennen.

Bei dem Aufbau eines aussagekräftigen Berichtssystems ist vor allem auf die Prinzipien „Schnelligkeit vor der Genauigkeit", „Konzentration auf das Wesentliche" und „Konsistenz der Inhalte" zu achten.

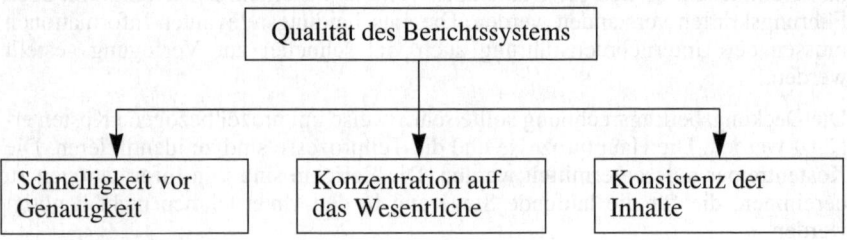

Abb.: Qualität des Berichtssystems

● **Schnelligkeit vor Genauigkeit**

In vielen Unternehmen sind die Berichte zu umfangreich und zu detailliert. Für die Erstellung der Berichte ist deshalb ein großer Zeitaufwand erforderlich. Wegen der zu großen Genauigkeit dauert es oft zu lange, bis die Berichte der Unternehmensleitung und den Führungskräften zur Verfügung gestellt werden.

Zum Treffen von Entscheidungen und zur Einleitung von bestimmten Aktionen ist die Aktualität viel wichtiger. Deshalb ist es in vielen Fällen notwendig, auch Schätzungen vorzunehmen oder auf zu große Genauigkeit zu verzichten. Die Schnelligkeit muß also vor der Genauigkeit kommen.

Ungefähr richtig ist meist viel besser als genau verkehrt. Wenn die Daten in etwa korrekt sind und schnell vorliegen, können wesentlich bessere Entscheidungen getroffen werden, als wenn die Informationen zwar genauer ermittelt werden, aber viel zu spät zur Verfügung stehen, so daß sie für die notwendigen Entscheidungen nicht herangezogen werden können.

● **Konzentration auf das Wesentliche**

Das bestehende Berichtssystem muß in vielen Unternehmen wesentlich gestrafft werden. Im Controlling besteht häufig der Drang nach detaillierten Darstellungen. Die Empfänger der Berichte erhalten dann oft Zahlenfriedhöfe, mit denen sie nichts anfangen können.

Alle Berichte sollten empfängerorientiert aufgebaut sein und sich auf das Wesentliche konzentrieren. Graphische Darstellungen sind meist viel sinnvoller, weil die Graphiken von den Kaufleuten und von den Technikern besser verstanden werden.

● **Konsistenz der Inhalte**

Die Inhalte aller Berichte sollten konsistent und auf der gleichen Basis aufgebaut sein. Die Daten sind der Kosten- und Leistungsrechnung zu entnehmen, die wertmäßige Meßzahlen enthalten.

Es wird aber immer wichtiger, daß der Controller auch mengenmäßige Meßgrößen verwendet, die vor allem in der Produktion und im Vertrieb für die Empfänger viel leichter verstanden werden und viel transparenter sind.

Grundprinzip Nr. 7: Selbstcontrolling

Das Controlling sollte in den einzelnen Verantwortungsbereichen von den Führungskräften und von den Mitarbeitern auf der Basis der vom Controller erarbeiteten Kennzahlen möglichst selbständig durchgeführt werden. Die eigenverantwortliche Selbststeuerung besagt, daß jede Führungskraft und jeder Mitarbeiter vor Ort die Steuerung selbst vorzunehmen hat. Es muß klar zum Ausdruck kommen, daß jeder Mitarbeiter für die Arbeiten selbst verantwortlich ist, die er erledigt und die er dann weitergibt.

Die Planung, die Kontrolle und vor allem die Steuerung müssen in Zukunft auf das Selbstcontrolling ausgerichtet werden. Auch die eingesetzten Instrumente und Techniken sind so auszuwählen, daß sie das Selbstcontrolling der einzelnen Mitarbeiter unterstützen.

Die ABC-Analyse eignet sich beispielsweise sehr gut, um die Materialwirtschaft besser in den Griff zu bekommen. Auf diese Weise können die Managementprozesse effizienter realisiert werden.

MERKE

Eine Umorientierung des Controllers ist erforderlich, da die Unternehmen ständig mit immer komplexeren Problemen konfrontiert werden. Die Steuerung der Aktivitäten nimmt in den Unternehmen laufend an Bedeutung zu, um auch in Zukunft erfolgreich tätig sein zu können. Die Verbesserung der Leistungen und die Senkung der Kosten sind insbesondere durch eine bessere Motivation der Mitarbeiter zu erreichen.

Die Controller müssen sich mit den neuen Grundprinzipien intensiver befassen. Die Beachtung dieser Grundprinzipien wird die Denkweise aller Mitarbeiter in den Unternehmen wesentlich beeinflussen. Es geht insbesondere um die Markt-, Kunden-, Zukunfts- und Prozeßorientierung. Außerdem sollten öfter mengenmäßige Meßgrößen zur Steuerung herangezogen werden. Die Qualität der Berichte muß verbessert werden. Außerdem sollte mehr Wert auf das Selbstcontrolling in Zukunft gelegt werden.

11.3.2 Lernprozeß

In den traditionell geführten Unternehmen muß die neue Denkweise erst eingeführt werden. Die herkömmlichen Verhaltensweisen der Controller sind zu ändern. Es ist sinnvoll, Schulungen, Seminare und Workshops einzurichten, um eine bedarfsorientierte Teamarbeit zu trainieren. Dadurch können Strukturen verändert werden, die sich in erfolgreichen Zeiten und über viele Jahre hin entwickelt haben.

Neben seinem Standardprogramm der Planung, der Kontrolle und der Steuerung sollte sich das Tätigkeitsfeld des Controllers erweitern. Er muß ein Mitglied des Führungsteams sein sowie als Trainer der Mitarbeiter und als Moderator in den Unternehmen eingesetzt werden.

Für den Erfolg des Controllers ist in Zukunft entscheidend, daß er es versteht, seine betriebswirtschaftlichen Kenntnisse über die wirtschaftlichen Zusammenhänge und Abhängigkeiten in den Unternehmen allen Mitarbeitern zu vermitteln. Wenn ihm dies gut gelingt, ist eine Delegation der Aufgaben, der Verantwortung und der Kompetenz in allen Verantwortungsbereichen möglich. Jeder Mitarbeiter kann dann an seinem Arbeitsplatz das unternehmerische Denken praktizieren und das Selbstcontrolling effizienter verwirklichen.

Bei der Umsetzung des neuen Controlling ist es wichtig, daß die handelnden Controller neue Spielregeln lernen müssen. Die Controller befürchten öfter, daß sie einen Imageverlust erleiden, wenn sie in die Prozesse integriert werden. In der Vergangenheit waren die Gesprächspartner der Controller meist nur die Unternehmensleitung und die Führungskräfte in den Unternehmen. In der Zukunft müssen sich die Controller aber intensiver mit den Meistern und mit den anderen Mitarbeitern auseinandersetzen.

Die Zusammenarbeit zwischen den Controllern und den Mitarbeitern in den Unternehmen muß sich ändern. Das dezentrale Controlling sollte sich deshalb viel mehr mit den dezentralen Mitarbeitern befassen. Folglich sind neue Regeln der Zusammenarbeit zu formulieren und zu verwirklichen. Die Controller müssen auf die neue Situation eingestellt werden. Dafür sollte ein Lernprogramm erstellt werden, das ein intensives Training ermöglicht.

Die neuen Regeln der Steuerung können in Seminaren anhand von Fallspielen diskutiert und trainiert werden. Die Umorientierung der Controller muß systematisch vorgenommen werden. Die zentralen Controller verfügen über fundierte betriebswirtschaftliche Kenntnisse und werden als interne Unternehmensberater eingesetzt. Dagegen sollten die dezentralen Controller als ein Teil der operativen Prozesse in den Unternehmen integriert werden. Die dezentralen Controller müssen in Zukunft dem Prozeßteam angehören.

Insbesondere die großen Unternehmen sollten ein Programm für die Weiterbildung der Controller erstellen. Das Wissen der Controller muß vor allem hinsichtlich der Prozesse erweitert werden. Bei der Steuerung der Unternehmen spielen neben den wertmäßigen Meßgrößen die mengenmäßigen Kennzahlen eine immer größere Rolle.

MERKE

In den traditionell geführten Unternehmen muß eine neue Denkweise eingeführt werden. Auch die herkömmlichen Verhaltensweisen der Controller sind zu ändern. Deshalb ist ein intensiver Lernprozeß in den Unternehmen durchzuführen.

Neben dem Standardprogramm der Planung, der Kontrolle und der Steuerung sollte sich das Tätigkeitsfeld der Controller erweitern. Die Controller müssen zum Führungsteam gehören und auch als Trainer der Mitarbeiter sowie als Moderator in den Unternehmen eingesetzt werden.

Die Zusammenarbeit zwischen dem Controller und den Mitarbeitern in den Unternehmen muß sich ändern. Das dezentrale Controlling nimmt an Bedeutung zu. Die handelnden Controller haben sich mit den neuen Spielregeln vertraut zu machen, um auch in Zukunft erfolgreich tätig sein zu können.

12 Fortschritte im Controlling

In den Unternehmen sollten die wertschöpfungsorientierten Leistungsindikatoren deutlicher und klarer aufgezeigt werden. Die kontinuierliche Verbesserung der Leistungsfähigkeit stellt in vielen Unternehmen eine große Herausforderung dar. Der Prozeß der herkömmlichen Verbesserung muß durch den Einsatz von entsprechenden Controlling-Instrumenten beschleunigt werden. Um die Wertorientierung in den Unternehmen zu installieren, eignen sich insbesondere die Konzeptionen des Shareholder-Value, der Balanced Scorecard und des wertorientierten Führungssystems.

12.1 Shareholder-Value

In den letzten Jahren wurde besonderer Wert auf die Strategien der Unternehmen gelegt. Es ging insbesondere um die Markt- und Kundenorientierung und um das Kostenmanagement. Die Unternehmen konzentrierten sich darauf, langfristige Erfolgspositionen in den Märkten aufzubauen, um in Zukunft höhere Gewinne zu erzielen.

Gleichzeitig wurde die Frage gestellt, welchen Nutzen diese Entwicklung der Unternehmen auch für die Aktionäre bringt, die ihr Kapital den Unternehmen zur Verfügung stellen. In früheren Jahren wurde – zumindest in Deutschland – an die Aktionäre als die Eigner der Unternehmen weniger gedacht. Angesichts der Liberalisierung der Kapitalmärkte müssen sich die Unternehmen zunehmend um ihre Attraktivität als Kapitalanlageobjekt kümmern. Dies umfaßt neben einer verbesserten Öffentlichkeitsarbeit und Kommunikation mit den Anlegern (Stichwort Investor Relations) auch eine verstärkte Konzentration auf den Vorteil für die Aktionäre.

Die Umsetzung der Idee des Shareholder-Value bereitete zuerst größere Schwierigkeiten, da in der Öffentlichkeit der Eindruck erweckt wurde, daß die Verwirklichung dieser Konzeption notwendigerweise zum Abbau von Arbeitsplätzen führen müsse. Es wurde behauptet, daß wegen des Shareholder-Value gleichzeitig rigorose Rationalisierungsmaßnahmen in den Unternehmen durchgeführt werden sollen.

Amerikanische Unternehmen haben als erste den Shareholder-Value praktiziert. Gut geführte deutsche Unternehmen beschäftigen sich ebenfalls seit einigen Jahren mit dieser Idee und verwenden zum Teil den Shareholder-Value in den Unternehmen bereits mit großem Erfolg.

12.1.1 Was verstehen wir darunter?

Der Shareholder-Value stellt den Gesamtwert des Unternehmens dar. Er wird rechnerisch ermittelt, indem die zukünftig zu erwartenden freien liquiden Mittel (Free Cash-flow) errechnet werden. Um die zukünftigen freien Cash-flows auf den Gegenwartswert umzurechnen, werden sie mit Hilfe eines am Kapitalmarkt orientierten Zinssatzes abdiskontiert.

Der Shareholder-Value wird in erster Linie zur Bewertung ganzer Unternehmen verwendet. Er kann aber auch zur Beurteilung von Strategischen Geschäftseinheiten, Geschäftsfeldern oder auch einzelner Strategien bzw. Investitionsvorhaben herangezogen werden. Im Rahmen einer wertorientierten Unternehmensführung werden alle Strategien nach ihrer voraussichtlichen Wertsteigerung, d. h. nach der Erhöhung der freien Cash-flows, beurteilt.

Die traditionellen kurzfristigen Steuerungsgrößen wie beispielsweise der Gewinn, das Betriebsergebnis oder der ROI treten wahrscheinlich in Zukunft zugunsten von wertorientierten Größen in den Hintergrund. Entscheidend wird die Frage sein, welcher Wert in einem Geschäftsjahr im Verhältnis zum eingesetzten Kapital geschaffen wird.

Die Bestimmung des Unternehmenswertes und das konsequent am Wert des Unternehmens orientierte Management gewinnt immer mehr an Bedeutung. Die Folge dieser Enwicklung ist eine Welle von Fusionen und Übernahmen von Unternehmen (Mergers and Acquisitions), die zusammen einen höheren Unternehmenswert erwarten lassen, als wenn sie getrennt bzw. als Konkurrenten am Markt auftreten.

Bei der wertorientierten Unternehmensführung kommt es nicht mehr so sehr auf den erwirtschafteten Gewinn an. Der Cash-flow nimmt an Bedeutung zu. Der Shareholder-Value stellt die Summe der mit den risikoadäquat abgezinsten zukünftigen freien Cash-flows dar.

Der Controller hat die betriebswirtschaftliche Kompetenz im Unternehmen und ist für die Unternehmenssteuerung mit Kennzahlen verantwortlich. Der Shareholder-Value als wichtige Kennzahl gehört also als strategisches Instrument in seinen Werkzeugkasten. Der Controller hat auch die Aufgabe, ein wertorientiertes Controlling im Unternehmen einzuführen. Die klassischen Erfolgsmaßstäbe wie die Umsatz-Rentabilität, die Eigenkapital-Rentabilität und der ROI sind um den Shareholder-Value zu ergänzen.

Der Shareholder-Value sollte immer mehr zur Meßlatte von unternehmerischen Entscheidungen werden. Die Optimierung des Unternehmenswertes ist nicht nur für die börsennotierten Unternehmen von großer Bedeutung. Der Controller sollte sich in Zukunft verstärkt mit den zahlungswirksamen Größen anstelle von Kosten und Leistungen befassen.

MERKE
Der Shareholder-Value ist eine Bewertungsgröße für ganze Unternehmen, für Geschäftsfelder und für strategische Geschäftseinheiten. Bei der Bewertung wird unterstellt, daß der Wert (Value) eines Unternehmens für die Aktionäre (Shareholder) durch die Summe der abdiskontierten freien Cash-flows bestimmt werden kann, die in Zukunft in dem Unternehmen erwirtschaftet werden.

Der Shareholder-Value sollte immer mehr zur Meßlattevon strategischen Entscheidungen werden. Der Controller hat sich in Zukunft verstärkt um die zahlungswirksamen Größen anstelle von Kosten und Leistungen zu kümmern. Als zusätzliche Kennzahl sollte der Shareholder-Value in den zukunftsorientierten Unternehmen eingesetzt werden.

12.1.2 Wie erfolgt die Wertberechnung?

Die Wertberechnung der Unternehmen wird zumeist nach der Methode des Discounted-Cash-flow vorgenommen. Der Wert des Unternehmens ist der Kapitalwert der zukünftigen Netto-Cash-flows. Es handelt sich also um eine dynamische Investitionsrechnung.

Für den Panungszeitraum werden die Cash-flows detailliert geplant. Die zu planenden Cash-flows sind die Netto-Cash-flows. Mit diesen Zahlungsmitteln können die Eigen- und Fremdkapitalgeber bezahlt werden.

Die Netto-Cash-flows werden mit dem gewichteten gesamten Kapitalkostensatz diskontiert. Dieser Kapitalkostensatz ist ein an der zukünftigen Kapitalstruktur des Unternehmens ausgerichteter gewichteter Mischzinssatz aus Eigen- und Fremdkapitalzinsen.

Durch die Multiplikation der Netto-Cash-flows mit den Diskontierungsfaktoren errechnen wir die Barwerte für die einzelnen Jahre. Die Summe der diskontierten Netto-Cash-flows ergibt den Unternehmenswert.

Der Planungszeitraum umfaßt meist fünf bis zehn Jahre. Der gewählte Zeitraum hängt von der Lebensdauer der einzelnen Strategien ab.

Die Unternehmen beurteilen bisher den Erfolg aufgrund der ausgewiesenen Jahresüberschüsse und der Gewinne, die als Dividende an die Aktionäre ausgeschüttet wurden. Diese Betrachtungsweise hat sich als zu eng erwiesen.

Zur Beurteilung des Unternehmenserfolgs sollte der Cash-flow herangezogen werden. Wir unterscheiden hierbei Brutto-Cash-flow, Netto-Cash-flow und freien Cash-flow. Der Brutto-Cash-flow ist die Differenz aus den Einnahmen und den Ausgaben, die aus der unternehmerischen Tätigkeit resultieren

	Einnahmen (zahlungsbegleitete Erträge)
-	Ausgaben (zahlungsbegleitete Aufwendungen)
=	Brutto-Cash-flow

Abb.: Errechnung des Brutto-Cash-flow (Direkte Methode)

Wir können den Brutto-Cash-flow aber auch mit der indirekten Methode ermitteln. Zu dem Gewinn (Jahresüberschuß) werden die nicht zahlungsbegleiteten Aufwendungen hinzugezählt und die nicht zahlungsbegleiteten Erträge abgezogen.

	Gewinn (Jahresüberschuß)
+	Nicht zahlungsbegleitete Aufwendungen
	z. B. Abschreibungen, Erhöhung der Rückstellungen
–	Nichtzahlungsbegleitete Erträge
	z. B. Auflösung von Rückstellungen, Erhöhung der Bestände an fertigen und unfertigen Erzeugnissen
=	Brutto-Cash-flow

Abb.: Errechnung des Brutto-Cash-flow (Indirekte Methode)

Der Zusammenhang von Brutto-Cash-flow, Netto-Cash-flow und freiem Cash-flow ist aus der folgenden Grafik zu ersehen.

Der Netto-Cash-flow ist die relevante Größe, um den Unternehmenswert zu bestimmen. Dieser Cash-flow kann an die Kapitalgeber verteilt werden, die sich aus den Eigenkapital- und aus den Fremdkapitalgebern zusammensetzen.

Der freie Cash-flow wird ermittelt, indem wir vom Netto-Cash-flow die Zinszahlungen an die Fremdkapitalgeber abziehen. Den Eigentümern steht der freie Cash-flow zur Verfügung. Nach dem Abzug der Fremdkapitalzinsen erhalten wir also den Shareholder-Value (Eigentümer-Wert).

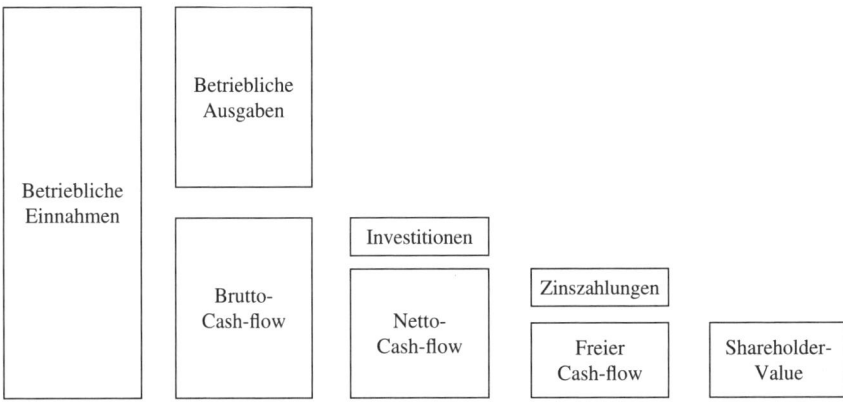

Abb.: Arten des Cash-flow

MERKE *Die Wertberechnung der Unternehmen wird nach der Methode des Diskounted Cash-flow vorgenommen. Der Wert des Unternehmens ist der Kapitalwert der zukünftigen Netto-Cash-flows.*

Der Planungszeitraum umfaßt meist fünf bis zehn Jahre. Der gewählte Zeitraum hängt von der Lebensdauer der einzelnen Strategien ab.

Neben dem Brutto-Cash-flow unterscheiden wir den Netto-Cash-flow und den freien Cash-flow. Der Netto-Cash-flow ist die relevante Größe, um den Unternehmenswert zu bestimmen. Den Eigentümern selbst steht der freie Cash-flow zur Verfügung.

12.1.3 Welche Werttreiber kennen wir?

Der Shareholder-Value kann zur Bewertung von einzelnen Strategien herangezogen werden, die eine Wertsteigerung für die Aktionäre bringen. Wir kennen verschiedene Werttreiber (Value-Drivers).

Dabei handelt es sich um Faktoren des operativen Geschäfts, die den Wert des Unternehmens wesentlich beeinflussen. Die Werttreiber sind in der operativen

Planung so zu verankern, daß sie die Erreichung der in der strategischen Planung festgeschriebenen Oberziele sicherstellen. Eine fortlaufende und zeitnahe Kontrolle der Zielerreichung gewährleistet, daß eventuelle Abweichungen rechtzeitig zu erkennen sind. Dann können Gegensteuerungsmaßnahmen schnell und effektiv eingeleitet werden.

Wir können bestimmte Werttreiber unterscheiden:

1. Umsatzwachstum

Das Umsatzwachstum bedingt zwangsläufig eine Erweiterung des Anlage- und des Umlaufvermögens.

2. Umsatz-Rentabilität

Die Umsatz-Rentabilität wird errechnet, indem der Brutto-Cash-flow durch den Umsatz geteilt wird. Diese Kennzahl zeigt, welcher Teil des Umsatzes für die Investitionen, für die Zinszahlungen (Kapitaldienst) und für die Ausschüttungen (Dividenden) an die Aktionäre zur Verfügung steht.

3. Investitionen

Die Investitionen in das Anlage- und in das Umlaufvermögen nehmen in der Regel mit erhöhtem Umsatz zu. In diesen beiden Bereichen erfolgt durch Wachstumsstrategien eine zusätzliche Bindung von Kapital.

4. Steuerquote

Diese Größe gibt an, welche Steuerzahlungen in Relation zum Brutto-Cash-flow zu leisten sind. Die Steuerzahlungen beeinflussen ebenfalls den Unternehmenswert.

5. Kapitalkosten

Der Eigen- und Fremdkapitalkostensatz ist auch ein Werttreiber. In den Kapitalkostensatz fließen Informationen über die aus heutiger Sicht für die Zukunft relevanten Eigen- und Fremdkapitalkosten sowie über die Kapitalstruktur ein.

Diese wertsteigernden Faktoren müssen bei den strategischen Entscheidungen berücksichtigt werden. Die Werttreiber bestimmen den zukünftigen Cash-flow. Die Bewertung der Geldflüsse erfolgt mit Hilfe des Diskontierungsfaktors, um die unterschiedlichen Geldflüsse in den zukünftigen Perioden vergleichbar zu machen.

MERKE

Wir kennen verschiedene Werttreiber, die den Sharehol-
der-Value beeinflussen können. Die Werttreiber sind in der
operativen Planung so zu verankern, daß sie die Errei-
chung der in der strategischen Planung festgeschriebenen
Oberziele sicherstellen.

12.1.4 Wofür sollten wir den Shareholder-Value einsetzen?

Mit dem Shareholder-Value wird der Wert von verschiedenen Strategien gemessen. Diese Methode ist also als Instrument für die strategische Planung einzusetzen. Es wird ermittelt, welche Wertsteigerungen durch das gesamte Unternehmen, durch die Geschäftsfelder oder durch einzelne Geschäftseinheiten voraus-
sichtlich in Zukunft erzielt werden können.

Die Wertsteigerungen führen dazu, das Eigenkapital zu vermehren. Das Ziel der
Unternehmensführung sollte es sein, zusätzliche Werte für die Eigentümer der
Unternehmen zu schaffen, da diese alle Risiken der Unternehmen tragen.

Der Shareholder-Value ist zur Steuerung der Unternehmen heranzuziehen, denn
diese Erfolgsgröße stellt einen objektiven, langfristigen Maßstab für das Management dar, um verschiedene Strategien zu überprüfen und zu bewerten. Jedes Unternehmen sollte regelmäßig überprüfen, wie hoch der Shareholder-Value nach
der Umsetzung von verschiedenen Strategien im Unternehmen langfristig sein
wird. Deshalb ist der Cash-flow eine zentrale Steuerungsgröße für die wertorientierte Unternehmensführung.

Die Veba AG beispielsweise verfolgt seit Jahren eine Unternehmenspolitik des
bewußten Wachstums einerseits und des Verkaufs von den Teilen des Unternehmens, die nicht mehr den Vorstellungen des Managements entsprechen. Der
Shareholder-Value-Ansatz, der von der Veba AG konsequent verfolgt wird, hat
dazu geführt, daß das Unternehmen – und mit ihm der Aktienkurs – in den letzten
Jahren dynamisch und erfolgreich gewachsen ist.

Der Veba-Vorstand versteht unter dem Gedanken des Shareholder-Values eine
aktionärs- und kapitalmarktorientierte Strategie, deren Zielsetzung die langfristige Steigerung des Unternehmenswertes ist. Als wichtiges Steuerungsinstrument
wurde deshalb vor einigen Jahren das wertorientierte Controlling für alle strategischen Geschäftsfelder eingeführt.

Der Grundgedanke dabei ist, daß die im Konzern vorhandenen finanziellen Ressourcen von der Holding systematisch nur in die Geschäftsfelder gelenkt werden,

die über ein großes Potential der Wertsteigerung verfügen. Deshalb werden alle Geschäftsfelder laufend daraufhin untersucht, ob sie aufgrund ihrer augenblicklichen oder zu erwartenden Entwicklung Wert schaffen oder Wert vernichten. Wenn die Rendite eines Unternehmensbereichs nicht mindestens den spezifischen Kapitalkosten entspricht, werden Werte zerstört. Von diesen Bereichen trennt sich die Veba AG dann konsequent.

Das Unternehmen hat sich in den zurückliegenden Jahren durch zahlreiche Zukäufe und Verkäufe von Unternehmen deutlich gewandelt. Akquisitionen wurden durchgeführt, um entweder Synergiepotentiale mit bestehenden Geschäftsfeldern zu nutzen oder um dem Auf- und Ausbau neuer zukunftsträchtiger Aktivitäten zu dienen. Von einigen Unternehmen und sonstigen kleineren Randaktivitäten hat sich die Veba AG gleichzeitig getrennt.

Eine Eigenkapital-Rentabilität von 15 % hat sich die Veba AG zum Ziel gesetzt und fast schon realisiert. Die Aktionäre profitierten bisher vom Shareholder-Value und von der betont ertragsorientierten Ausschüttungspolitik des Unternehmens.

MERKE

Der Shareholder-Value wird zur Bewertung verschiedener Strategien eingesetzt. Die Wertsteigerungen führen dazu, das Eigenkapital zu vermehren. Die Unternehmensführung sollte zusätzliche Werte für die Eigentümer schaffen, die alle Risiken der Unternehmen tragen.

Für das strategische Controlling ist der Shareholder-Value eine bedeutende Kennzahl, um einzelne Strategien zu überprüfen und bei hohem Shareholder-Value durchzusetzen. Der Shareholder-Value erlaubt eine Verbesserung der Wettbewerbsposition und erleichtert die sinnvolle Allokation des Kapitals.

12.2 Balanced Scorecard

12.2.1 Ist das Informationssystem effizient?

Viele Unternehmen sind mit dem bestehenden Informationssystem unzufrieden, weil es die Führung der Unternehmen nicht verbessert und erleichtert. Es fehlen eindeutige Leistungsindikatoren, die für die Unternehmensleitung und für die Führungskräfte erforderlich sind, um ein Unternehmen erfolgreich führen zu können.

Die Manager kritisieren häufig, daß die eingesetzten Kennzahlen zu finanzorientiert sind. Die finanziellen Leistungsindikatoren sollten auch durch nicht-finanzielle Führungsgrößen ergänzt werden. Neben den harten Kennzahlen werden auch weiche Kennzahlen benötigt. Außerdem vermissen die Führungskräfte oft Informationen über die kritischen Unternehmensprozesse und die strategischen Erfolgsfaktoren. Die für die Entscheidungsprozesse relevanten Faktoren werden auch zuwenig mit den Informationen über den Markt, die Kunden, die Konkurrenz und die individuellen Leistungsergebnisse verknüpft.

Eine wichtige Herausforderung für das Management ist die Ausweitung von Informationssystemen, die die Führung der Unternehmen vereinfachen und erleichtern sollen. Die flexible Bereitstellung von entscheidungsrelevanten und aktuellen Informationen ist in vielen Unternehmen zur effizienten Unternehmenssteuerung erforderlich. Die Umsetzung von Visionen und Strategien in konkrete und transparente Leistungsziele ist nötig, um für die Führungskräfte Handlungsanleitungen zu entwickeln. Neben der strategischen und operativen Planung sind kontinuierliche Kontrollen durchzuführen, um möglichst schnell zu erkennen, ob die einzelnen Ziele erreicht wurden und welche Abweichungen sich ergeben haben. Für die Einleitung von Korrektur-Maßnahmen ist die rechtzeitige Ermittlung von Abweichungen von besonderer Bedeutung. Die Steuerung der Unternehmen kann folglich effizienter realisiert werden. Die Balanced Scorecard läßt sich für diese Aufgaben gut einsetzten.

MERKE

Die Unternehmen benötigen ein Informationssystem, das die Führung der Unternehmen verbessert und erleichtert. Die erfolgskritischen Leistungsindikatoren müssen laufend erfaßt werden, um die Unternehmen erfolgreich zu führen.

Die verwendeten Kennzahlen sind meist finanzorientiert. Die finanziellen Leistungsindikatoren sollten auch durch nicht-finanzielle Führungsgrößen ergänzt werden. Neben harten Kennzahlen werden auch weiche Kennzahlen benötigt, um einen umfassenden Überblick über die Stärken und Schwächen eines Unternehmens zu erhalten.

12.2.2 Welche Perspektiven sind zu beachten?

Der steigende Konkurrenzdruck, der permanente Wandel der Märkte und die gestiegenen Anforderungen an Informationen erfordern für die Unternehmensleitung und die Führungskräfte ein effizienteres Steuerungsinstrumentarium in den Unternehmen. Der Erfolg und Mißerfolg der Unternehmen werden meist nach vergangenheitsorientierten und finanzwirtschaftlichen Kriterien gemessen.

Diese Perspektive ist zu eng und muß erweitert werden, um in Zukunft eine erfolgreichere Führung der Unternehmen zu ermöglichen. Die Unternehmen benötigen ein strategisches Führungsinstrument, das alle wichtigen Bereiche des Unternehmens integriert. Es müssen deshalb alle quantitativen und qualitativen Leistungsindikatoren identifiziert werden, die die Zielerreichung im Hinblick auf die Zeit, die Kosten und die Qualität ermöglichen. Ein ausgewogener Berichtsbogen muß also in den Unternehmen eingeführt werden.

Die Leistungsindikatoren dürfen deshalb nicht nur auf internen, vergangenheitsorientierten und quantitativen Informationen beruhen, sondern müssen auch externe, zukunftsorientierte und qualitative Aspekte berücksichtigen. Neben den wertmäßigen Kennzahlen sollten auch mengenmäßige Kennzahlen verwendet werden. Es muß also eine integrierende Konzeption entwickelt werden. Dann sind die Unternehmen in der Lage, auch in Zukunft Erfolgspotentiale schneller zu erkennen und systematisch zu nutzen.

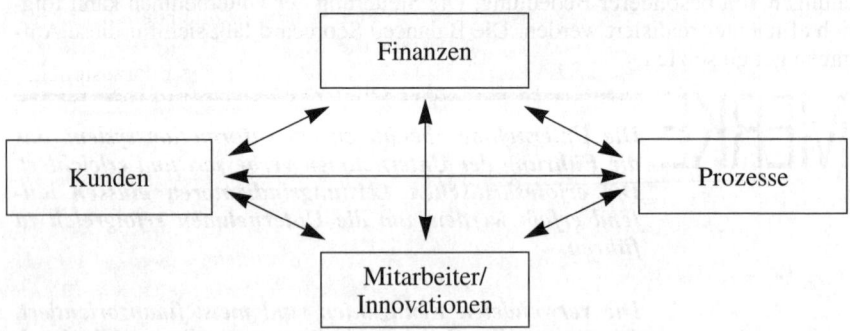

Abb.: Perspektiven

Da die finanzwirtschaftliche Betrachtungsweise zu eng ist, muß diese Perspektive um die Kunden, die internen Prozesse und die Mitarbeiter/Innovationen erweitert werden. In den Unternehmen sind erfolgskritische Ziele und Meßgrößen zu ermitteln. Die quantifizierbaren Ziele und Meßgrößen können dann zur Kommunikation und zur Steuerung der Unternehmensergebnisse eingesetzt werden. Außerdem orientieren sich diese Ziele und Meßgrößen an den wesentlichen strategischen Erfolgspositionen der Unternehmen.

Dadurch ist eine Konkretisierung der Strategien und die Ableitung der einzelnen Ziele eher möglich. Damit wird die Basis geschaffen, die einzelnen Strategien auch operativ zu messen. Die Meßgrößen geben weiterhin Auskunft darüber, was die Unternehmensleitung und die Führungskräfte innerhalb des Unternehmens tun müssen, damit alle Ziele des gesamten Unternehmens auch erreicht werden.

Finanz-Perspektive
Ziele
Meßgrößen

Abb.: Perspektive, Ziele, Meßgrößen

Wenn wir beispielsweise die finanzielle Perspektive betrachten, dann können wir die entsprechenden Ziele und Meßgrößen festlegen. Es läßt sich folglich klären, wie die Unternehmensleitung vor den Kapitalgebern des Unternehmens erscheint, welche Ziele in Zukunft erreicht werden sollten und welche Meßgrößen einzusetzen sind. Ausgehend von den strategischen Erfolgsgrößen und den Kernprozessen eines Unternehmens lassen sich dann wichtige strategische und operative Größen identifizieren, systematisieren und aggregieren.

Neben den finanziellen Erfolgsgrößen sind auch die nicht-finanziellen Erfolgsgrößen zu berücksichtigen. Dadurch besteht die Möglichkeit, die Beziehungen und Abhängigkeiten zwischen den Erfolgs- und Meßgrößen klarer darzustellen.

MERKE

Um in Zukunft eine erfolgreichere Führung der Unternehmen zu ermöglichen, ist ein strategisches Führungsinstrument erforderlich, um alle wichtigen Bereiche des Unternehmens zu integrieren. Alle quantitativen und qualitativen Leistungsindikatoren müssen identifiziert werden, um die Zielerreichung im Hinblick auf die Zeit, die Kosten und die Qualität zu ermöglichen. Deshalb muß ein ausgewogener Berichtsbogen in den Unternehmen eingeführt werden.

Die finanzwirtschaftliche Betrachtungsweise ist zu eng und muß um die Perspektiven der Kunden, der internen Prozesse und der Mitarbeiter/Innovationen erweitert werden. Für die Unternehmen sollten alle wichtigen und erfolgskritischen Ziele und Meßgrößen ermittelt werden.

12.2.3 Wie sehen die Ziele und Meßgrößen aus?

Die Unternehmen sollten sich viel intensiver mit ihren Visionen und Leitbildern beschäftigen. Auf der Basis der neuen Visionen sind dann die strategischen Ziele festzulegen. Anschließend müssen auch die operativen Ziele vereinbart werden.

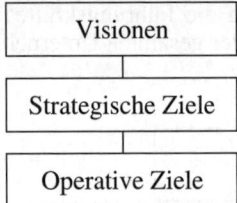

Abb.: Visionen und Ziele

Für die einzelnen Erfolgsgrößen können also in Zukunft eindeutige Ziele formuliert und vereinbart werden. Wesentlich schwieriger ist es allerdings, ihnen auch die entsprechende Bedeutung bei der Entwicklung von Strategien beizumessen. Erst wenn auch nicht-finanzielle Größen als individuelle Ziele festgelegt werden, können die Mitarbeiter die vereinbarten Ziele eher erreichen. Die Einschätzung der Kunden, die Beurteilung der Mitarbeiter und die Systeme der Belohnung sind ebenfalls zu berücksichtigen. In Zukunft sollten die Mitarbeiter besonders danach beurteilt werden, ob sie alle vereinbarten strategischen und operativen Ziele auch erreicht haben. Die Anreizsysteme der Unternehmen sind auch enger an die Realisierung der Ziele zu knüpfen.

Die traditionellen Leistungsindikatoren fördern oft die strategischen Entscheidungsprozesse nur schwach, da sie überwiegend finanzorientiert sind. Der Hauptgrund liegt darin, daß in der Vergangenheit die Kunden, die Geschäftsprozesse und die Mitarbeiter/Innovationen nicht in die Betrachtung einbezogen wurden. Diese zusätzliche Orientierung wird bei der Balanced Scorecard-Konzeption berücksichtigt.

Ausgangspunkt dieser Konzeption ist die Finanz-Perspektive. Die Frage lautet, wie das Unternehmen von den Kapitalgebern gesehen wird. Dann erfolgt die Fokussierung auf die Kunden. Die Unternehmen müssen sich fragen, wie sie von den Kunden eingeschätzt und beurteilt werden. Zusätzlich muß die Prozeß-Perspektive betrachtet werden. Es ist die Frage zu klären, wie die einzelnen Geschäftsprozesse ablaufen. Außerdem ist die Mitarbeiter/Innovations-Perspektive zu untersuchen. Bei dieser Perspektive geht es insbesondere um die Qualifikation der Mitarbeiter, die durch neue Innovationen Wettbewerbsvorteile erringen und damit zusätzliche Werte schaffen können.

Die Interpretation der Balanced Scorecard und die Ausbalancierung der einzelnen Perspektiven ist ein wesentlicher Aspekt dieser Konzeption. Die Verbindung der einzelnen Perspektiven mit Ursache-Wirkungs-Ketten und unterschiedlichen Zeitfaktoren im Sinne des vernetzten Denkens bildet die Voraussetzung dafür, daß die Realisierung der einzelnen Ziele nicht zum Nachteil anderer wichtiger Ziele erfolgt.

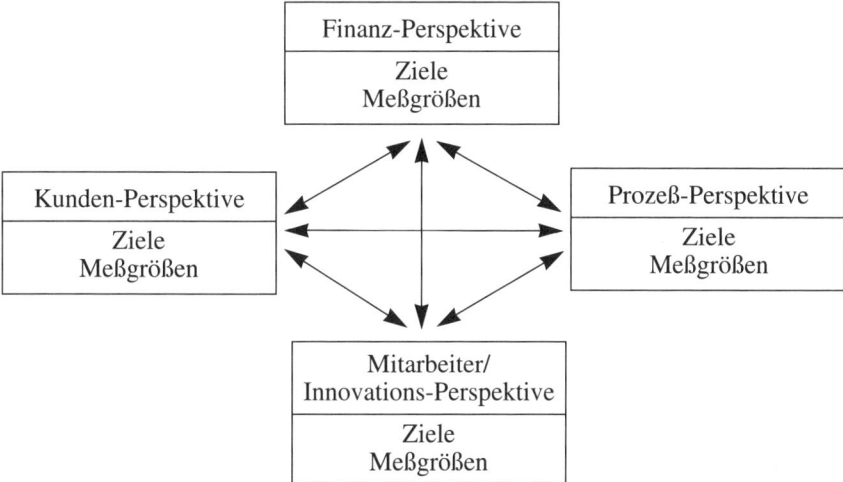

Abb.: Balanced Scorecard

Die unterschiedlichen Perspektiven müssen gegeneinander ausbalanciert werden. Für jede Perspektive sind Ziele und Meßgrößen festzulegen. Wenn die eine oder andere Meßgröße vernachlässigt oder ignoriert wird, kann der Erfolg des ganzen Unternehmens gefährdet werden. Für den Erfolg der Unternehmen hat die Entwicklung der Leistungsindikatoren eine besondere Bedeutung. Die kontinuierliche Verbesserung dieser Konzeption ist aber ebenfalls wichtig. Die Unternehmen sollten kontinuierlich die Prozesse und die Allokation der Ressourcen optimieren.

Die Ziele und Meßgrößen sind für jede Perspektive separat zu bestimmen. Mit der Finanz-Perspektive sollte zuerst begonnen werden. Die wertsteigernden Zielvorgaben und Meßgrößen der Finanz-Perspektive müssen dann mit den Zielen und Meßgrößen auf der Kunden-, Prozeß- und Mitarbeiterebene verknüpft werden. Die Verankerung eines durchgängigen Führungs- und Steuerungsinstrumentariums ist also notwendig.

Finanz-Perspektive

Ziele	Meßgrößen
Steigerung der Rentabilität	Umsatz-Rentabilität
Erhöhung des Umsatzes	Netto-Umsatz
Sicherung der Finanzkraft	Cash-flow
Erhöhrung der Produktivität	Betriebsergebnis pro Mitarbeiter
Reduzierung des Kapitalbedarfs	Anlagevermögen
Erhöhung der Kapitalverzinsung	Return on Investment (ROI)

Die kundenorientierten Leistungsindikatoren nehmen an Bedeutung zu. In vielen Unternehmen wird die Kundenorientierung bereits mit der Qualität erfolgreich verknüpft (TQM). Die Qualität wird als ein strategischer Wettberwerbsfaktor erkannt, der durch den konsequenten Aufbau von nicht-finanziellen Kennzahlen zu einer kontinuierlicher Verbesserung der Marktposition und der Kundenorientierung führt.

Kunden-Perspektive

Ziele	Meßgrößen
Zufriedenheit der Kunden	Kundenbefragung
Termintreue gegenüber Kunden	Lieferpünktlichkeit
Erhöhung der Marktdurchdringung	Marktanteile
Steigerung der Produktqualität	Reklamationen
Zufriedenheit der Mitarbeiter	Mitarbeiter-Beurteilung

Wegen der zunehmend prozeßorientierten Gestaltung der Unternehmen ist die interne Prozeß-Perspektive besonders wichtig. Ohne prozeßorientierte Leistungsindikatoren können die erzielten Ergebnisse nicht richtig interpretiert werden. Das Aufzeigen der Ursache-Wirkungs-Beziehungen ist dann ebenfalls nicht möglich. Der Unternehmensleitung und den Führungskräften kann dann auch nicht vermittelt werden, wie diese Ergebnisse zustande gekommen sind und wie sie diese Ergebnisse verbessern können.

Prozeß-Perspektive

Ziele	Meßgrößen
Flexibilität der Produktion	Durchlaufzeiten
Verbesserung der Effizienz	Maschinenauslastung
Senkung des Lagerbestandes	Lagerumschlag
Erhöhung der Qualität	Ausschußquote
Steigerung des Vertriebs	Umsatz pro Mitarbeiter
Erhöhung der Auslastung	Lieferfähigkeit
Einhaltung der Termine	Termintreue

Die Mitarbeiter/Innovations-Perspektive gewinnt in vielen Unternehmen immer mehr an Bedeutung. Um Innovationen zu realisieren, muß die Ausnutzung von Wissenskompetenzen der Mitarbeiter in den einzelnen Bereichen erhöht werden. Die Strategie muß zunächst daraufhin überprüft werden, ob die vorhandenen Kompetenzen und das bestehende Wissen für die Erreichung der Ziele überhaupt ausreicht. Eine entscheidende Größe für den Erfolg der Unternehmen ist also die Qualifikation der Mitarbeiter und die Innovationskraft.

Mitarbeiter/Innovations-Perspektive

Ziele	Meßgrößen
Erhöhung der Kompetenz der Mitarbeiter	Weiterbildungskosten pro Mitarbeiter
Verbesserung der Ausbildung der Mitarbeiter	Teilnahme an Schulungen
Erhöhung der Qualität der Produkte	Anzahl der Änderungen
Neue Produkte pro Produktgruppe	Umsatzanteil für neue Produkte
Projektteams	Anzahl der Mitarbeiter
Verbesserung der Motivation	Höhere Leistungsbereitschaft
Entwicklung neuer Produkte	Trefferquote neue Produkte
Geringere Mitarbeiterfluktuation	Fluktuationsquote

MERKE

Die Strategieaussagen können einfach in Ziele und Meß-größen in den einzelnen Abteilungen umgesetzt werden. Die neuen Strategien haben dann einen unmittelbaren Einfluß auf die Ziele der einzelnen Führungskräfte. Die strategischen Veränderungen können dann zügig in den Verantwortungsbereichen umgesetzt werden.

In den Unternehmen lassen sich für die vier Perspektiven der Balanced Scorecard die strategischen Ziele und Meß-größen klar definieren. Die Balanced Scorecard verbindet finanzielle mit nicht-finanziellen Steuerungsgrößen. Dieses Informationssystem kann mit strategischen Anreiz- und Vergütungssystemen verknüpft werden.

12.2.4 Werden die Strategien beeinflußt?

Das Besondere der Balanced Scorecard ist die Verbindung der Ziele mit finanzi-ellen und nicht-finanzielle Steuerungsgrößen im Unternehmen. Es erfolgt die Verknüpfung der Finanz-Perspektive mit der Kunden-Perspektive, der Prozeß-Perspektive und der Mitarbeiter/Innovations-Perspektive. Diese Perspektiven ori-entieren sich an den erfolgskritischen Kernprozessen der Unternehmen. Diese wesentlichen Perspektiven beeinflussen ganz besonders die Unternehmensstrate-gien.

Die Konzeption der Balanced Scorecard hilft den Unternehmen, ihre vagen Un-ternehmensstrategien in konkrete und definierbare Ziele und Meßgrößen zu über-tragen. Die Unternehmen können sich dann ein transparentes und aggregiertes Bild der Unternehmenslage machen.

Die Balanced Scorecard unterstützt das Management bei der Formulierung und Umsetzung der Strategien. Diese Konzeption verankert im ganzen Unternehmen ein Kommunikations- und Steuerungsinstrument, das eine permanente Überprü-fung der Ziele in allen Bereichen des Unternehmens erlaubt.

Der Bedarf an Leistungsindikatoren, die eine Quantifizierung der Zielerreichung ermöglichen, nimmt in den Unternehmen zu. Die Optimierung der Leistungs-fähigkeit der Unternehmen sollte sich am Prozeß der Wertschöpfung orientieren. In Zukunft ist ein Steuerungs- und Informationssystem erforderlich, das auf alle relevanten Erfolgsgrößen der Unternehmen ausgerichtet wird.

Die neuen Anforderungen des Umfeldes haben viele Unternehmen dazu gebracht, das Führungsinformationssystem kritisch zu betrachten, zu analysieren und in vielen Fällen zu revidieren. Die üblichen Erfolgs- und Leistungsindikatoren genügen nicht mehr, den zukünftigen Erfolg der Unternehmen über die Frühwarnindikatoren zu gewährleisten.

Eine Vernetzung von quantitativen und qualitativen Leistungsgrößen, die optimale Nutzung interner und externer Informationen, der systematische Aufbau eines Informationssystems und der konsequente Einsatz des Wissens der Mitarbeiter in den Unternehmen sind erforderlich, um den langfristigen Erfolg der Unternehmen zu garantieren.

Die Balanced Scorecard-Konzeption hat sich in vielen Unternehmen als erfolgreiche Konzeption für die Verankerung von Visionen, Strategien, Zielen und Meßgrößen insbesondere in der strategischen Planung bewährt. Die Balanced Scorecard ist also ein Instrument zur ganzheitlichen Unternehmenssteuerung.

MERKE *Die Unternehmen können die Blanced Scorecard erfolgreich implementieren und nutzen, wenn der Aufbau und die Einführung systematisch vorgenommen wird. Die strategischen Veränderungen können dann konsequent vorangetrieben werden.*

Mit Hilfe der Balanced Scorecard verstehen die Mitarbeiter die neuen Strategien viel besser und haben dann auch keine Schwierigkeiten bei der Umsetzung. Da die Strategien dann keine Wunschformulierungen mehr sind, finden die Strategien einfach einen Niederschlag in einzelnen Aktionsplänen. Die Balanced Scorecard ist also ein Instrument zum direkten Überführen der Strategien in Aktionen.

Die Balanced Scorecard dient dazu, die Strategien den Mitarbeiten klar zu kommunizieren. Die Wertgeneratoren werden als Führungsgrößen ins Zielsystem eingebunden. Die Balanced Scorecard ermöglicht also, das Wertmanagement in den Unternehmen zu verankern.

12.3 Wertorientierte Unternehmensführung

12.3.1 Wie sieht das Führungssystem aus?

Die Unternehmen sollten die Ertragskraft ihrer Unternehmen laufend steigern. Dies ist möglich insbesondere durch die Erhöhung der Produktivität, durch die Steigerung des Wachstums und durch die Forcierung von Innovationen. Um diese Ziele zu realisieren, ist in vielen Unternehmen ein neues Führungssystem erforderlich, das dazu beiträgt, die finanzielle Leistungsfähigkeit nachhaltig zu verbessern. Es ist also eine wertorientierte Unternehmensführung zu installieren.

Das neue und umfassende Führungssystem sollte nicht nur einige neue Kennzahlen enthalten. Die neue Konzeption hat die Anforderungen des Kapitalmarktes in die interne Steuerung des Unternehmens zu integrieren. Dieses Führungssystem muß es ermöglichen, die Wertsteigerungen und Wertvernichtungen nicht nur bei Investitionen zu erkennen, sondern auch in täglichen Entscheidungssituationen transparent zu machen.

Die Voraussetzung für den Erfolg einer wertorientierten Unternehmensführung besteht darin, daß die Unternehmensleitung und die Führungskräfte wie Investoren denken und ihr unternehmenerisches Handeln am Ziel der Wertsteigerung ausrichten. Die Interessen der Unternehmensführung und der Unternehmenseigner ist also in Einklang zu bringen. Dann profitieren alle Mitarbeiter davon, denn auf Dauer kann nur ein profitables und wertschaffendes Unternehmen interessante Arbeitsplätze bieten und erhalten.

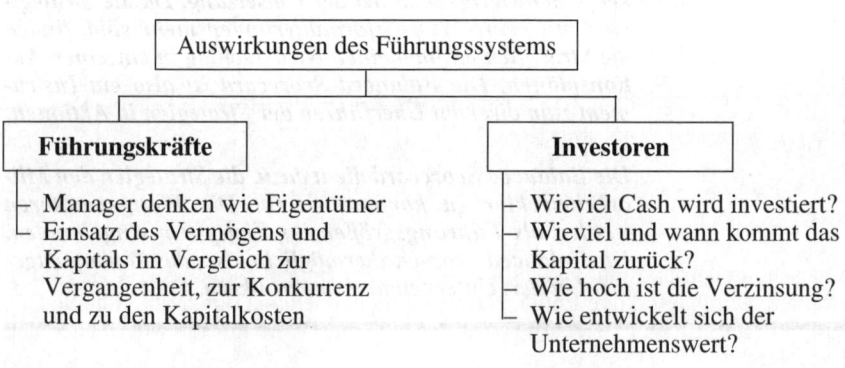

Abb.: Ziele des Führungssystems

Das neue Führungssystem wirkt sich positiv auf die Führungskräfte und Investoren aus. Die Führungskräfte sollten wie die Eigentümer denken. Der Einsatz des Vermögens und des Kapitals ist laufend mit der Vergangenheit, mit der Konkurrenz und mit den Kapitalkosten zu vergleichen. Die Investoren sind daran interessiert, wieviel Cash investiert wird, wieviel und wann das Kapital wieder zurückkommt, wie hoch die Verzinsung ist und wie sich der Unternehmenswert entwickelt. Wenn die Führungskräfte wie Eigentümer denken, dann zeigen sie ein wertsteigerndes Verhalten aus eigenem Antrieb und praktizieren das Unternehmertum auf allen Ebenen. Außerdem sind sie dann an einer kontinuierlichen Verbesserung des Unternehmens interessiert.

Ziele der wertorientierten Unternehmensführung

1. Dauerhafte und nachhaltige Steigerung des Unternehmenswertes
2. Weitere Verbesserung der Ertragskraft
3. Profitables Wachstum der Unternehmen

Die Ziele der wertorientierten Unternehmensführung lassen sich klar abgrenzen. Es wird eine dauerhafte und nachhaltige Steigerung des Unternehmenswertes erreicht. Außerdem ergibt sich eine weitere Verbesserung der Ertragskraft der Unternehmen. Dadurch läßt sich ein profitables Wachstum der Unternehmen verwirklichen.

Auswirkungen der wertorientierten Unternehmensführung

1. Durch hervorragende Ergebnisse und erstklassige Renditen wird Wert für die Investoren (Aktionäre) geschaffen.
2. Mit auf die Kundenbedürfnisse zugeschnittenen und innovativen Produkten und Dienstleistungen läßt sich Wert erreichen.
3. Durch attraktive Entwicklungsmöglichkeiten und durch individuelle Beteiligung an der Wertsteigerung kann zusätzlicher Wert für alle Mitarbeiter der Unternehmen geschaffen werden.

Die Auswirkungen der wertorientierten Unternehmensführung sind auch eindeutig zu erkennen. Durch hervorragende Ergebnisse und erstklassiger Renditen wird Wert für die Investoren (Aktionäre) geschaffen. Mit auf die Kundenbedürfnisse zugeschnittenen und innovativen Produkten und Dienstleistungen läßt sich Wert erhöhen. Durch attraktive Entwicklungsmöglichkeiten und durch individuelle Beteiligung an der Wertsteigeurng kann zusätzlicher Wert für alle Mitarbeiter der Unternehmen geschaffen werden.

MERKE *Das neue Führungssystem muß es ermöglichen, die Wertsteigerungen und die Wertvernichtungen bei den anstehenden Investitionen zu erkennen. Dies gilt auch für alle täglichen Entscheidungssituationen.*

Die Unternehmensleitung und die Führungskräfte sollten wie Investoren denken und ihr unternehmerisches Handeln am Ziel der Wertsteigerung ausrichten. Deshalb sind die Interessen der Unternehmensführung und der Unternehmenseigner in Einklang zu bringen.

12.3.2 Welche wertorientierten Führungsgrößen gibt es?

In der Praxis werden eine Reihe von wertorientierten Führungsgrößen eingesetzt. Manche Unternehmen verwenden einige Kennzahlen gleichzeitig. Andere Unternehmen konzentrieren sich nur auf eine einzige Führungsgrößen. Siemens beispielsweise setzt nur eine wertorientierte Führungsgröße, den Geschäftswertbeitrag (GWB) ein. Daimler Benz dagegen arbeitet mit dem Return on Capital Employed (ROCE).

Führungsgrößen

Free Cash-flow (Shareholder-Value)
EVA (Economic Value Added)
GWB (Geschäftswertbeitrag)
ROI (Return on Investment)
MVA (Market Value Added)
DCF (Discounted Cash-flow)
CFROI (Cash-flow Return on Investment)
ROCE (Return on Capital Employed)
ROS (Return on Sales)

Für die Messung der Wertsteigerung der Unternehmen kommen eine Vielzahl von Verfahren und Kennzahlen in Frage, die Elemente der bilanziellen Erfolgsrechnung, der Kosten- und Leistungsrechnung und der Investitionsrechnung kombinieren. Die Unternehmensleitung und die Führungskräfte müssen entscheiden, welches Verfahren oder welche Kennzahlen für sie und ihr Unternehmen am besten sind.

220

Die wertorientierten Führungsgrößen dienen als Zielgrößen und werden bei der strategischen und operativen Planung, bei Investitionsentscheidungen, bei der Performance-Beurteilung, bei den Incentives und bei der Kommunnikation verwendet. Wenn nur eine Führungsgröße eingesetzt wird, läßt sich die Komplexität vermeiden, die sich beim Einsatz von mehreren Signalen unterschiedlicher Kennzahlen ergeben könnte.

Abb.: *Einfluß der Führungsgrößen*

Bei Siemens hat das wertorientierte Führungssystem die Bezeichnung „WIN-Führungssystem". WIN wird bei Siemens als Abkürzung für Wertsteigerungsinitiative verwendet. Der Kern von WIN ist eine wertorientierte Führungsgröße, die unter dem Namen Economic Value Added (EVA) bekannt ist. Siemens benutzt anstelle von EVA den Begriff Geschäftswertbeitrag (GWB), der gesetzlich geschützt ist.

Der GWB beispielsweise stellt eine Brücke zwischen den Anforderungen des Kapitalmarkts und der Beurteilung unternehmerischer Entscheidungen dar. Aus Benchmarks und Erwartungen des Marktes werden für das gesamte Unternehmen, für Geschäftsbereiche und Geschäftsfelder GWB-Ziele festgelegt. Diese strategischen Ziele lassen sich von den Geschäftseinheiten in operative Ziele und in konkrete Aktionspläne umsetzen. Die Zielerreichung ist die Grundlage für die variable Vergütung der Unternehmensleitung und der Führungskräfte. Dadurch wird sichergestellt, daß jede Führungskraft an ihrem eigenen Beitrag zur Wertsteigerung partizipiert. Dieses Incentivsystem kann später auf alle Mitarbeiter ausgedehnt werden. Die Entscheidungsbefugnisse und die Verantwortung können somit dezentralisiert werden. Die Führungskräfte tragen dann auch die Chancen und die Risiken ihrer Entscheidungen.

Der Vorteil dieser Konzeption besteht darin, daß die Mitarbeiter im eigenen Interesse wie selbständige Unternehmer am langfristigen Wertzuwachs des Unternehmens Interesse zeigen. Die Motivation der Mitarbeiter wird dadurch verbessert. Allerdings nimmt auch die Verantwortung für ihre Entscheidungen zu. Für die Unternehmen wird somit erreicht, daß ein geschlossenes System entsteht, das auf die Wertsteigerung des Unternehmens und auf die erhöhte Verantwortung der Mitarbeiter zielt.

MERKE

Wir kennen mehrere wertorientierte Führungsgrößen. Diese Führungsgrößen werden bei der Zielsetzung, bei der strategischen und operativen Planung, bei Investitionsentscheidungen, bei der Performance-Beurteilung, bei der Festlegung der Incentives und bei der Kommunikation eingesetzt.

Die Vorteile der wertorientierten Unternehmensführung bestehen insbesondere darin, daß die Mitarbeiter wie selbstständige Unternehmer am langfristigen Wertzuwachs des Unternehmens Interesse zeigen. Die Motivation der Mitarbeiter wird dadurch verbessert. Die Verantwortung für die Entscheidungen nimmt ebenfalls zu.

12.3.3 Wie werden die Kapitalkosten errechnet?

Die Kapitalkosten spielen bei allen wertorientierten Führungssystemen eine große Rolle. Für jede Wertsteigerung wird vorausgesetzt, daß jede neue Investition mehr als ihre Kapitalkosten verdienen muß. Die Kapitalkosten stellen die Mindestrendite dar, die die Investoren für das investierte Eigen- und Fremdkapital erwarten.

Kapital-Kostensatz

Zinssatz für langfristige Anleihen	Zinssatz für langfristige Industrieobligationen
+ Risikoprämie	– Steuervorteil aus Fremdkapital
= Eigenkapital-Kostensatz 9,5%	= Fremdkapital-Kostensatz nach Steuern 3,4%

Kapital-Kostensatz nach Steuern 8,5%

Der Eigenkapital-Kostensatz beträgt bei Siemens für 1998 9,5 %. Zur Errechnung dieser Größe werden der Zinssatz für langfristige Anleihen und eine Risikoprämie berücksichtigt.

Der Fremdkapital-Kostensatz nach Steuern macht 3,4 % aus. Bei der Ermittlung des Fremdkapital-Kostensatzes orientiert sich Siemens am langfristigen Zinssatz für Industrieobligationen. Außerdem wurde bedacht, daß die Zinsen steuerlich abzugsfähig sind.

Aus den Eigen- und Fremdkapital-Kostensätzen, die nach den Marktwerten des Eigen- und Fremdkapitals gewichtet wurden, ergibt sich für Siemens 1998 ein Kapital-Kostensatz nach Steuern von 8,5 %.

Bei Daimler Benz beträgt der Kapital-Kostensatz beispielsweise 12 %. Dieser Kostensatz stellt für Daimler Benz den Mindest-Verzinsungsanspruch dar. Er ist also der risikoadäquate nominale Zinssatz.

MERKE

Für jede Wertsteigerung wird vorausgesetzt, daß jede neue Investition mehr als die gesamten Kapitalkosten verdienen muß. Die Kapitalkosten stellen also die Mindestrendite dar, die die Investoren für das investierte Eigen- und Fremdkapital erwarten.

Zur Errechnung des Eigenkapital-Kostensatzes werden der Zinssatz für langfristige Anleihen und eine Risikoprämie berücksichtigt. Bei der Ermittlung des Fremdkapital-Kostensatzes geht Siemens vom langfristigen Zinssatz für Industrieobligationen aus. Die steuerliche Abzugsfähigkeit der Zinsen wird auch beachtet. Die Kostensätze werden dann noch nach den Marktwerten des Eigen- und Fremdkapitals gewichtet.

12.3.4 Wie werden die Zielwerte ermittelt?

Zur Ermittlung des GWB werden die Zahlen des externen Rechnungswesens verwendet. Diese Daten unterliegen der Abschlußprüfung. Das Geschäftsergebnis wird aus dem Jahresüberschuß vor Steuern und Zinsen abgeleitet. Das Geschäftsvermögen setzt sich aus dem bilanziellen Vermögen zusammen.

Die bestehenden Ergebnis- und Vermögensgrößen müssen in vielen Fällen durch Anpassungen verändert werden. Dadurch werden die unternehmerischen Leistungen in bezug auf die Wertsteigerungen zutreffender als in der externen Bilanzierung dargestellt. Außerdem können dadurch besondere Anreize für langfristig wertsteigernde Entscheidungen geschaffen werden.

Ein Beispiel für Anpassungen sind die Kosten für Forschung und Entwicklung, die in der GuV sofort als Aufwendungen erfaßt werden. Ihrem wirtschaftlichen Charakter entsprechend, werden die Forschungs- und Entwicklungskosten in diesem Führungssystem als Investitionen behandelt. Deshalb erfolgt eine Aktivierung dieser Kosten, die dann über den Produkt-Lebenszyklus abgeschrieben werden.

Die Ziele der Anpassung bestehen also darin, eine periodengerechte Darstellung der nachhaltigen Wertentwicklung zu ermöglichen. Außerdem soll das wertsteigernde Entscheidungsverhalten der Führungskräfte gefördert werden. Die Anzahl der Anpassungen hängt vom Umfang der Freiräume ab, die für die Bilanzpolitik und für die Sachverhaltsgestaltung ausgenutzt werden.

Rechnungsbeleg

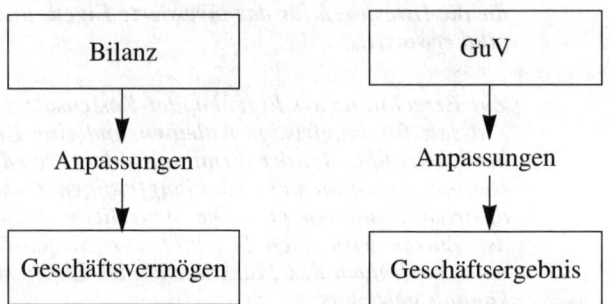

GWB = Geschäftsergebnis – (Kapitalkosten x Geschäftsvermögen)

Für die Wertsteigerung ist nicht die absolute Höhe des aktuellen GWB entscheidend. Vielmehr geht es um die Verbesserung des GWB in Relation zu den Erwartungen des Kapitalmarktes.

Der Barwert der aktuellen und zukünftigen GWB entspricht dem für die Performance-Messung eines Unternehmens entscheidenden Marktwertzuwachs (MVA). Um die Barwerte zu erhalten, werden die zukünftigen GWB mit den Kapitalkosten abgezinst.

Abb.: Marktwert und Marktwert-Zuwachs

Der MVA errechnet sich aus dem Marktwert des Unternehmens abzüglich des Geschäftsvermögens. Der Marktwert ist der Kurswert der Aktien und der Wert des Fremdkapitals. Die Differenz zwischen dem realisierbaren Wert und dem ursprünglich investierten Kapital ist also der MVA.

Im MVA sind über den Kurswert der Aktien bereits die aktuelle Performance und die Erwartungen des Kapitalmarktes an die zukünftige Performance enthalten. Für die weitere Entwicklung des MVA ist also nicht der absolute Betrag des GWB entscheidend, sondern allein die Veränderung des GWB in Relation zu den Erwartungen der Investoren.

Zieldefinition

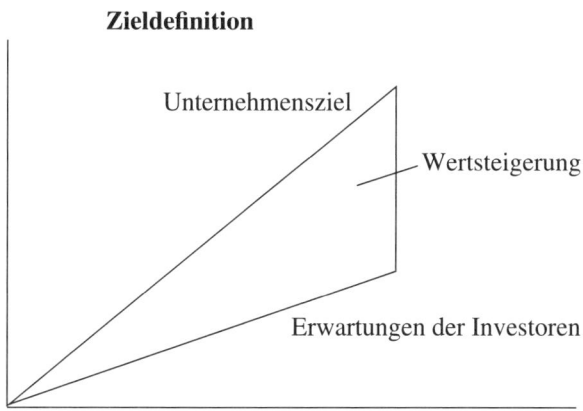

Abb.: Zieldefinition

225

Unternehmensziel	◄───	Ableitung aus Benchmarks
- Erwartungen der Investoren	◄───	Ableitung aus Aktienkurs und aktueller Performance
= Wertsteigerung	───►	Basis für Incentives

Abb.: Wertsteigerung

Ein zusätzlicher Wert wird erst geschaffen, wenn die in den Kursen bereits abgegoltenen Erwartungen der Investoren übertroffen werden. Dem Unternehmen, den Geschäftsbereichen und den Geschäftsfeldern werden anspruchsvolle Unternehmesziele vorgegeben, die sich an den Benchmarks orientieren, die für die Branchen ermittelt werden. In Quartalsgesprächen wird die Entwicklung des gesamten Ziels verfolgt. Der Bonus für die Führungskräfte orientiert sich an der nachhaltig erreichten Wertsteigerung.

MERKE

Zur Ermittlung der Führungsgröße werden die Zahlen des externen Rechnungswesens verwendet. Diese Daten unterliegen der Abschlußprüfung. Das Geschäftsvermögen setzt sich aus dem bilanziellen Vermögen zusammen. Das Geschäftsergebnis wird aus dem Jahresüberschuß vor Steuern und Zinsen abgeleitet. Die Vermögens- und Ergebnisgrößen sind noch durch Anpassungen zu ändern.

Ein zusätzlicher Wert wird erst geschaffen, wenn die in den Kursen bereits abgegoltenen Erwartungen der Investoren übertroffen werden. Die Wertsteigerung ist also die Differenz zwischen dem Unternehmensziel und den Erwartungen der Investoren.

12.3.5 Wie erfolgt die Implementierung?

Das neue Führungssystem wurde von Siemens für das Geschäftsjahr 1997/98 weltweit implementiert. Für die Geschäftsbereiche und Geschäftsgebiete wird der GWB in den Planungsgesprächen behandelt.

Für den Erfolg des Führungssystems ist entscheiden, daß der GWB nicht nur als eine wichtige Kennzahl in den Berichten angesehen wird. Diese Zielgröße wird vielmehr aktiv als Führungsinstrument eingesetzt. Bei der Einführung wurden

Schulungsmaßnahmen durchgeführt, in denen ein besonderer Schwerpunkt auf das Geschäftswert-Management gelegt wurde.

Die Steigerung des GWB muß durch wertschaffende Entscheidungen bewirkt werden. Wertsteigerungen sind durch folgende Maßnahmen zu erreichen:

Maßnahmen

1. Erhöhung der Produktivität
2. Verbesserung der Spannen im operativen Geschäft
3. Effizientere Nutzung des Vermögens
4. Reduzierung des gebundenen Vermögens
5. Wertsteigernde Investitionsentscheidungen
6. Portfolio-Optimierung

Vermögensgegenstände des Anlagevermögens, die Kapital binden und keinen zusätzlichen Geschäftswert schaffen, müssen konsequent verlagert oder verkauft werden. Die Prozesse sind zu optimieren, die das Umlaufvermögen betreffen. Bei den Forderungen und Beständen muß der gesamte Prozeß vom Auftragseingang bis zum Geldeingang überprüft werden. Bei der Analyse der Prozesse wird oft erkannt, daß die hohen Forderungsbestände nicht nur durch eine Veränderung des Zahlungsverhaltens der Kunden, sondern auch durch Qualitätsmängel bei den Produkten verursacht wurden.

Die kritischen Erfolgsfaktoren müssen ebenfalls analysiert werden. Der GWB ist von finanziellen Teilgrößen abhängig. Die Auswirkungen von operativen Maßnahmen auf das Geschäftsvermögen und auf das Geschäftsergebnis können klar erkannt werden. Die Erfolgsfaktoren dürfen nicht isoliert optimiert werden. Vielmehr sind die Wechselwirkungen zwischen dem Geschäftsvermögen und dem Geschäftsergebnis sorgfältig zu berücksichtigen.

Wertsteigerungen können durch die Erhöhung der Produktivität, durch die Verbesserung der Spannen im operativen Geschäft, durch die effizientere Nutzung des Vermögens, durch die Reduzierung des gebundenen Vermögens, durch Investitionen und durch die Portfolio-Optimierung erreicht werden.

Bei Investitionsentscheidungen werden die Barwerte der GWB-Auswirkungen über die Lebensdauer des Projektes ermittelt. Die Abzinsung der periodischen GWB erfolgt mit den Kapitalkosten, die für einzelne Geschäfte und Ländern unterschiedlich sein können. Zeigen die Projekte einen positiven Geschäftswert, dann tragen sie zur Steigerung des Unternehmenswertes bei. Es wird also ein Wert geschaffen. Projekte, die einen negativen Geschäftswert ausweisen, vernichten dagegen Wert. Die Geschäftswert-Methode und die Discounted-Cash-flow-Methode führen zu dem selben Ergebnis.

Neben den finanziellen Kennzahlen sind auch nicht-finanzielle Werttreiber zu beachten, die Einfluß auf den GWB haben. Siemens setzt auch Balanced Scorecard ein, um die finanziellen und die nicht-finanziellen Werttreiber systematisch zu erfassen. Diese Werttreiber sind Stellschrauben zur Umsetzung der Geschäftsstrategien und zur Steigerung des GWB. Die Geschäftstreiber-Scorecards enthalten auch Meßgrößen, die eine Indikatorfunktion für die zukünftige Entwicklung des GWB haben. Die Balanced Scorecard wird also auch als zukunftsgerichtetes Frühwarnsystem eingesetzt.

Den Bereichen Finanzen, Kunden, Prozesse und Mitarbeiter/Innovationen werden Werttreiber zugeordnet. Für jeden Werttreiber lassen sich dann entsprechende Meßgrößen festlegen.

Für die Unternehmen wird eine abgestimmte Geschäftsstrategie mit dem Oberziel der Wertsteigerung festgelegt. Die Unternehmensleitung und die Führungskräfte erarbeiten dann die wesentlichen strategischen Ziele. Unter Verwendung der Geschäftstreiber-Scorecard werden die strategischen Ziele in Abteilungs- und Prozeßziele unterteilt, die von den einzelnen Mitarbeitern beeinflußt werden können. Den Führungskräften in den einzelnen Funktionen wird dann transparent, auf welche Weise sie einen Beitrag zur Steigerung des Unternehmenswertes leisten können.

MERKE

Die neue Führungsgröße muß systematisch implementiert werden. Vor den Planungsgesprächen für die kommenden Geschäftsjahre sind Schulungsmaßnahmen durchzuführen. Über die Vorteile der Wertorientierung sollte mit den Führungskräften intensiv diskutiert werden.

Für den Erfolg des neuen Führungssystems ist entscheidend, daß die neue Führungsgröße nicht nur als wichtige Kennzahl in den Berichten angesehen wird. Diese Zielgröße muß vielmehr aktiv als Führungsinstrument eingesetzt werden.

Die kritischen Erfolgsfaktoren sind in den Unternehmen zu analysieren. Die Wechselwirkungen zwischen den wichtigen Erfolgsfaktoren müssen sorgfältig überprüft werden. Bei den Investitionsentscheidungen ist darauf zu achten, daß ein positiver Geschäftswert erzielt wird.

Neben den finanziellen Kennzahlen sind auch die nicht-finanziellen Werttreiber besonders zu beachten. Die Geschäftsstrategien lassen sich dann mit Hilfe der Balanced Scorecard systematischer umsetzten.

13 Anforderungen des eCommerce an das Controlling

Die meisten Unternehmen setzten eCommerce derzeit ein, um die Geschäftsbeziehungen zu anderen Unternehmen zu verbessern und zu vereinfachen (Business to Business, B2B). Fast alle Unternehmen stehen bei der Entwicklung dieser Lösungen noch am Anfang. Einige Vorreiter beweisen bereits heute, welche Möglichkeiten bestehen und welche Erfolge möglich sind. Die erfolgreichen Unternehmen können in Zukunft durch eCommerce bedeutende Wettbewerbsvorteile erringen.

Die Geschäfte mit Konsumenten (Business to Consumer, B2C) dagegen sind momentan noch nicht so umfangreich. Der Schwerpunkt der Konsumenten liegt bisher bei dem Kauf von Büchern, Reisen und CDs. Die Handelsumsätze im Internet sind immer noch gering im Vergleich zum gesamten Handelsumsatz, steigen aber seit einiger Zeit stark an. Beim erzielten Gewinn sieht es allerdings noch etwas anders aus. Viele virtuelle Handelsbetriebe befinden sich derzeit noch in der Verlustzone.

Im Aufgabenbereich des Controlling ist es erforderlich, den Aufbau und die Abwicklung des eCommerce effizienter zu beurteilen. Die neue Technologie, die veränderten internen Abläufe und die wechselnden Kundenanforderungen prägen das eCommerce-Umfeld beträchtlich. Für die Beurteilung der Erfolge im eCommerce muss das Controlling neue Ansätze zur Erfolgsmessung erarbeiten.

13.1 Welche elektronischen Geschäfte gibt es?

In der Praxis unterscheidet die Fachwelt für die elektronischen Geschäfte folgende Begriffe:

13.1.1 Electronic Business (eBusiness)

eBusiness ist der Oberbegriff für die Unterstützung der Geschäftsprozesse durch die Informations- und Kommunikationstechnologien. Die gesamte Wertschöpfungskette inner- und außerhalb eines Unternehmens umfasst das eBusiness. Es erfolgt also keine Beschränkung auf die Nutzung des Internet.

13.1.2 Electronic Commerce (eCommerce)

Beim eCommerce handelt es sich um den Handel von Waren, Dienstleistungen, Finanzdienstleistungen und Informationen über das Internet. Mit dem eCommerce werden insbesondere Kundenbeziehungen und der Absatz zu geringeren Kosten gefördert.

13.2 Wie sehen die Formen des eCommerce aus?

Beim eCommerce unterscheiden wir drei Formen, die eine unterschiedliche Bedeutung haben. Neben dem Business to Business (B2B) gibt es das Business to Consumer (B2C) und das Consumer to Consumer (C2C).

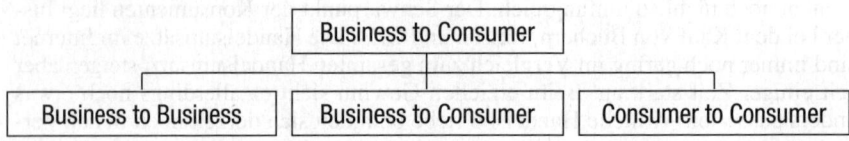

Abb.: Formen des eCommerce

13.2.1 Business to Business (B2B)

B2B macht das höchste Geschäftsvolumen aus. Es wird momentan auf etwa 90 % des gesamten Umsatzes geschätzt.

Viele Unternehmen stehen im B2B-Bereich noch am Anfang. In der nahtlosen Verbindung von Unternehmenslösungen und Rechnerarchitekturen verbergen sich die wahren Kosten des eCommerce. Es ist entscheidend, dass die Geschäftsprozesse in den Unternehmen elektronisch umgesetzt werden.

Nach langen Bemühungen beginnen die Unternehmen, sich auf ein einheitliches Vokabular bei der Beschreibung von Geschäftsprozessen zu einigen. Zu diesen Geschäftsprozessen gehören

● eine automatische Auftragsbestätigung,
● ein Abgleich der Rahmenvereinbarungen,
● die Lieferavise und
● die Rechnungen.

Bei manchen Geschäftspartnern wird der ganze Prozess in einem geschützten Extranet stattfinden.

Die Geschäftskunden treiben eCommerce voran, da das Internet effektiv eingesetzt werden kann. Die großen Industrie- und Handelskonzerne werden die kleineren Zulieferer zum Einsatz von Informationstechnologien besonders im B2B-Bereich zwingen. Die Umsätze, die in vielen Unternehmen noch gering sind, werden in Zukunft stark ansteigen.

Beim Einkauf werden auch elektronische Versteigerungen zur Kostensenkung eingesetzt. Es handelt sich dabei um so genannte umgekehrte Auktionen (Reverse Auctions): Die potenziellen Lieferanten unterbieten sich bei den Preisen gegenseitig. Natürlich werden auch normale Auktionen, z.b. von Restposten, durchgeführt. Im Jahre 1999 hat das amerikanische Auktionsunternehmen „ebay" insgesamt 4,5 Mio. Auktionen mit einem Umsatz von fast 3 Mrd. US-Dollar durchgeführt.

Die Web-Pioniere sprechen bereits über verschiedene Generationen des Web-Auftritts. In der ersten Generation handelt es sich zunächst um reine Image-Auftritte. Die zweite Generation beschäftigt sich dagegen mit der Automatisierung von Einkauf und Vertrieb über das Internet. Die Unternehmen beabsichtigen, ihre Geschäftskunden durch das Internet besser an sich zu binden. Außerdem möchten die Unternehmen Zeit und Geld sparen. Die dritte Generation der Unternehmen verfolgt das Ziel, neue Kunden, zusätzliche Märkte und weitere Geschäftsfelder zu erreichen. Der dominierende Trend im B2B-Bereich besteht vor allem darin, die Geschäftsbeziehungen zwischen den bestehenden Geschäftspartnern zu vereinfachen, zu verbessern und zu beschleunigen.

13.2.2 Business to Consumer (B2C)

Das B2C wird in den verschiedenen Ausführungen stark beworben. Trotz der großen Image-Erfolge scheint das B2C noch nicht profitabel zu sein. Ein Beispiel ist die Buchhandlung Amazon.

Für den Kauf per Katalog und Kreditkarte fehlt in Europa der historische Hintergrund. In den USA dagegen gibt es bereits langjährige Erfahrungen im Ferneinkauf. Deshalb sind die Erfolge im Internet-Vertrieb in den USA weit größer als in Europa. Im Jahre 1999 wurden in den USA durchschnittlich 60 US-Dollar beim Internet-Einkauf ausgegeben. Die Summe machte etwa 40 Mrd. US-Dollar aus. Am gesamten Handel betrug der Anteil dieses Geschäfts allerdings lediglich 1,2 %.

Die Waren, die am häufigsten gekauft wurden, umfassen Bücher, CDs, Theaterkarten und Computer. Online-Shop-Suchmaschinen sind beim Auffinden der vielen Internet-Verkaufsaktivitäten behilflich. Ein Beispiel ist „www.web-stop24.at".

13.2.3 Consumer to Consumer (C2C)

Das C2C ist noch relativ neu in Europa. Es wird aber mit großen Zuwachsraten in Zukunft gerechnet. Die Konsumenten haben bereits viele Waren zu Hause, die eigentlich nicht benötigt werden. Folglich können diese Waren über das Internet angeboten werden. Auf diese Weise entsteht ein elektronisches Tauschgeschäft. Die Suchmaschinen können dafür ebenfalls sinnvoll eingesetzt werden.

13.3 Warum ist die Logistik wichtig?

Die Logistik stellt immer noch das Hauptproblem bei den Internet-Geschäften dar. Die Logistikprozesse lassen sich im B2B-Bereich leichter realisieren als im Konsumentengeschäft, das mit größeren Unsicherheiten behaftet ist. Internet-Portale können für die Unternehmen die gesamte Logistik übernehmen.

Die Deutsche Post AG organisiert beispielsweise ihr Logistik-Geschäft neu, um den Transport der Pakete vom Absender zum Adressaten zu verbessern. Den Unternehmen bietet die Deutsche Post AG an, die gesamte Logistik für die B2B- und B2C-Geschäfte zur Verfügung zu stellen. Der Internet-Marktplatz „eVita" der Deutschen Post mit seiner virtuellen Shopping-Mall wird positiv beurteilt. Die Deutsche Post baut jetzt ihre Paketverteilungszentren in Deutschland zu Distributions-Centern um. Die Postbank ist bereit, das Inkassorisiko zu übernehmen. Die einzelnen Unternehmen sind dann in der Lage, dieselbe Infrastruktur zu nutzen und ihre Logistikkette an die Post auszulagern. Dieser Service umfasst den Online-Shop, das Bezahlungsverfahren mit der Postbank, die Auftragsabwicklung, die Lagerverwaltung und den Transport. Dadurch kann die Post die Geschäftskunden, also die Absender und die Empfänger, an sich binden.

Das Management von eCommerce-Projekten ist aufgrund der Vielzahl von Integrationsbeziehungen auf drei Ebenen, nämlich der Strategie, der Prozesse und der Informationssysteme, eine komplexe Aufgabe. Die Komplexität der Aufgabe resultiert aus der Notwendigkeit der Koordination im Projekt mit externen Partnern. Neben dem Produzenten gehören dazu der Großhandel, der Einzelhandel und die Logistikdienstleister. Außerdem besteht ein erheblicher Abstimmungsbedarf der betroffenen Logistikbereiche. Neben der Beschaffungslogistik der Partner in der Versorgungskette geht es insbesondere um die Distributionslogistik.

13.4 Welche Einsatzmöglichkeiten kennen wir?

Das Internet kann beim Einkauf und Verkauf von Waren und Dienstleistungen eingesetzt werden. Im Bereich der Konsum- und Industriegüter bietet eCommerce viele Vorteile.

13.4.1 Konsumgüter

Einige Handelsgruppen sind die Pioniere beim elektronischen Handel zwischen den Unternehmen in Deutschland. Seit 1999 stellt beispielsweise ein Firmenverbund seinen über 2.000 Fachhändlern in Europa ein elektronisches Bestell- und Informationssystem zur Verfügung. Die Fachhändler können sich rund um die Uhr online über das Angebot der Waren und des Zubehörs informieren, Preise nachfragen und Waren bestellen.

Wenn sich die Fachhändler beim Rechenzentrum der Zentrale angemeldet haben, kann ihre Identität durch einen Authentifizierungsservice überprüft werden. Dann ist ein Zugriff auf das Warenwirtschaftssystem möglich. Viele Fachhändler haben die dafür notwendige „Client-Lösung" auf ihre Rechner installiert, mit der sie sich auch offline über die Artikel informieren können. Die Verbindung zu der Zentrale wird erst dann aufgebaut, wenn ein Fachhändler die Verfügbarkeit eines Produktes überprüft hat, die individuellen Preise angefragt hat und etwas bestellt. Auf diese Weise sparen die Fachhändler Online-Kosten. Nachdem ein Fachhändler einen Artikel bestellt hat, erhält er von der Zentrale eine Auftragsbestätigung. Die Lieferschein- und Rechnungsdaten werden gespeichert.

Die eingesetzte Software ermöglicht es den Fachhändlern auch, ihre eigene Warenwirtschaft mit in die Lösung zu integrieren. Eine Bestellung aus der Warenwirtschaft des Fachhändlers lässt sich in die Software der Zentrale importieren. Umgekehrt können Bestellungen von der Software der Zentrale zur Warenwirtschaft des Fachhändlers exportiert werden.

Die Zentrale ist mit der Einführung dieser Lösung in der Lage, die Zusammenarbeit mit den Fachhändlern zu vereinfachen und sich ständig auf dem neuesten Stand zu halten. Die Vertriebsmitarbeiter der Zentrale werden außerdem von Standardaufgaben entlastet. Zu diesen Aufgaben gehört z.B. die manuelle Erfassung der Bestellungen. Früher hatte die Zentrale mit ihren Kunden über verschiedene Kanäle kommuniziert. Dazu gehörten Briefe, Faxe, Telefonanrufe und eMails. Bisher wendeten die Mitarbeiter des Verkauf-Innendienstes bis zu 70 % ihrer Arbeitszeit für die Erteilung von Auskünften und die Entgegennahme telefonischer Bestellungen auf.

Die Einführung der schlüsselfertigen Lösung des eCommerce dauerte in diesem Unternehmen rund 3 Monate. Die Kosten betrugen etwa 150.000 DM. Nach Meinung der Unternehmensleitung ist die Lösung ein voller Erfolg.

Die Kosten in der Administration konnten beträchtlich reduziert werden. Die Mitarbeiter im Vertrieb müssen nicht mehr so viel manuell erfassen. Es gehen viel weniger Bestellungen per Post, per Fax oder per eMail ein. Durch die papierlose Administration konnten die Durchlauf- und Lieferzeiten gesenkt werden. Die meisten Bestellungen fließen direkt in das Auftragsbearbeitungssystem ein. Die

Produkte können oft noch am gleichen Tag an die Fachhändler geliefert werden. Die Mitarbeiter des Call-Centers haben jetzt mehr Zeit für die sofortige Beratung und den aktiven Verkauf der Produkte.

Bei den Fachhändlern hat sich der Stress der Bestellungen reduziert. Informationen können jederzeit abgerufen werden. Die Bestellungen lassen sich laufend durchführen. Früher mussten teilweise lange Wartezeiten in Kauf genommen werden, wenn telefoniert werden musste. Die Fachhändler erhalten jetzt kostenlose Informationen über aktuelle Produkte und die Entwicklung des Marktes.

Einige Unternehmen haben bereits viele positive Erfahrungen mit dem eCommerce-System sammeln können. Die Beziehungen zum Fachhandel konnten wesentlich verbessert werden. Zu den Vorteilen zählen:

Vorteile
1. Genauere Bestelldaten
2. Bessere Überprüfung des Lieferstatus bei Versandunternehmen
3. Effizientere Abwicklung der Bestellungen
4. Einsparung der Telefongebühren bei den Kunden
5. Weniger Verwaltungsaufgaben
6. Mehr Zeit für Marketing- und Vertriebsaufgaben
7. Verbesserung des Service
8. Größere Kundenzufriedenheit
9. Höhere Motivation der Mitarbeiter
10. Bessere Information für den Markt

Die Entwicklung und der Betrieb des Extranet verursachen aber bei vielen Unternehmen noch hohe Kosten. Die Extranet-Aktivitäten können allerdings als strategisches Mittel eingesetzt werden, um im Markt präsent zu sein und um den Service für die Kunden zu verbessern.

13.4.2 Industriegüter

Bei den Industriegütern bestimmen die Art der Produkte, die Geschäftsprozesse und die Bedürfnisse der Zielgruppen die Ausgestaltung des eCommerce. Die Besonderheiten des Internet prädestinieren dieses Instrument für die Unterstützung der Vertriebs- und der Logistikpartner. Die Charakteristika des Internet umfassen die weltweite Verfügbarkeit, die einfache Bedienerführung und die Multimediafähigkeit. Zu den bereits etablierten Internet-Anwendungen gehören die Darstellung der Unternehmen und die Präsentation der Produkte. In Zukunft werden für die Industriegüter die interaktiven Anwendungen im Bereich der Pre-Sales, der Sales und der After-Sales an Bedeutung zunehmen. Auch in den Bereichen Einkauf und Logistik bieten die eCommerce-Anwendungen viele Vorteile.

Bei den Industriegütern ist besonders wichtig, dass eCommerce nicht mit dem Verkauf im Internet gleichgesetzt werden darf. Der eigentliche Verkauf der Industriegüter erfordert meist noch den persönlichen Kontakt mit den Kunden. Es ist oft nicht möglich, dass die in Einzelfertigung hergestellten Industriegüter via Internet verkauft werden können, da es sich meist noch um zusammen mit den Abnehmern zu definierende und kundenspezifische Lösungen handelt. Das Potenzial von eCommerce-Anwendungen hängt also stark vom Standardisierungsgrad der Produkte ab.

Viele Hersteller von Industriegütern sind aus Kostengründen bestrebt, selbst kundenspezifisch gefertigte Produkte als Standardprodukte anzubieten. Es ist zu erwarten, dass auch nicht standardisierte Produkte in Zukunft so angeboten werden, dass eine Konfiguration durch den Kunden mit einer eCommerce-Anwendung vorgenommen werden kann. Die Produktzusammenstellung wird dann also von den Kunden selbst durchgeführt werden.

Ein Problem stellt in einer eCommerce-Umgebung die Veröffentlichung der Produktpreise dar, da es in vielen Ländern oft ein unterschiedliches Preisniveau gibt. Dieses Problem kann durch die Identifizierung der Kunden entweder nach Ländern, aus denen die Anfragen kommen, oder nach den einzelnen Kunden gelöst werden, die die Preise abfragen. Dann kann der Kunde nur nach der entsprechenden Anmeldung und Eingabe seiner Identifikation sowie seines Passwortes die für ihn gültigen Preise erfahren.

eCommerce wird für die Industriegüter immer bedeutsamer, da neben dem eigentlichen Vertrieb auch die übrigen Phasen des Marketingprozesses sowie des Einkaufsprozesses und der Logistik durch entsprechende Anwendungen unterstützt werden können. Auch das Servicegeschäft lässt sich durch die eCommerce-Anwendungen effektiver gestalten.

Marketing und Vertrieb umfassen insbesondere folgende Phasen:

Marketing und Vertrieb
1. Pre-Sales
2. Sales
3. After-Sales

Im Einkauf und in der Logistik kommt es besonders auf folgende Phasen an:

Einkauf und Logistik
1. Ausschreibungen
2. Bestellungen
3. Abwicklungen

Der Service kann folgende Phasen umfassen:

Service
1. Ersatzteilgeschäft
2. Informationen über den Einbau der Ersatzteile
3. Ferndiagnose
4. Fernwartung

Große Unternehmen haben bereits innovative Anwendungen im eCommerce realisiert. Es werden schon weitgehende Websites im Hinblick auf Lieferanten unterhalten. Dieser virtuelle Marktplatz umfasst bereits ein Einkaufsvolumen in Höhe von mehreren Milliarden US-Dollar.

Die KMU werden im Bereich des Einkaufs von standardisierten Produkten ebenfalls von den so genannten „Group-Purchasing"-Sites profitieren. Die Interessenten von bestimmten Produkten werden auf diese Weise zusammengeführt. Der Einkauf lässt sich dann gemeinsam zu günstigeren Konditionen realisieren.

Viele Hersteller von Industriegütern beschränken den Einsatz des Internet im Bereich Marketing und Vertrieb noch weitgehend auf die Pre-Sales-Phase. Es werden vor allem Werbebroschüren im Internet veröffentlicht. Damit nutzen diese Unternehmen die Möglichkeiten des neuen Kommunikationsmediums noch nicht voll aus.

In der Sales-Phase sind die Unternehmen in der Lage, durch Online-Auftragseingaben aufgrund strukturierter Vorgaben und Informationen über die Lieferfähigkeit, die Lieferfristen und den Status der bestellten Produkte die Kunden besser und wirksamer zu unterstützen. Über kundenorientierte Kataloge können den Kunden Standardprodukte besser angeboten werden. In den Katalogen wird eine bestimmte Anzahl von Variationen offeriert. Der Kunde hat dann die Möglichkeit, sein gewünschtes Produkt selbst zusammenzustellen, wenn die Website benutzerfreundlich gestaltet ist.

Das Servicegeschäft nimmt für die Hersteller von Industriegütern an Bedeutung zu. Einige Unternehmen realisieren im Service-Bereich bereits beträchtliche Umsätze. Allerdings wird von vielen Unternehmen das Potenzial noch wenig genutzt, das durch eCommerce-Anwendungen im Bereich des Service möglich ist. Anwendungen wie das Ersatzteilgeschäft, die Informationen über das Vorgehen beim Einbau von Ersatzteilen, Ferndiagnosen und Fernwartung werden aber in Zukunft an Bedeutung gewinnen. Das Ziel müsste sein, dass die Kunden ihre Probleme selbst anhand der auf der Website vorhandenen Informationen lösen.

Über den Kundendienst in den eCommerce einzusteigen, ist für viele Unternehmen von Industriegütern sinnvoll. Den Kunden können attraktive Dienstleistungen im Bereich des Service angeboten werden. Auch im eCommerce-Geschäft gilt, den goldenen Mittelweg zwischen dem gewünschten Anforderungskatalog auf der einen Seite und einer technisch und wirtschaftlich machbaren Lösung auf der anderen Seite zu finden. Zu beachten sind der Einsatz von Standardsoftware und die Integration der neuen eCommerce-Lösungen in bestehende ERP-Systeme.

13.5 Wie sieht die eBusiness-Matrix aus?

Die Start-up-Welle in Deutschland und die eBusiness-Erfolge einiger Unternehmen sorgen für Unruhe in vielen Branchen in Deutschland. Einige etablierte Unternehmen befürchten eine Bedrohung ihrer Marktpositionen. Eine intensive Suche nach Lösungen auf die Bedrohungen durch das eBusiness hat begonnen. Die eBusiness-Matrix von A.T. Kearney auf S. 238 zeigt auf, welche Potenziale einige Unternehmen hinsichtlich des Umsatzes und der Kosten in Zukunft haben. *Abb.: eBusiness-Matrix*

Das eBusiness wird für alle Industrien als ein wichtiger Treiber für Veränderungen angesehen. Die Potenziale und die Strategien sind für einige Branchen der Industrie aber sehr unterschiedlich. Die Industrien wurden nach Umsatz- und Kostenpotenzialen geclustert. In Abhängigkeit vom Grund der Veränderungen wurden 5 Cluster gebildet, die unterschiedliche strategische Handlungsmuster aufweisen.

13.5.1 New Guns

Für Software- und IT-Infrastruktur-Unternehmen eröffnet das eBusiness neue Märkte in großem Ausmaß. Durch neue Technologien werden die Voraussetzungen für das eBusiness in den Anwendungsindustrien geschaffen. Dadurch lassen sich signifikante Umsatz- und Kostenpotenziale erschließen.

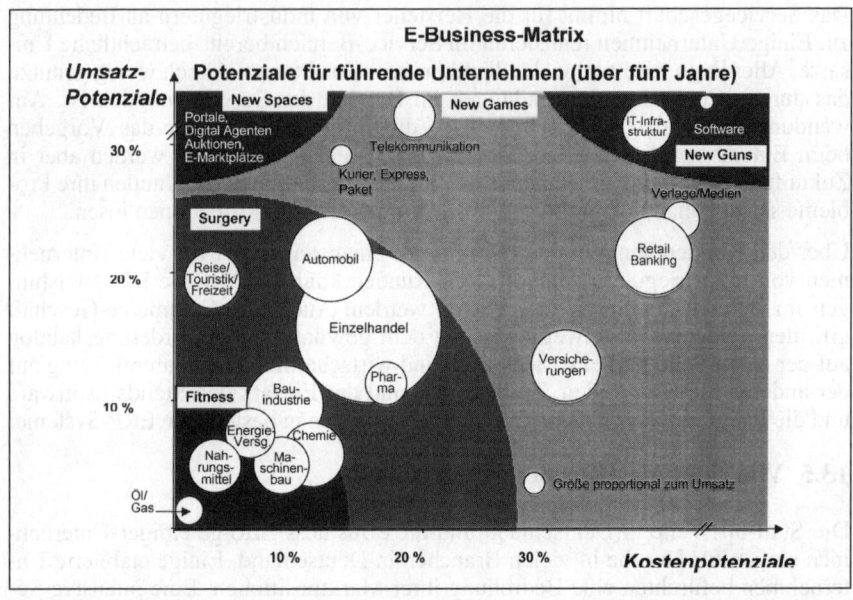

Das strategische Erfolgsmuster in dieser Gruppe von Unternehmen wird besonders bestimmt durch die schnelle Technologieführerschaft, durch das Durchsetzen von neuen Standards und durch das Erfinden von neuen Technologien.

13.5.2 New Spaces

Es entstehen völlig neue Wachstumsräume durch die Internet-Revolution. Neue digitale Märkte werden auf diese Weise entdeckt.

Beispiele für neue Internet-Geschäftsmodelle:

Portale	
Digitale Agenten	für Real-Time-Preisvergleiche
Online-Auktionen	wie eBay oder Ricardo
eMarktplätze	für die vollständige Abwicklung von B2B-Einkaufstransaktionen wie mySAP
Online-Shops	wie Amazon

Das Wachstum dieser Geschäftsmodelle verläuft häufig sehr stark. Auch die Aktienkurse dieser Unternehmen sind beträchtlich angestiegen. Zahlreiche Venture-Capital-Gesellschaften und andere Unternehmen haben das große Geschäftspotenzial bereits erkannt. Deshalb investieren diese Unternehmen sehr stark in diese neu entstehenden Märkte. Das Wissen um die kritischen Erfolgsfaktoren ist erforderlich. Außerdem muss die Bereitschaft für die Übernahme eines hohen Risikos vorhanden sein.

13.5.3 New Games

Das eBusiness wird zu einem grundlegenden Umbau des Geschäftssystems in bestimmten Branchen führen. Zu diesen Branchen gehören z.B. die Finanzdienstleistungen, die Medien/Verlage, die Kuriere/Paketdienste, die Telekommunikation und die Versicherungen.

Consors und Charles Schwab veränderten den Brokerage-Markt beträchtlich. Das eBusiness wird den klassischen Markt der Banken in Zukunft stark beeinflussen. Die deutsche Telekom positioniert sich völlig neu in der eBusiness-Wertkette. Auch die Logistik-Unternehmen wie die Deutsche Post AG spezialisieren sich auf integrierte eBusiness-Lösungen.

In diesen Industrien werden durch das eBusiness fundamentale Änderungen durchgeführt. Die etablierten Unternehmen müssen ihre Geschäftssysteme radikal umbauen, um langfristig zu überleben.

13.5.4 Surgery

Das eBusiness hat einen großen Einfluss auf bestimmte Industrien. Wenn diese Industrien nicht elementaren und gezielten chirurgischen Eingriffen unterzogen werden, besteht die Gefahr, dass diese Industrien langfristig nicht überleben werden. Eine genaue Diagnose ist erforderlich, um den Organismus dieser Industrien nicht zu gefährden.

Zu diesen Industrien zählen die Automobil- und die Pharmaindustrie, der Einzelhandel und die Touristikindustrie. Wegen der hohen Vertriebskosten wird das eBusiness zu einer grundlegenden Umgestaltung der Vertriebswege führen. Digitale Autohändler wie Autobytel oder CarPoint und digitale Reisebüros wie Expedia zeigen, wohin der Weg in Zukunft führen wird.

Mit zunehmender Internet-Penetration wird das Online-Shopping ein bedeutender Vertriebskanal werden. Einige Prognosen gehen davon aus, dass der Online-Anteil zwischen 5 und 30 % des Umsatzes je nach Produkten innerhalb der nächsten 5 Jahre erreichen wird.

Auch in der Produktion werden sich signifikante Veränderungen ergeben. Build-to-Order oder Online-Tracking sind eindrucksvolle Beispiele für diesen Wandel.

Neben dem Vertrieb wird die Beschaffung durch das eBusiness in vielen Industrien nachhaltig beeinflusst. Die Automobilindustrie beispielsweise entwickelt mit Hochdruck eProcurement-Systeme und Beschaffungsnetzwerke. Zu erwähnen sind beispielsweise TradeXcharge bei General Motors und AutoXcharge bei Ford. Auch im Einzelhandel wird durch intelligente Vernetzungen die Supply Chain neu gestaltet. UCCnet in den USA ist ein gutes Beispiel.

Nach exakten Diagnosen müssen in diesen Branchengruppen die kritischen Wertschöpfungsstufen neu gestaltet werden. Vor allem der Vertrieb und die Beschaffung werden durch das eBusiness radikal verändert. Nur durch schnelle und gezielte chirurgische Eingriffe in die betreffenden Bereiche und Funktionen können diese Unternehmen langfristig überleben.

13.5.5 Fitness

Es gibt auch noch Industrien mit einer niedrigeren eBusiness-Affinität. Auch diese Industrien sollten im Rahmen einer Prüfung aller Kernkompetenzen feststellen, welchen Einfluss das eBusiness auf das zukünftige Geschäft haben wird.

Die Industrien wie die Bauindustrie, die Chemie und die Energieversorgung werden kurzfristig durch das eBusiness ihre Geschäftssysteme umwälzen müssen. In den einzelnen Industrien sollte selektiv untersucht werden, welche Einsatzmöglichkeiten das eBusiness bietet, um die vorhandenen Potenziale rechtzeitig zu erschließen.

eProcurement-Systeme und die Beteiligung an geeigneten Beschaffungsnetzwerken unterstützen diese Unternehmen, einen Mehrwert zu schaffen. Chemdex und Plastics Net in der Chemieindustrie sind interessante Beispiele. Auch in der Bauindustrie ist es möglich, durch eBusiness-Anwendungen mit Hilfe eines intelligenten und netzbasierten Projektmanagements die Geschäftsprozesse gezielter zu optimieren.

Die Informationstechnologien werden auch diese Branchen entscheidend verändern. Deshalb ist eine systematische Überprüfung sinnvoll, um die wesentlichen eBusiness-Hebel in diesen Industrien zu identifizieren und einzusetzen. Ein zu langes Zögern kann zu enormen Wettbewerbsnachteilen in Zukunft führen.

Auf der Basis der eBusiness-Matrix ist festzustellen, dass weder eine pauschale eBusiness-Euphorie noch eine große Panik gerechtfertigt sind. Die einzelnen Unternehmen müssen spezifische eBusiness-Strategien entwickeln. In einigen Industrien sind radikale Einschnitte notwendig, die mutige Entscheidungen erforderlich machen. Andere Unternehmen sollten eine sorgfältige Überprüfung systematisch durchführen, um in Zukunft in der Lage zu sein, größere chirurgische Eingriffe vorzubereiten und durchzuführen.

13.6 Warum ist Controlling im eCommerce wichtig?

Die Berichte über den Einsatz des eCommerce vermitteln oft ein zwiespältiges Bild. Auf der einen Seite gibt es einige Unternehmen, die eCommerce sehr erfolgreich einsetzen. Auf der anderen Seite stehen zahlreiche erfolglose Unternehmen, die mit dem eCommerce erhebliche Probleme haben.

Häufig steht noch die neue Technologie im Zentrum der Gestaltung. Die erfolgreiche Vernetzung der Unternehmen auf der Basis von eCommerce-Systemen hängt aber auch von zahlreichen nicht technischen Erfolgsfaktoren ab.

Die eCommerce-Technologie ermöglicht und unterstützt neue Geschäftsprozesse und weitere Geschäftsstrategien. Jedes Unternehmen muss seine Geschäftslösungen unter Berücksichtigung dieser neuen Technologien suchen. Die Prozesse und Strategien, die durch eCommerce umgesetzt werden können, sind organisatorisch eng mit zahlreichen weiteren Prozessen und Strategien verknüpft.

Ein Projekt zur Reorganisation des Verkaufsprozesses hat unmittelbaren Einfluss auf den Vertrieb, die Lagerwirtschaft, die Produktionsplanung, die Produktion, die Instandhaltung, den Einkauf und die Kreditorenbuchhaltung.

Die Informationstechnik kann zwar die eCommerce-Projekte anregen und auch wesentlich zu deren Gelingen beitragen, die geschäftlichen Potenziale müssen aber von den Unternehmen selbst erschlossen werden. Deshalb hat das Controlling einen wesentlichen Beitrag dazu zu leisten, die Grundlagen zur erfolgreichen Einführung von eCommerce-Systemen zu schaffen. Zusätzliche unternehmerische Ziele müssen festgelegt werden, um den potenziellen Nutzen zu realisieren. Eine bessere Effektivität wird durch die Umsatzsteigerung erreicht. Die höhere Effizienz zeigt sich insbesondere durch verschiedene Kosteneinsparungen.

13.6.1 Anforderungen an ein eCommerce-Controlling

Die sorgfältige Planung, die genaue Kontrolle und die systematische Steuerung der Internet-Anwendungen sind notwendig, da der Einsatz der Internet-Technologien in den Unternehmen stark zugenommen hat. Größere Investitionen für die Internet-Anwendungen werden in Zukunft erforderlich sein. Deshalb ist auch eine objektive Beurteilung des Erfolges der Internet-Anwendungen durchzuführen. Die Umsatzerlöse und die Kosten müssen konsequent erfasst und systematisch analysiert werden, um eine bessere Steuerung zu realisieren. Das Controlling ist deshalb gefordert, der Unternehmensleitung und den Führungskräften bessere Informationen und aussagefähigere Instrumente zur Verfügung zu stellen, damit ein effektiver Einsatz des eCommerce erreicht werden kann.

Die benötigten Investitionen für gute Lösungen im Bereich des eCommerce sind sehr hoch. Deshalb muss der Einsatz der Internet-Technologien sorgfältig geplant werden. Auch der Nutzen dieser neuen Technik ist intensiver zu überwachen. Da die erforderlichen Investitionen für die ganzheitliche Ausrichtung von Geschäftsprozessen auf die neuen Kommunikationstechnologien beträchtlich sind, ist ein effektives und effizientes Controlling erforderlich.

Es müssen wirksame Instrumente für eine permanente Überprüfung des eCommerce eingesetzt werden. Auch die Wettbewerber sind kontinuierlich zu beobachten, um zu erkennen, wie die Weiterentwicklung sich vollzieht. Zur Optimierung der Geschäftsprozesse und zur Verbesserung der Wettbewerbsfähigkeit eignet sich eCommerce besonders. Mit Hilfe des Controlling müssen die Ressourcen so gesteuert werden, dass die erforderlichen Investitionen für diese neuen Technologien in Zukunft auch durchgeführt werden können. Wenn beträchtliche Investitionen für die Implementierung der Systeme des eCommerce getätigt werden, hat das Controlling die Aufgabe, eine Messung des Erfolges dieser Investitionen vorzunehmen. Zusätzliche Umsatzpotenziale entstehen durch eCommerce. Auch die Kundenzufriedenheit und die Kundenbindung können durch diese neue Technologie signifikant verbessert werden. Die Prozesse in den Unternehmen lassen sich ebenfalls durch eCommerce wesentlich beschleunigen. Die Fähigkeiten der Mitarbeiter müssen systematisch weiterentwickelt werden, um zusätzliche Innovationen zu realisieren.

Durch permanente Erfolgsmessungen können die Wirkungen auf die finanziellen Ergebnisse, auf die Kunden, auf die Prozesse und auf die Mitarbeiter untersucht werden. Die Veränderung durch eCommerce betreffen also nicht nur die finanzielle Seite der Unternehmen, sondern auch die Kunden, die internen Prozesse und die Anforderung an die Fähigkeiten der Mitarbeiter. Deshalb ist es sinnvoll, für das Controlling die Balanced Scorecard einzusetzen. Dann lassen sich geeignete Kennzahlen zur ganzheitlichen Steuerung der Unternehmen verwenden.

13.6.2 Momentaner Stand

Die Unternehmen setzen bisher einige Analysen zur Erfolgsmessung im eCommerce-Umfeld ein, die sich insbesondere auf den Bereich Marketing und Vertrieb konzentrieren. Über das Verhalten der Besucher auf den Web-Seiten stellen einige Unternehmen ebenfalls Untersuchungen an. Folgende Analysen werden in der Praxis bisher durchgeführt:

1. **Seitenanalysen**
   Untersucht werden die Visits, die Page Views und die Verweildauer.

2. **Besucheranalysen**
   Die Besucher lassen sich nach Herkunft, Firma, Organisation und Verhalten auf den Web-Seiten analysieren.

3. **Navigationsanalysen**
   Die Click-Pfade innerhalb des Web-Angebots, die Anzahl der abgerufenen Zeiten und die typischen Ein- und Ausstiegszeiten werden erfasst.

Die Auswertungen lassen sich auf der Basis der automatisch erstellten Logfiles durchführen. Die einzelnen Abrufe und Aktivitäten von Internet-Nutzern auf den einzelnen Web-Seiten werden aufgezeichnet. Aus den Basisdaten können mit Hilfe von speziellen Analyse-Programmen aussagefähige Kennzahlen erstellt werden. Im Vertriebsbereich werden auch Erfolgskontrollen durchgeführt. Anbieter und Betreiber von Shopping-Lösungen erfassen das Verhalten der Nutzer in Online-Shops und machen systematische Auswertungen. Im virtuellen Shop hinterlässt der Nutzer bei seinen Aktionen mehrere digitale Spuren.

Erste betriebswirtschaftliche Erfolgsgrößen der Online-Präsenz können durch die Verknüpfung der Marketing- und der Besucherdaten der Web-Seitennutzung mit den Informationen aus der elektronischen Shop-Umgebung ermittelt werden. Folgende Analysen lassen sich erstellen:

1. **Produktanalysen**
   Die Produkte werden nachUmsätzen, Preisen und Kategorien untersucht.

2. **Warenkorbanalysen**
   Die Aktivitäten lassen sich nach häufig gewählten Produkten und Produktgruppen sowie nach Cross-Selling-Aspekten erfassen.

3. **Konversionsratenanalysen**
   Bewegungen werden von der Web-Seite zur Shop-Ansicht, von der Produktauswahl in den Warenkorb und vom Warenkorb bis zur Bestellung untersucht.

Das Controlling von eCommerce-Lösungen beschränkt sich bisher hauptsächlich auf die Marketing- und Vertriebsanalysen. Es fällt noch schwer, ein Ergebnis zu den finanziellen Entwicklungen des eCommerce zu ermitteln. Mit den Methoden der Kosten- und Leistungsrechnung lassen sich meist keine plausiblen Ergebnisse erzielen, da die entstandenen Kosten in den einzelnen Geschäftsprozessen bisher kaum erfasst wurden.

Die bisher eingesetzten Instrumente der Erfolgskontrolle bringen meist noch keine zufrieden stellenden Ergebnisse. Deshalb ist der betriebswirtschaftliche Erfolg der eingesetzten eCommerce-Anwendungen aus der unternehmerischen Sicht des Controlling noch nicht überzeugend zu beurteilen. Die vorhandenen Kennzahlen aus dem Marketing und Vertrieb genügen nicht, um die Auswirkungen der Web-Anwendungen auf die gesamte Wertschöpfungskette der Unternehmen erkennen zu können.

Mit den bisherigen Ansätzen lassen sich nur verdichtete Basisinformationen aus einem umfassenden elektronisch erzeugten Datenmaterial gewinnen. Diese Daten reichen allerdings für eine solide betriebswirtschaftliche Erfolgskontrolle noch nicht aus. Die Antworten auf folgende Fragen müssen noch erarbeitet werden:

Offene Fragen

1. Welche Einnahmen und Ausgaben sind konkret zurechenbar?

2. Welche Kosten und Leistungen entstehen in den einzelnen Geschäftsprozessen?

3. Wie sind die Auswirkungen auf die einzelnen Abteilungen?

4. Welche Einsparungspotenziale lassen sich erzielen?

5. Welche Kommunikations- und Transaktionsdaten sind zu erfassen?

6. Wie ist der Stand des eigenen Unternehmens im Vergleich zu den Wettbewerbern?

7. Wie ist das allgemeine Nutzerverhalten in den einzelnen Branchen?

Um ein effektives Controlling aufzubauen, müssen die Informationen aus dem Marketing und Vertrieb um die oben genannten fehlenden Informationen noch ergänzt werden. Dann lassen sich entsprechende Kennzahlen ableiten, die eine umfassende strategische Zielerreichung und die Erfolgskontrolle der Web-Anwendungen möglich machen. Aus den unternehmensindividuellen Erfolgsfaktoren sind wesentliche Kennzahlen zu ermitteln, die zur Beurteilung der Zielerreichung erforderlich sind. Mit diesen Unterlagen lässt sich dann ein effizientes Controlling aufbauen.

13.7 Ist eCommerce-Controlling mit der Balanced Scorecard sinnvoll?

Eine Verzahnung der strategischen und operativen Ebene in den Unternehmen ist mit den vereinzelten Erfolgskontrollen im Bereich von Marketing und Vertrieb nicht machbar. Ein sinnvolles Controlling von eCommerce-Lösungen kann aber mit der schlüssigen Konzeption der Balanced Scorecard (BSC) durchgeführt werden.

13.7.1 Perspektiven

Bei der BSC werden Kennzahlen für normalerweise vier Perspektiven verwendet, die sich aus finanziellen Kennzahlen und aus nichtfinanziellen Kennzahlen zusammensetzen. Die Strategien der Unternehmen und die Zerlegung in Strategieelemente stehen im Mittelpunkt der BSC.

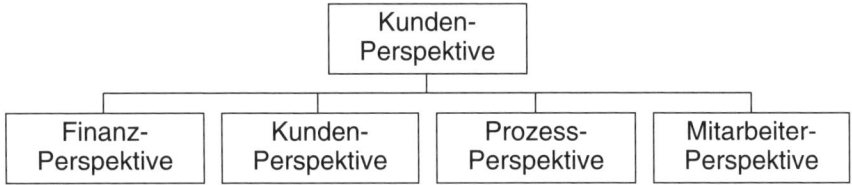

Abb.: Perspektiven der BSC

Wenn ein Unternehmen erfolgreich tätig sein will, müssen die unterschiedlichen Perspektiven gegeneinander ausbalanciert werden. Ziele und Messgrößen sind für jede Perspektive zu bestimmen. Sobald die eine oder andere Messgröße vernachlässigt wird, kann der Erfolg des ganzen Unternehmens gefährdet sein. Für den Erfolg der Unternehmen hat die positive Entwicklung der Leistungsindikatoren eine besondere Bedeutung. Die kontinuierliche Verbesserung der wichtigen Kennzahlen ist das Ziel. Die Allokation der Ressourcen sollte laufend optimiert werden.

Die **Finanz-Perspektive** umfasst alle bedeutenden langfristigen Unternehmensziele. Es kommt insbesondere auf die Steigerung der Rentabilität (Umsatz-Rentabilität, RoI), auf das Wachstum des Umsatzes und auf die Erhöhung der Produktivität an. Auch die wertorientierten Kennzahlen sind von großer Bedeutung. Deshalb ist insbesondere auf den Cashflow zu achten.

Die Ziele und Messgrößen der Finanz-Perspektive müssen dann mit den Zielen und Messzahlen der Kunden-, der Prozess- und der Mitarbeiter-Perspektiven verknüpft werden. Die Verankerung eines durchgängigen Führungs- und Steuerungsinstrumentariums ist notwendig.

Die **Kunden-Perspektive** ist für die Erreichung der finanziellen Ziele sehr wichtig. Langfristige Markterfolge der Unternehmen sind nur realisierbar, wenn die Unternehmen Produkte und Dienstleistungen anbieten, die den Bedürfnissen der

Kunden entsprechen. Deshalb muss auf die Kundenzufriedenheit, auf die Termintreue und auf die Steigerung der Qualität geachtet werden.

Die **Prozess-Perspektive** beeinflusst den Erfolg beim Kunden sehr stark. Es müssen effektive und effiziente Geschäftsprozesse installiert werden. Kennzahlen sollten die Durchlaufzeiten, die Auslastung der Maschinen und den Umsatz pro Mitarbeiter umfassen. Ohne prozessorientierte Leistungsindikatoren lassen sich die erzielten Ergebnisse nicht richtig interpretieren.

Die **Mitarbeiter-Perspektive** gewinnt in vielen Unternehmen ständig an Bedeutung. Um mehr Innovationen zu fördern und zu realisieren, muss die Wissenskompetenz der Mitarbeiter gesteigert werden. Die Fähigkeit der Mitarbeiter und die lernende Organisation sind kontinuierlich weiterzuentwickeln. Das bestehende Informationssystem ist entsprechend auszubauen. Das Wissensmanagement muss auf breiterer Basis realisiert werden. Ein guter Einblick in den Stand bei den Unternehmen geben die Weiterbildungstage pro Jahr, die Erhöhung der Kompetenz der Mitarbeiter und die Mitarbeiterfluktuation.

Über Ursache-Wirkungs-Beziehungen lassen sich die ermittelten finanziellen und nichtfinanziellen Kennzahlen der vier Perspektiven verknüpfen. Zwischen den Strategien und deren Umsetzung wird das Kennzahlensystem zum Bindeglied. Der strategische Führungsprozess kann durch die strategiebezogenen Kennzahlen wesentlich unterstützt werden.

13.7.2 Strategische Ziele im eCommerce-Umfeld

Die Formulierung der strategischen Ziele muss beim Einsatz der BSC bis hin zu den Messgrößen durchgeführt werden. Die bestehenden konventionellen Erfolgsfaktoren müssen zur Erreichung der strategischen Ziele durch zusätzliche Erfolgsfaktoren im E-Commerce ergänzt werden.

13.7.2.1 Finanz-Perspektive

Bezogen auf die Finanz-Perspektive kann eCommerce einen signifikanten Beitrag leisten. Es geht insbesondere um folgende strategischen Ziele:

Strategische Ziele
1. Steigerung des Umsatzes
2. Senkung der Kosten
3. Erhöhung der Investitionen
4. Besserer Einsatz der Ressourcen

Der Umsatz lässt sich durch den Einsatz des eCommerce beträchtlich erhöhen. Oft wird der Erfolg einer eCommerce-Umgebung nur am Umsatz gemessen, der über eine Website erwirtschaftet wird. Dies genügt aber für die Messung des Erfolgs von eCommerce-Anwendungen nicht. Es ist unbedingt erforderlich, die Vorteile für die Kunden sowie für die Anbieter vor und nach dem Kauf in die Nutzenbetrachtung einzubeziehen. Der Erfolg der Website kann unter anderem über die dadurch vermiedenen Telefongespräche gemessen werden. Über 70 % aller Support-Anfragen werden heute bereits durch die Kunden selber auf der Website gelöst. Diese Tatsache stellt eine große Ersparnis für die Unternehmen dar.

Die Kosten für das eCommerce-System sind ein Teil der Funktionskosten in den einzelnen Abteilungen. Ein separater Ausweis ist aber nur schwer möglich. Das Controlling hat die Aufgabe, den Verbrauch der Ressourcen für die eCommerce-Anwendungen in den Unternehmen absolut und in Relation zu den anderen Bereichen zu erfassen und zu messen.

Die Einsparungspotenziale sind in den einzelnen Unternehmen zu bewerten. Die führenden Unternehmen können durch eCommerce signifikante Kostensenkungen realisieren. Im Bereich der Beschaffung ist eine Reduktion der Transaktionskosten bis zu 70 % möglich. Preissenkungen im Einkauf lassen sich in Höhe von 15 bis 30 % verwirklichen. Bei der Beratung im After-Sales-Bereich können die Kosten um 15 bis 30 % reduziert werden. Auch die Vertriebskosten lassen sich um bis zu 15 % senken.

Die erwarteten Einsparungseffekte müssen bei den Investitionsprogrammen für eCommerce als Potenziale berücksichtigt werden. Mit Hilfe der Prozesskostenrechnung kann das Controlling untersuchen, ob die erwarteten Kostenreduktionen auch tatsächlich verwirklicht werden können. Die Einsparungseffekte müssen also messbar gemacht werden.

In der Informationstechnologie ist also eine größere Kostentransparenz zu schaffen. Durch IT-Kostenanalysen und durch eine verursachungsorientierte Kosten- und Leistungsrechnung im Client-Server-Umfeld muss das Controlling für größere Klarheit sorgen. Es kommt insbesondere auf die systematische Planung, die sorgfältige Kontrolle und die nutzenorientierte Steuerung im IT-Bereich an. Nur dann können die vorhandenen Kostensenkungspotenziale konsequent realisiert werden.

Es muss besonders darauf geachtet werden, an welchen Stellen in den Unternehmen die meisten IT-Kosten anfallen. Außerdem ist zu ermitteln, welche Leistungen den Kosten gegenüberstehen. Dann können die Möglichkeiten für Kostensenkungen aufgedeckt werden.

Die Analyse der komplexen IT-Kosten ist nicht einfach. Der Erfolgsfaktor IT und der Kostenfaktor IT setzen viele Unternehmen und insbesondere die IT-Abteilungen unter Handlungsdruck. Kostentransparenz im IT-Bereich ist für viele Unternehmen von strategischer Bedeutung. Die Identifikation der Kostentreiber und die konsequente Verrechnung der Leistungen ermöglichen es den Unternehmen, sinnvolle Kostensenkungsmaßnahmen durchzuführen und eine Nutzentransparenz aufzubauen. Neben der Kostenbetrachtung muss also auch die Nutzenseite berücksichtigt werden. Für das Controlling besteht die Aufgabe also darin, den Nutzen und die Kosten der IT in den Unternehmen klar zu erkennen, kompetent zu bewerten und effizient zu planen, zu kontrollieren und zu steuern.

In den Unternehmen muss geklärt werden, welchen Beitrag die Informationstechnologie zum Unternehmenserfolg leistet und wie viel die IT-Leistungen kosten dürfen. Die Prozesskostenrechnung hilft bei der Lösung dieser Fragen. Allerdings besteht bei dem Einsatz der Prozesskostenrechnung eine Gratwanderung zwischen der Transparenz und der Bürokratie in den Unternehmen.

Das Controlling muss eine nutzenorientierte Planung, Kontrolle und Steuerung der Leistungen und der Kosten durchführen. Für die Realisierung dieser Aufgabe ist es sinnvoll, ein spezielles Projekt aufzubauen und systematisch abzuwickeln. Dann lassen sich die Geschäftsprozesse effektiver und effizienter durchführen.

Die erwarteten Erfolge im eCommerce lassen sich nicht nebenbei finanzieren. Der Abzug bestimmter finanzieller Mittel aus dem Bereich Marketing und Vertrieb zur Weiterentwicklung der eCommerce-Aktivitäten ist nicht ausreichend. Die einzelnen Bereiche in den Unternehmen sollten in einen Wettbewerb um die erforderlichen Finanzmittel treten. Das Controlling hat dann zu untersuchen, ob die eingesetzten finanziellen Mittel auch ausgeschöpft werden und ob die Ausgaben gerechtfertigt waren, um die strategischen Ziele zu erreichen.

13.7.2.2 Kunden-Perspektive

Bei der Kunden-Perspektive spielen Marketing und Vertrieb eine große Rolle. Die kundenbezogenen strategischen Ziele können durch den Einsatz von eCommerce erheblich verbessert werden. Im Mittelpunkt der Unternehmen sollten folgende strategischen Ziele stehen:

Strategische Ziele
1. Optimierung der Kundenzufriedenheit
2. Erhöhung der Marktanteile
3. Verbesserung der Kundenbindung
4. Steigerung der Produktqualität
5. Erweiterung des Distributionsgrades
6. Verbesserung der Servicequalität
7. Erhöhung des Kundennutzens
8. Beschleunigung der Beratungen
9. Verbesserung der Kundenbetreuung

Die Optimierung der Kundenzufriedenheit kann durch ein umfangreiches Produktsortiment mit intensiver Serviceleistung erreicht werden. Die regionale Ausweitung des Kerngeschäftes ist durch eCommerce möglich. Die regionalen Grenzen der Vertriebsorganisation können durch diesen neuen Vertriebsweg aufgehoben werden. Es lassen sich neue Kundengruppen in anderen Regionen gewinnen. Die neuen Kommunikationsmöglichkeiten erlauben es, jeden Kunden weltweit zu erreichen, der einen PC mit Internet-Zugang hat.

Der Auftritt im World Wide Web ermöglicht eine globale Präsenz des Geschäftes. Das Controlling muss eine Kennzahl ermitteln, die die regionale Abdeckung der Distribution erkennen lässt. Die eigenen Angebote müssen in einer optimalen Umgebung präsentiert werden. Virtuelle Marktplätze, Internet-Kataloge und Portale eignen sich dafür. Dadurch kann ein verbesserter Distributionsgrad im elektronischen Vertriebskanal aufgebaut werden. Das Controlling hat die Aufgabe, über entsprechende Kennzahlen zu überprüfen, ob diese Ziele auch erreicht werden.

Die Servicequalität für die Kunden, die besonders komplexe Produkte kaufen, kann durch den Einsatz der neuen eCommerce-Angebote wesentlich verbessert werden. Der Kundennutzen lässt sich erheblich erhöhen, wenn alle relevanten Informationen über die Produkte auf den Websites zur Verfügung stehen.

Die Beratungen bei der Suche nach Ersatzteilen und bei den Fehleruntersuchungen lassen sich beschleunigen. Die Fehlerdiagnose kann durch den Einsatz von Standardfragen bei den Kunden sogar selbstständig durchgeführt werden. Das Controlling hat die Beratungsqualität zu überprüfen, um die eigene Wettbewerbsposition besser einschätzen zu können.

249

Vor der Realisierung einer eCommerce-Umgebung sind gründliche Überlegungen zum Ziel der optimalen Betreuung der Kunden im gesamten Marketing- und Vertriebsprozess anzustellen. Die Messgrößen für den Erfolg sind auf dieses Ziel hin anzupassen.

13.7.2.3 Prozess-Perspektive

Die Prozess-Perspektive betrachtet die Fähigkeit der Unternehmen, ihre Prozesse schlank, schnell und effizient durch die Verwendung der neuen Technologie zu gestalten. Die strategischen Ziele bei der Prozessperspektive können folgende Punkte umfassen:

Strategische Ziele
1. Optimierung der Geschäftsprozesse
2. Durchführung von Auktionen
3. Erhöhung des Abdeckungsgrades der Wertschöpfungskette
4. Beschleunigung der Abläufe
5. Wandel der Prozesse
6. Zugriff zu internen Datenbanken
7. Erhöhung der Sicherheit

Die Auktionen im Rahmen des Einkaufs oder des Verkaufs bieten neuen Möglichkeiten, die ohne den Einsatz des eCommerce nicht wirtschaftlich wären. Für die Preisverhandlungen und für die Preisfindung ergeben sich jetzt völlig neue Perspektiven.

Das Controlling hat die Aufgabe, Systeme aufzubauen, die messbar machen, inwieweit eCommerce zur Unterstützung der relevanten Geschäftsprozesse eingesetzt werden kann. Der Abdeckungsgrad der Wertschöpfungskette durch eCommerce muss überprüft werden. Die einzelnen Abläufe in den Unternehmen sind zu untersuchen. Das Controlling hat Kennzahlen zur Steuerung der Prozesse zu entwickeln.

Im Verkauf beispielsweise findet ein Wandel statt. Der Job des Verkäufers wird immer virtueller. Die Anforderungen an die Verkäufer unterliegen einem großen Wandel. Die Vertriebsmanager diktierten früher die Briefe und Aufträge auf Band. Die Sekretärinnen tippten dann die Instruktionen vom Band. Heute schreibt der Manager den Text mit dem PC selbst. Die Sekretärin dagegen hat sich von der Schreibkraft zur Sachbearbeiterin gewandelt. Der Manager dagegen wurde seine eigene Schreibkraft. Die neuen Technologien und Medien bewirken einen erheblichen Wandel in den Unternehmen.

Die Unternehmen stellen immer häufiger ihre internen Datenbanken und Informationen ihren Kunden zur Verfügung, indem diese ins eigene Datennetz integriert werden. Dieser Vorgang kann mit den Konsumenten im Selbstbedienungsladen verglichen werden. Die Tätigkeiten, die früher vom Verkaufspersonal erledigt wurden, werden heute vom Kunden selbst durchgeführt. Die Kunden suchen die gewünschten Waren, nehmen die Waren aus dem Regal und transportieren sie selbst zur Kasse.

Beim eCommerce läuft dieser Vorgang ähnlich ab. Viele Transaktionen werden von den Kunden selbst durchgeführt, da die Kunden an das Datennetz angebunden werden. Die Kunden können z.B. die Datenerfassung für eine Bestellung selbst vornehmen. Die Geschäftsprozesse werden durch einen einheitlichen Informationsfluss zwischen den Lieferanten und den Kunden verknüpft.

Auch die Sicherheit bei der Abwicklung der Geschäfte lässt sich wesentlich verbessern. Verschlüsselungsverfahren werden eingesetzt, um eine gesicherte Übertragung der Waren zu garantieren. Es werden spezielle Sicherheits- und Verschlüsselungstechnologien (SET = Secure Electronic Transaction) entwickelt, um die Übertragung der Waren und die Abwicklung der Zahlungen abzusichern.

Ein eigenes Signatur-Gesetz (elektronische Unterschrift) wurde in der Europäischen Union verabschiedet. Externe Trust- und Zertifizierungsstellen bestätigen die angegebenen Unterschriften und/oder geben die angewiesenen Geldbeträge frei. Es gibt dafür standardisierte Protokolle.

Seit langem wird auch ein Standard im Bankenbereich verwendet. Das Internet bietet neue Möglichkeiten. Das HBCI (Home Banking Computer Interface) verschlüsselt Transaktionen zwischen den Banken und den Kunden. Das PIN/TAN-Verfahren wird bereits seit längerer Zeit erfolgreich im Bankenbereich eingesetzt.

13.7.2.4 Mitarbeiter-Perspektive

Die Mitarbeiter-Perspektive nimmt in vielen Unternehmen an Bedeutung zu. Um die Innovationen zu erhöhen, ist das Wissen der Mitarbeiter in den einzelnen Bereichen besser zu nutzen. Das Controlling muss überprüfen, ob die vorhandenen Kompetenzen und das vorhandene Wissen für die Erreichung der strategischen Ziele überhaupt ausreichen. Die Qualifikation der Mitarbeiter und die Innovationskraft spielen für den Erfolg der Unternehmen eine große Rolle.

Die strategischen Ziele können wie folgt festgelegt werden:

Strategische Ziele
1. Erhöhung der Wissenskompetenz
2. Verbesserung der Qualifikation
3. Steigerung der Innovationskraft
4. Intensivierung des Lernprozesses

Die Unternehmen können die Prozessverbesserungen nur durchführen, wenn entsprechend kompetente Mitarbeiter zur Verfügung stehen und wenn die benötigten Informationstechnologien vorhanden sind. Das Controlling muss dafür sorgen, dass die Prozessoptimierung durch die erhöhte Kompetenz der Mitarbeiter unter Einsatz des eCommerce realisiert und gemessen wird. Entsprechende Kennzahlen müssen deshalb vom Controlling erarbeitet und laufend errechnet werden.

Das Know-how der Mitarbeiter ist für den Aufbau des eCommerce meist wichtiger als die erforderliche Hard- und Software. Die leistungsfähigen Mitarbeiter sind im eCommerce-Umfeld sehr wichtig. Die eCommerce-Werkzeuge können nur von hoch qualifizierten Mitarbeitern in den Unternehmen implementiert werden, um eine erfolgreiche Optimierung der einzelnen Geschäftsprozesse zu erreichen. Das Controlling sollte festlegen, wie die Qualifikation der Mitarbeiter laufend verbessert werden kann.

Durch eine Intensivierung des Lernprozesses muss das Wissen in den Unternehmen systematisch erweitert werden. Ein konsequenter Aufbau des Intranet bietet die Möglichkeit, auf die Datenbanken in den Unternehmen zurückzugreifen, um das gespeicherte Know-how abzurufen. Dann können die Leistungen der Unternehmen mit Hilfe des eCommerce gesteigert werden. Das Controlling sollte dafür sorgen, dass die neuen Kommunikationstechnologien gezielter eingesetzt werden.

13.7.3 Kennzahlen

Die strategischen Zielsetzungen für den Einsatz des eCommerce decken sich grundsätzlich mit den wichtigen Zielen der Unternehmen. Unter Berücksichtigung der Rahmenbedingungen zur Einbeziehung der eCommerce-Anwendungen sind noch neue und spezielle Verfahren und Technologien zu beachten. Bei der Ableitung der operativen Kennzahlen ist darauf Rücksicht zu nehmen.

Für die ganzheitliche Betrachtungsweise sind die kurz- und langfristigen Ziele in ausgeglichenem Maße zu berücksichtigen. Die finanziellen Kennzahlen sind noch durch nichtfinanzielle Kennzahlen zu ergänzen. Es sind also einzelne Messgrößen festzulegen und zu ermitteln, um die Zielerreichung besser beurteilen zu können und um die relevanten Erfolgsfaktoren besser in den Griff zu bekommen.

Die **Finanz-Perspektive** bietet einen guten Einblick. Für die Beurteilung der wirtschaftlichen Ergebnisse des eCommerce müssen Kennzahlen festgelegt werden, die für die Einführung und zum Unterhalt der eCommerce-Anwendungen wichtig sind. Die finanziellen Messgrößen sind zu quantifizieren, um über die bestehenden Potenziale und über den Erfolg des eCommerce Auskunft geben zu können.

Die Umsatzentwicklungen durch den Einsatz von eCommerce, die Kosten für die Einführung und den Betrieb des eCommerce-Systems und die Einsparungspotenziale müssen gemessen werden. Durch die Optimierung der Prozesse lassen sich die Kosten für die Transaktionen erheblich senken.

Für das Controlling ist es auch wichtig, eine klare Trennung zwischen den bisher bestehenden Abwicklungen und den durch die eCommerce-Verfahren induzierten finanzwirtschaftlichen Größen vorzunehmen. Mit Hilfe der bewährten Methoden der Kosten- und Leistungsrechnung, insbesondere durch den Einsatz der Prozesskostenrechnung, ist dies möglich.

Finanz-Perspektive	
Strategische Ziele	Operative Kennzahlen
Umsatzentwicklung	1. Umsatz über Shop-Systeme 2. Anteil des Shop-Umsatzes am Gesamtumsatz 3. Sonstige Umsätze
Kosteneinsparungen bei der Beschaffung	1. Erzielte Einkaufspreise im Verhältnis zu den traditionellen Einkaufspreisen 2. Anteil der abgewickelten Einkäufe über die virtuellen Märkte im Vergleich zum Gesamtvolumen
Kosteneinsparungen durch Prozess optimierungen	1. Gesamtaufwand im Verhältnis zum Umsatz 2. Aufwendungen im Vertrieb im Vergleich zur Kundenanzahl 3. Reduzierung der Transaktionskosten 4. Einsparungen im Service 5. Reduktion der Beratungskosten
Ressourceneinsatz	1. Gesamter Investitionsaufwand im Vergleich zum Anteil der eCommerce-Projekte 2. Direkt zurechenbare Kosten pro Produkt durch den eCommerce-Einsatz 3. Investitionen für jeden Bereich im Unternehmen 4. Personalaufwand für jeden Bereich

Abb.: Finanz-Perspektive

Die Umsatzentwicklung lässt sich mit den Daten der Shop-Systeme relativ einfach bestimmen. Die Kosteneinsparungspotenziale bei der Beschaffung und durch die Prozessoptimierung sind aber relativ schwierig festzustellen, da die Zusammenhänge komplexer sind. Der Ressourceneinsatz kann in den Unternehmen relativ eindeutig ermittelt werden. Um die gewünschte Kostentransparenz zu erhöhen, ist es sinnvoll, weitere Kostenstellen einzurichten, die sich auf eCommerce beziehen.

Die Kennzahlen der **Kunden-Perspektive** sollten einen umfassenden Einblick in die Beziehungen zwischen den Unternehmen und den Kunden gewähren. Durch den Einsatz der Internet-Anwendungen ist es vielen Unternehmen erst möglich geworden, umfangreiche Daten zur Herkunft und zum Verhalten der Internet-Nutzer zu erhalten.

Kunden-Perspektive	
Strategische Ziele	Operative Kennzahlen
Kundenzufriedenheit	1. Zufriedenheit der Kunden 2. Herkunft der Kunden 3. Anzahl der Abrufe pro Nutzer 4. Befragung der Kunden
Kundenbindung	1. Anzahl der wiederkehrenden Besucher im Web 2. Umsatz pro Bestellung 3. Umsatz pro Kunde
Marktanteil	1. Anzahl der Web-Abrufe 2. Verteilung der Web-Abrufe nach Regionen 3. Schwerpunkt der Web-Anfragen 4. Zugriffe über das Web im Vergleich zur Branche 5. Wachstum der Anfragen und Bestellungen
Service- und Beratungsqualität	1. Anzahl der im Web bereitstehenden technischen Informationen für den Service 2. Anzahl der Anfragen wegen einer Beratung

Abb.: Kunden-Perspektive

Die Erfassung und die Auswertung der Daten über die Kunden werden in einigen Unternehmen bereits durchgeführt. Deshalb ist eine Erfolgsbeurteilung des eCommerce schon möglich. Die ersten Auswirkungen zeigen sich insbesondere im Bereich Marketing und Vertrieb.

Das Controlling hat die Aufgabe, die verfügbaren Informationen über die Kunden auszuwerten und verbesserte Strategien in den Unternehmen zu entwickeln. Die bedeutenden Kennzahlen sollten mit der Unternehmensleitung und den Führungskräften regelmäßig besprochen werden, um langfristige Verbesserungen anzustreben.

Die Prozess-Perspektive ist beim Einsatz von eCommerce-Anwendungen von besonderer Bedeutung. Durch die Optimierung der Geschäftsprozesse wird ein wesentliches Nutzenpotenzial der Informationstechnologie erschlossen. Die neuen Arbeitsweisen, die durch den Einsatz der Internet- und der Intranet-Anwendungen möglich werden, müssen in die internen Prozesse der Unternehmen integriert werden. Die Umsetzung und die Integration sind laufend zu überwachen. Die Transaktionskosten können dann langfristig gesenkt werden. Durch entsprechende Kennzahlen können die effektive Umsetzung und die Auswirkungen auf die finanziellen Größen aufgezeigt und überwacht werden.

Prozess-Perspektive	
Strategische Ziele	Operative Kennzahlen
Schnellere Abläufe	1. Anteil der Kundenbestellungen, die über die Shop-Systeme abgewickelt werden 2. Anteil der Beschaffungsaufträge, die über virtuelle Marktplätze abgewickelt werden 3. Anzahl der Online-Anfragen über Produkte 4. Durchlaufzeiten bei der Beschaffung über traditionelle Wege im Vergleich zur Abwicklung über virtuelle Marktplätze 5. Anzahl der manuellen Aktivitäten im Vergleich zu automatisierten Aktivitäten pro Prozess
Integration von eCommerce-Anwendungen in die internen Prozesse der Unternehmen	1. Einsatz von eCommerce-Anwendungen in den einzelnen Bereichen des Unternehmens 2. Durchdringung des eCommerce in den Unternehmen 3. Anteil des eingesetzten eCommerce im Vergleich zu normalen Abwicklungen

Abb.: Prozess-Perspektive

Durch die Kennzahlen können Unternehmensleitung und Führungskräfte den Stand der Integration der eCommerce-Lösungen in den Unternehmen laufend beurteilen. Je nach dem Stand der Integration pro Bereich sind ergänzende Maßnahmen zu beschließen. Es kann festgestellt werden, in welchen Prozessen eine optimale Unterstützung durch das eCommerce vorliegt und in welchen Prozessen der Einsatz noch intensiviert werden sollte.

Die **Mitarbeiter-Perspektive** bietet die Möglichkeit, die Qualifikation der Mitarbeiter in den Unternehmen besser beurteilen zu können. Die Fähigkeiten der Mitarbeiter und das bestehende Informationssystem in den Unternehmen ermöglichen, weitere Innovationen durchzuführen. Der Know-how-Stand der Mitarbeiter und der Stand der IT-Systemstrukturen im Rahmen des eCommerce müssen ermittelt werden. Mit Hilfe der kompetenten und motivierten Mitarbeiter können die internen Abläufe an die neue Entwicklung angepasst werden. Die Mitarbeiter sind nur dann in der Lage, ihre Ideen zu realisieren, wenn aussagefähige Informationen und freie Ressourcen in der DV-Struktur vorhanden sind.

Mitarbeiter-Perspektive	
Strategische Ziele	Operative Kennzahlen
Wissensstand der Mitarbeiter über eCommerce	1. Anzahl der extern durchgeführten Seminare über eCommerce pro Mitarbeiter 2. Anzahl der intern veranstalteten Workshops über eCommerce pro Mitarbeiter 3. Anteil der Mitarbeiter mit Internet-Zugang im Vergleich zu allen Mitarbeitern 4. Nutzungsquote des Internet pro Abteilung und pro Mitarbeiter
Nutzung der vorhandenen Software	1. Anzahl der eingesetzten Instrumente (Shop-System, virtuelle Märkte, eMail) 2. Anzahl der internen Software-Lösungen
Wissensmanagement	1. Anzahl der Abrufe von Informationen über das Intranet 2. Teilnahme an eCommerce-Fortbildungen
Kapazitäten im Bereich der Informationstechnologie und der DV	1. Anzahl der IT-Fachleute 2. Auslastung der IT- und der eCommerce-Ressourcen

Abb.: Mitarbeiter-Perspektive

Mit den Kennzahlen der Mitarbeiter-Perspektive können die Unternehmensleitung und die Führungskräfte besser beurteilen, welche Maßnahmen im Personalbereich ergriffen werden müssen, um den eCommerce zu forcieren. Außerdem lässt sich schnell ersehen, ob ausreichende IT-Kapazitäten vorhanden sind, um eCommerce-Systeme zu betreiben.

13.7.4 Umsetzung der eCommerce-Lösungen

Zur Umsetzung der eCommerce-Lösungen ist es in vielen Unternehmen erforderlich, dass erst eine homogene Datenbasis im IT-Bereich geschaffen werden muss. Die vorhandenen Datenformate aus den einzelnen Bereichen der Unternehmen müssen erst in einem einheitlichen Format des IT-Systems zur Auswertung bereitgestellt werden. Im IT-Bereich ist die Problematik meist bekannt. Eine Lösung kann durch eine moderne Data-Warehouse-Technologie gefunden werden. Das Controlling muss die Anforderung festlegen, die an die IT-Abteilung zum Einsatz eines Data-Warehouse-Systems gestellt werden müssen.

Wenn eine einheitliche Datenbasis geschaffen ist, sind die relevanten Kennzahlen einfach zu bilden. Das Controlling klärt mit den IT-Fachleuten, welche Kennzahlen für die Perspektiven des BSC erforderlich sind. Im Data-Warehouse können die IT-Spezialisten dann die vorhandenen Daten so verdichten, dass die gewünschten Kennzahlen ermittelt werden können.

Aus den vorhandenen Daten sind also interpretierbare Informationen zu entwickeln, die auch zu visualisieren sind, damit die Mitarbeiter in den Unternehmen die Zusammenhänge leichter verstehen. Die IT-Fachleute müssen dafür sorgen, dass dem Controlling eine ansprechende und einfach zu bedienende optische Oberfläche zum Abruf und zur Anzeige der geforderten Kennzahlen angeboten wird. Als eine gute Form der Visualisierung der BSC eignet sich das Spinnendiagramm.

Auf dem Markt gibt es eine Reihe von Unternehmen, die entsprechende Softwarelösungen anbieten, um die von der Unternehmensleitung und den Führungskräften gestellten Wünsche zu erfüllen. Bevor sich die Unternehmen für eine Lösung entscheiden, ist es sinnvoll, eine umfassende Analyse dieser Lösungen vorzunehmen, bevor eine Entscheidung für den einen oder anderen Hersteller getroffen wird. Es ist auch zu empfehlen, sich Referenzen geben zu lassen und vor Ort zu begutachten, ob die eine oder andere Lösung sich für das eigene Unternehmen besonders eignet.

Literaturverzeichnis

Barth, H.:	Controlling – ein Instrument zur Gewinnsteuerung, 3. Aufl., Stuttgart 1995
Becker, H.-J.:	Controller und Controlling, 2. Aufl., Stuttgart 1992
Bleiber, R.:	eCommerce: Projekte strategisch planen und steuern, in Kostenrechnung und Kalkulation von a – z, Loseblattsammlung, Freiburg, Heft 4/00, Gruppe 5, S. 1–36
Bornemann, H.:	Controlling heute, Wiesbaden 1985
Bramsemann, R.:	Handbuch Controlling, 3. Aufl., München 1993
Buggert,W., Wielpütz, A.:	Target Costing, München 1995
Camp, R. C.:	Benchmarking, München 1994
Coenenberg, A. G., Baum, H. G.:	Strategisches Controlling, Stuttgart 1987
Doppler, K., Lauterburg, Ch.:	Change Management, 4. Aufl., Frankfurt/New York 1995
Ebert, G.:	Kosten- und Leistungsrechnung, 7. Aufl., Wiesbaden 1994
Egger, A., Winterheller, M.:	Kurzfristige Unternehmensplanung – Budgetierung, 2. Aufl., Wien 1983
Frehr, H.-U.:	Total Quality Management, München 1994
Friedag, H., Schmidt, W.:	Balanced Scorecard – Mehr als ein Kennzahlensystem, Freiburg 1999
Friedag, H., Schmidt, W.:	My Balanced Scorecard: Das Praxishandbuch für Ihre individuelle Lösung; Fallstudien, Checklisten, Präsentationsvorlagen, Freiburg 2000
Gälweiler, A.:	Unternehmensplanung, 2. Aufl., Frankfurt/New York 1986
Gaitanides, M., Scholz, R., Vrohlings, A., Raster, M.:	Prozeßmanagement, München 1994

Hagen, K.,
Weber, W. (Hrsg.): Der Controlling-Berater, Loseblattwerk, Freiburg i. Br. 1983 ff.

Hammen, M.,
Stanton, S. A.: Die Reengineering Revolution, Frankfurt/New York 1995

Heinrich, L. J.,
Burgholzer, P.: Informationsmanagement, 3. Aufl., München 1990

Hinterhuber, H. H.: Strategische Unternehmensführung, 3. Aufl., Berlin/New York 1984

Hinterhuber, H. H.,
Handbauer, G.,
Matzler, K.: Kundenzufriedenheit durch Kernkompetenzen, München 1996

Horváth, P.: Controlling, 6. Aufl., München 1996

Horváth, P.,
Reichmann, T.: Vahlens Großes Controllinglexikon, München 1993

Horváth, P.,
Urban, G.: Qualitätscontrolling, Stuttgart 1990

Imai, M.: Kaizen. Der Schlüssel zum Erfolg der Japaner im Wettbewerb, 4. Aufl., München 1992

Judson, B.: E-Commerce, 2. Auflage, Landsberg/Lech 2000

Kaplan, R.,
Norton, D.: Balanced Scorecard: Strategien erfolgreich umsetzen, Stuttgart 1997

Karlöf, B.,
Östblom, S.: Das Benchmarking-Konzept, München 1994

Kleinebeckel. H.: Finanz- und Liquiditätssteuerung, 5. Aufl., Freiburg i. Br. 1998

Krause, J.: E-Commerce und Online-Marketing, 2. Auflage, München 2000

Kröger, F.;
von Kossack, H.: E-Business-Matrix: Zwischen Euphorie und Panik, in management berater, Frankfurt/Main, 4/00, S. 20–21

Lincke, W.: Simultaneous Engineering, München 1995

Männel, W.: Handbuch Kostenrechnung, Wiesbaden 1992

Mann, R.: Praxis strategisches Controlling, 4. Aufl., Landsberg 1987

Mardauss, B. J.:   Projektmanagement, Stuttgart 1993

Müller, A.,
von Thienen, L.,
Moede, H.:   Einsatz der Balanced Scorecard im eBusiness, in: Der Controlling-Berater, Freiburg, Heft 4/2000 vom 26. 07. 2000, S. 29–56

Pfeifer, W.,
Weiß, E.:   Lean Management. Grundlagen der Führung und Organisation industrieller Unternehmen, Berlin 1992

Preissl, B.:   E-Commerce, Berlin 1999

Preißler, P. R.:   Controlling – auch im Klein- und Mittelbetrieb, 3. Aufl., Eschborn 1984

Preißler, P. R.:   Controlling, 6. Aufl., München 1995

Rappaport, A.:   Shareholder Value, Stuttgart 1995

Reichmann, T.:   Controlling mit Kennzahlen, 4. Aufl., München 1995

Sauter, M.,
Hermanns, A.:   Management Handbuch Electronic Commerce, München 1999

Schröder, E. F.:   Modernes Unternehmens-Controlling, 6. Aufl., Ludwigshafen (Rhein) 1996

Seghezzi, H. D.:   Integriertes Qualitätsmanagement, München 1996

Seidenschwarz, W.:   Target Costing. Marktorientiertes Zielkostenmanagement, München 1993

Spendolini, M.:   The Benchmarking Book, New York 1992

Sprenger, R. K.:   Das Prinzip Selbstverantwortung, 4. Aufl., Frankfurt/New York 1996

Sprenger, R. K.:   Mythos Motivation, 10. Aufl., Frankfurt/New York 1996

Strasmann, J.,
Schüller, A.:   Kernkompetenzen, Stuttgart 1996

Vollmuth, H. J.:   Gewinnorientierte Unternehmensführung, Heidelberg 1987

Vollmuth, H. J.:   Controlling-Instrumente von A–Z, 5. Aufl., Planegg 2000

Vollmuth, H. J.:   Finanzierung, München 1994

Vollmuth, H. J.:   Bilanzen, 3. Aufl., Planegg 1998

Vollmuth, H. J.:   Marktorientiertes Kostenmanagement, Planegg 1997

Weber, M.:   Kennzahlen – Unternehmen mit Erfolg führen, Planegg 1999

Wildemann, H.:   Strategische Investitionsplanung, Wiesbaden 1987

Unzeitig, E.,
Köthner, D.:   Shareholder Value Analyse, Stuttgart 1995

Ziegenbein, K.:   Controlling, 5. Aufl., Ludwigshafen (Rhein) 1995

Zink, K. J.:   Qualität als Managementaufgabe, Total Quality Management, 3. Aufl., Landsberg 1994

o. V.:   Praxis-Lexikon Kostenrechnung und Kalkulation von A–Z, Loseblattzeitschrift, Freiburg i. Br. 1989 ff.

o. V.:   Praxis des Rechnungswesens, Loseblattzeitschrift, Freiburg i. Br. 1973 ff.

Stichwortverzeichnis

eBusiness
–, Definition 229
eCommerce
–, Auswirkungen 229
–, Balanced Scorecard 245
–, Definition 230
–, Einsatzmöglichkeiten 232
–, Kennzahlen 252
–, Marketinganalysen 242
Einkauf
–, im Internet 236
Engpaßorientierung 13
Entscheidungsrechnung 77
Erfolgskontrolle
–, eCommerce 243
Erfolgspotentiale 34
Erfolgsrechnung, kurzfristige 99 ff.

Feed-back-Denken 17
Feed-forward-Denken 17
Finanzbuchhaltung 26
Fixkosten
–, allgemeine 102
–, spezielle 102
Flächendiagramme 167
Flipchart 163
Frühwarnindikatoren 133
Führungsgrundsätze 55
Führungskonzeptionen 54
Führungsstil 53
Führungssystem 129 ff.

Ganzheitliche Betrachtungsweise 145
Gesamtkostenverfahren 115
Graphische Darstellung 151

Internet
–, Marketinganalysen 242
Investitionsrechnung
–, eCommerce-Anwendungen 242

Für Notizen

268

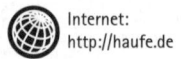